한 학기 한 권 읽기를 뛰어넘어
슬로리딩, 교육과정을 품다

한 학기 한 권 읽기를 뛰어넘어

슬로리딩, 교육과정을 품다

김원겸, 이형석 지음

즐거운 배움이 일어나는
슬로리딩 수업의
이론과 실천

에듀니티

한 학기 한 권 읽기를 뛰어넘어

슬로리딩
교육과정을
품다

초판 1쇄 발행	2019년 10월 21일
초판 2쇄 발행	2020년 7월 6일
지은이	김원겸 이형석
발행인	김병주
출판부문대표	임종훈
주간	이하영
편집	신은정 김준섭
디자인	블랙페퍼디자인
마케팅	박란희
펴낸 곳	㈜에듀니티(www.eduniety.net)
도서문의	070-4342-6124
일원화 구입처	031-407-6368
등록	2009년 1월 6일 제300-2011-51호
주소	서울특별시 종로구 인사동5길 29 태화빌딩 9층

ISBN 979-11-6425-033-2 [13370]

값은 뒤표지에 있습니다.

도성훈(인천시교육감)

4차 산업혁명으로 명명된 엄청난 사회적 변화에 따라 수많은 지식과 정보가 홍수처럼 쏟아지고 있다. 우리 교육에서도 자연스럽게 이러한 정보를 처리하는 능력을 키우라는 기술적 요구가 등장했다. 이것은 독서교육에서조차 다독과 속독으로 우리 아이들을 내몰았다. 그럼에도 책을 깊이 있게, 천천히 읽어보며 교육과정의 성취기준들을 책 속에서 놀이를 통해 가르침으로써 교육을 아이들의 삶 속으로 가져오려고 하는 선생님들이 있다. 인천 행복배움학교에서 슬로리딩 교육과정을 연구하고 실천하시는 김원겸, 이형석 선생님이다. 이 선생님들이 연구하여 재구성한 새로운 교육과정은 이 시대에 울림을 주며, 많은 교사에게 희망을 줄 수 있는 사례라 생각된다.

호주 뉴웨일즈대학교 교육정책과의 파시 살베리^{Pasi Sahlberg} 교수는 'Global HR 포럼'에서 최근 핀란드의 학교 현장에서는 '기술^{technology}' 없는 교실에서 놀게 하는 것이 필요하다고 말하고 있다며, '로봇과 기술'이 아닌 '사람과 놀이'를 선택한 새로운 교육적 도전을 소개했다.

한 권의 책을 천천히, 깊이 읽어가며 그 속에서 삶과 연결된 놀이를 발견하고, 그 놀이로써 아이들을 만나고 가르치는 슬로리딩 교육과정은 이러한 새로운 교육의 변화에 적용할 수 있는 교육과정이라는 생각이 든다. 특히 슬로리딩 교육과정에서 말하는 '샛길교육'은 학생들이 스스로 샛길을 만들어보는 참여의 기회를 제공함으로써 학습자 주도의 능동적인 학습이 이루어지는 미래교육을 실천하고 있다. 다양한 샛길활동을 만들기 위해 한마음으로 뭉쳐 전문적 학습공동체를 꾸리고, 그 속에서 함께 고민하며 어려움을 극복해가는 동학년 선생님들께 감사드린다. 실제 수업에서 변화가 일어나지 않는다면 어떤 교육정책도 헛될 수밖에 없다. 슬로리딩 교육과정을 경험한 학생들과 학부모의 진심 어린 소감에서 배움이 행복한 학교를 만들어가는 고민의 해답을 찾을 수 있었다.

우리 교육청에서도 선생님들이 말하는, 아이들을 위한 특별한 선물을 위해 아낌없는 지지와 응원을 보내드릴 것을 약속한다. 삶에 힘이 자라는 우리 인천교육의 가치를 슬로리딩 교육과정으로 실천해주신 김원겸, 이형석 선생님의 노력에 감사드린다.

김창진(남동초등학교 교장)

수업(슬로리딩 교육과정)을 애타게 기다리는 학생들, 바쁘고 힘들지만 행복해하는 교사, 교육과정을 세울 때부터 함께하는 학부모, 이렇게 미래지향적이고 행복한 교육과정을 만들어가는 교사들이 있다. 그 지난하고 행복한 과정이 『슬로리딩, 교육과정을 품다』라는 책으로 세상에 나왔다.

교육의 주된 매체인 책에 대한 관점과 읽는 방법을 바꾸면 교육과정에 새로운 숨결을 불어넣을 수 있다. 딱딱한 지식 덩어리나 남의 이야기로서의 책, 지식 학습의 도구로서의 책이 아니라 삶의 이야기로서 그 온전성을 경험하도록 만들면 말이다. 저자들에게 책은 분절된 세상의 모든 것과 연결되는 열린 창이다. 저자들은 책의 서사적 구조를 학습자의 삶의 맥락에서 어떻게 슬로리딩 Slow reading 하는가를 잘 보여주고 있다. 천천히 성독하고, 인물에 대해서 묻고, 낱말 뜻을 사전 찾아서 분명히 하고, 다시 학습자의 경험과 연결해 글로 써보고, 미술·연극·음악·체험활동 등 문화예술적 구성으로 표현해보며, 책이라는 텍스트를 '살아보게 한다는 것'이 무엇인가를 다양한 교육활동으로 펼쳐보인다.

슬로리딩은 단선적인, 정해진 국가 교육과정의 길을 해체하여 '샛

길 만들기'라는 창조적 지식과 삶을 형성하는 교육과정으로 발전시
킨다. 책을 매개로 학년의 철학과 비전, 교과의 성취기준을 교사와 학
생, 학부모들이 창조적으로 재구성해서 하나의 주제로 연결해내고
살아보는 실천적 교육과정인 것이다.

지금까지의 교육과정은 학습자에게 무엇을 배우고 싶은지, 왜 배
우는지, 어떻게 배울지에 대해 묻지 않는 일방적 교육과정이었다. 국
가 교육과정의 이러한 억압성은 지식과 교육을 국가와 자본의 목적
실현이라는 일면적 도구화에 따른 것이기도 하다. 슬로리딩 교육과정
은 이런 측면에서 국가 교육과정이 지닌 근대적 지식의 위계성과 선
형성, 단선적 논리를 넘어서 개방성, 다양성, 복합성, 창조성을 지향하
고 있다. 슬로리딩이라는 읽기 방식은 근대사회의 속도주의, 물질주
의를 무너뜨린다. '샛길교육과정'을 통해 기다림의 미학, 형성의 미학
을 통해 나의 삶이 세상과 어떤 의미로 연결되어 있는가를 음미하고,
성찰하고, 새롭게 구성함으로써 학습자의 배움의 본능을 자극하고
삶과 학습을 즐기도록 도와준다.

슬로리딩 교육과정은 끊임없이 학습자에게 묻는다. 무엇을 공부
할지, 왜 공부하는지, 어떻게 공부할지, 교사가 교사에게, 학생에게,
학부모에게, 거꾸로 학생이 교사에게……. 그런 본질적 물음을 던지
는 교육과정이다. 이런 측면에서 슬로리딩 교육과정은 교육과정에서
의 민주성을 실질적으로 구현하는 탈근대적, 미래지향적 교육과정이
라고 할 수 있다.

『슬로리딩, 교육과정을 품다』라는 '마법 같은 선물'로 교육과정의
가능성과 지평을 넓힌 김원겸, 이형석 선생님과 동학년 선생님, 학생,
학부모님들께 축하와 연대의 마음을 전한다. 근대주의 교육과정을

넘어서 삶을 위한 미래지향적 교육과정을 모색하는 모든 분께 일독을 권한다.

안미란(동화작가)

폭염주의보가 내린 지난여름의 어느 날, 인천의 한 초등학교에 초대받았다. 아이들이 나의 책 『투명한 아이』를 가지고 한 해 동안 천천히 그리고 깊게 읽는 활동을 한다니 무척 기뻤다. 아이들은 슬로리딩 과정을 통해 책의 주제뿐 아니라 연극과 놀이, 미술 활동 등 다양한 방식으로 책의 재미를 즐기고 있었다. 여러 선생님이 오랜 기간에 걸쳐 머리를 맞대고 연구한 결과라고 볼 수밖에 없었다.

뻔한 문학교육이 아닌, 책을 이용한 참신하고 효과적인 놀이 활동을 이렇게 책으로 묶어낸다니 이 또한 반갑다. 샛길은 엉뚱한 곳으로 가게 만드는 길이 아니다. 큰길에서 갈라져 나간 작은 길이기도 하거니와 큰길로 통하는 길이기도 하다. 이 책에 실린 실질적이고 풍부한 교육 사례는 일선 교사와 학부모 등 어린이와 함께 책을 읽는 어른들 모두에게 좋은 길잡이가 될 것이다.

머리말

김원경

교사로 첫발을 내디디며 무서우면서도 재미있는 선생님이 되길 꿈꾸던 그 시절이 생각난다. 그때는 수업시간에 써먹을 유행어를 익히기 위해 개그 프로그램을 녹화해서 보고, 수업시간 어느 타이밍에 써먹을지도 연구했다. 늘 아이들과 즐겁게 생활했지만, 10년 차가 되자 교사로서의 사춘기가 찾아왔다. 잠시 학교를 떠나 대학원에서 공부하며 교사로서 어떤 삶을 살아야 할까 고민했다. 그러다 아이들과 함께 호흡하고 공감하는 교사가 되어야겠다는 멋진 목표를 세우고 복직했다.

어느덧 20년 차가 되었다. 또다시 교사 사춘기가 왔다. 내가 가르치는 것이 맞는 것인가? 아무런 의심 없이 가르쳐오던 국가수준 교육과정에 대한 의심이 시작되면서 대혼란의 시기를 겪었다. 무엇을 어떻게 가르쳐야 하는지에 대한 고민은 교육과정 재구성에 대한 절실함과 동시에 두려움으로 다가왔다. 익숙함과 편함을 밀어내는 결정적인 동기는 아이들에게서 왔다. 아이들이 점점 수업을 재미없어했다. 즉흥적인 위트뿐만 아니라 유행어조차 잘 통하지 않았다. 이래서는 안 되겠다는 위기감에 정신이 번쩍 났다.

교육과정 재구성에 관한 공부를 본격적으로 시작하면서 내 마음에 들어온 한 단어가 있었다. 바로 슬로리딩의 '샛길활동'이었다.

학창시절 누구나 한 번쯤은 선생님이 수업을 하다 중간에 샛길로 빠져서 첫사랑이라든지 본인의 학창시절 이야기를 들려준 기억이 있을 것이다. 지금 생각해보면 대부분 과장된 이야기였다. 수업에 흥미를 잃고 집중하지 못하는 학생들을 배려하는 차원에서 지어낸 이야기였던 것이다. 그렇게 수업 도중 샛길로 빠질 때면 졸다가도 정신을 차리고 선생님의 이야기에 폭 빠져 듣곤 했다.

수업 자체가 이런 샛길교육이라면 아이들이 얼마나 수업을 재밌어할까? 매 시간이 즐겁고 기다려진다면, 하루가 즐겁고 매일 학교에 오는 것이 행복한 아이들로 만들 수 있다면 얼마나 좋을까? 나는 이런 기대를 가지고 슬로리딩 교육과정을 시작했다. 아이들이 수업을 재미없어하는 것은 교과 지식과 삶의 관련성이 멀어져 '앎'과 '삶'이 괴리된 탓이다. 교사가 아이들의 '삶'과 연결된 교육과정을 다시 만들어야 하는 이유다.

한 권의 책을 읽어나가며 다양한 샛길활동들을 만들어내고, 그것을 교과 성취기준과 연결시키며 매달 주제 활동으로 행사를 만들어내는 것은 결코 쉬운 일이 아니었다. 학생, 학부모, 심지어 동료 교사들마저 어떻게 한 권의 책으로 1년 동안의 교육과정을 운영하냐는 질문을 던졌다.

우리는 먼저 1년의 학년 교육철학을 세웠다. 그 철학에 도달하기 위해 책 속에서 각 달의 주제를 잡아 매달 행사를 열었다. 책을 읽으며 진행했던 샛길수업의 양이 많을 때는 정말 한 달이라는 시간이 어떻게 지나갔는지 정신을 차릴 수 없었다. 다음 달의 샛길활동을 정하는 협의를 할 때는 동료교사들 모두 매주 두 가지 정도만 만들어서 진행하자고 굳게 다짐하지만 막상 샛길활동을 만들다보면 이것도 해주고 싶고, 저것도 경험하게 해주고 싶었다. 욕심껏 준비하다 보면 활동 가짓수는 점점 늘어났다.

슬로리딩 교육과정을 만들고 운영하는 일은 솔직히 매우 힘들다. '왜 그렇게 힘들게 살아? 편하게 해, 편하게'라는 불편한 유혹도 있었다. 교사가 행복해야 학생이 행복하다는 말도 있지 않은가. 교사가 행복하다는 말의 의미는 무엇일까? 익숙함과 편함일까? 그렇지 않다. 수업시간을 즐기는 아이들을 보면서 교사 생활 동안 내가 이렇게 행복한 적이 없었다고 느꼈다. 이렇게 바쁜 적도 없었지만 말이다.

슬로리딩 교육과정과 함께한 1년이 끝날 무렵, 학생들과 학부모님들은 내년에도 담임을 맡아달라고 했다. 슬로리딩 교육과정으로 계속 공부하면 좋겠다는 것이다.

이 아이들은 수업시간의 샛길활동을 통해 자기 생각을 거침없이 표현해내는 아이들로 성장했다. 스스로 책을 찾아서 읽고, 학교 오는 걸 즐거워하며, 수업시간을 기다리는 아이들로 변했다. 아이들의 변화되는 모습이 곧 교사인 나의 행복이었다.

나를 행복한 교사로 살게 해준 슬로리딩 교육과정을 여기에 소개한다. 슬로리딩 교육과정 구성을 막연히 어렵다고 생각하는 선생님들이 보다 쉽게 시작할 수 있는 방법과 내용을 소개하고 싶었기 때문이다. 무엇보다 슬로리딩 교육과정의 핵심인 샛길활동 만들기와 사례를 1년의 과정 통째로 보여드리고 싶었다.

묵묵히 교육과정을 연구하고 실천하고 계시는 많은 선생님께 부끄럽기도 하지만, 우리는 작가도 학자도 아니기에 우리가 실천한 사례를 함께 나누는 의미로 이 책을 봐주시길 부탁드린다. 그저 슬로리딩 교육과정을 실천하고 싶어 하는 선생님들께 작은 도움이 되길 바랄 뿐이다.

슬로리딩 교육과정을 준비하고 운영하면서 나에게도 특별한 변화가 일어났다. 천천히 책을 음미하며 읽는 매력에 빠지면서 책을 사랑하게 된 것이다. 이제 책은 나에게 늘 곁에 두고 함께 가는 동반자가 되었다. 앞으로도 교사로서 슬로리딩 교육과정을 계속해나가며 진정한 독서교육을 펼치고 싶다. 독서교육으로 교육과정에 인문과 철학을 연결하는 일에 도전하며 살고 싶다.

이형석

2016년 가을, (나이 차이가 별로 나지 않아 형이라 부르는) 같은 학교 선생님과 일주일에 한 번 인천 아라뱃길의 시원한 바람을 느끼며 자전거 라이딩을 즐기곤 했다. 힘에 부치면 잠시 쉬면서 서로의 일상을 나누었다. 그러다 슬로리딩에 대한 이야기가 시작되었고, 슬로리딩을 바탕으로 한 교육과정에 대한 논의가 점차 구체적으로 이어졌다. 그 후에 슬로리딩 관련 서적과 함께 EBS 다큐프라임 〈슬로리딩, 생각을 키우는 힘〉이라는 프로그램도 찾아보고, 슬로리딩의 길로 들어섰다.

슬로리딩에 관심을 갖고 있는 사람이라면 이 다큐 프로그램의 기획 의도와 방향을 어렵지 않게 읽어낼 수 있다. 3년간 국어교과서 대신 『은수저』라는 소설책 한 권으로 수업을 진행한, 일본의 하시모토 다케시라는 중학교 교사의 수업 방식을 우리나라의 초등학교 5학년 학생들에게 접목시킨 실험적인 프로그램이었다. 이 일본 교사의 사례는 일본 내에서도 많은 관심을 받았다. 각계각층에서 사회적으로 성공적인 삶을 사는 제자들의 모습을 통해 그 효과가 확인된 하나의 큰 교육적 사건이었다.

하시모토 다케시는 왜 한 작품 읽기에 오랜 시간을 들이는 수업을 했을까? 이유 중 하나는 '학생의 기억에 오래 남는 국어교육'을 하고 싶었다는 것이었다. 학생의 입장에서 어떤 수업이 오랫동안 기억에 남는 수업이 될 수 있을까. 결국 학생이 주인공인 수업이어야 한다. 학생의 삶과 연결된 수업일 때 학생 개인에게 중요한 의미와 가치를 안겨줄 수 있고, 그 과정에서 스스로 몸과 마음을 움직여 경험으로 체득해야만 기억에 오래 남을 수 있다.

교사에게 교과서란 '학생에게 가르쳐야 할 일련의 성취수준에 도달하기 위해 학계와 현장의 전문가로 구성된 인재들이 가장 체계적이고 효율적으로 가르칠 수 있는 방법을 풀어 쓴, 믿을 수 있는 교재'이다. 나 역시 교직에 첫발을 디뎠을 때부터 당연하게 받아들여 온 사실이다. 슬로리딩과의 만남은 나의 믿음에 작은 균열을 일으키면서 교과서에 가려진 또 다른 세상을 열어주었다.

우리는 2017학년도에 6학년 학생들과 함께 교과서 대신 김중미 작가의 『괭이부리말 아이들』이란 책을 활용한 슬로리딩 교육과정을 실험적으로 운영하였다. 이를 통해 쌓은 슬로리딩 교육과정 재구성 방법과 운영에 대한 다양한 경험을 바탕으로 이듬해에는 4학년 학생들과 안미란 작가의 『투명한 아이』라는 책으로 슬로리딩 교육과정에 다시 한번 도전하였다. 결코 만만치 않은 여정이었다.

우리는 슬로리딩 교육과정을 운영하면서 경험한 시행착오를 정리하고, 우리가 찾아낸 새로운 방안들에 대해 누적된 내용을 공유할 필요가 있다고 느껴 그 과정을 부끄럽지만 책으로 엮어내기로 했다.

초등교사 16년차인 나는 늘 학생들 앞에 서서 그들이 살아갈 세상을 있는 그대로 보여주는 창[※]의 역할을 해야 한다. 나는 날마다 찾고 있다. 아이들이 각자 자신의 삶의 의미를 찾아낼 수 있도록 가르치는 교사의 길을……. 그 일상의 책무가 슬로리딩 교육과정이라는 이름으로 선명하게 나타난 것이다. 슬로리딩을 통해 아이들과 함께 배우고자 고민하고 노력하는 과정은 내 삶의 의미를 발견하는 과정과 다르지 않았다. 슬로리딩은 아이들과 교사가 서로를 가르치고 배울 수 있게 도와주는 마법 같은 선물이다.

1년 동안 슬로리딩 교육과정을 운영하면서 접한 학생들과 학부모의 소감은 우리의 불안감을 점차 슬로리딩 교육과정에 대한 확고한 의지와 확신으로 바꾸어놓았다. 이제는 이 책을 통해 교사가 한 권의 책과 함께 학생들을 다양한 세상으로 연결해주는 징검다리의 역할을 할 수 있음을 증명하고 싶다. 슬로리딩의 길을 조금이나마 먼저 나선 사람으로서, 함께할 동지를 찾는 마음으로 이 책을 쓴다.

목차

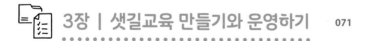

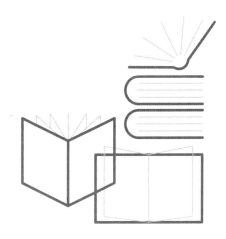

 4장 | 슬로리딩, 방향과 확장성   327

 5장 | 슬로리딩 교육과정을 마치고   337

샛길활동 작품 찾아보기   356

1년간의 슬로리딩 교육과정을 함께한 도서 『투명한 아이』 저작물 사용을
허락해주신 나무생각 출판사와 저자 안미란님께 감사드립니다.

『투명한 아이』(안미란 글, 김현주 그림, 나무생각, 2015)

1장

슬로리딩
교육과정을
말하다

슬로리딩, 어디에서 왔을까

'읽다'라는 동사에는 명령법이 먹혀들지 않는다. 이를테면 '사랑하다'라든가 '꿈꾸다'같은 동사처럼, '읽다'를 명령형으로 쓰면 거부 반응을 일으키는 것이다.

다니엘 페나크의 책 『소설처럼』의 첫 문장이다.(13쪽)

우리 교사들은 왜 학생들에게 책 읽기를 명령했을까? 교사들은 학교에서 끊임없이 읽기를 가르친다. 하지만 책을 좋아하는 법을 가르쳤던 적이 있었던가! "책 읽기 싫어하는 학생 손 들어봐" 또는 "책 읽기 좋아하는 학생 손 들어봐"라고 물어본다면 어떤 결과가 나올까? 그 그림이 머릿속에 그려질 것이다. 그토록 끊임없이 독서를 강조했음에도 불구하고 교사는 왜 이러한 결과에 부딪히는 것일까. 시대착오적인 교육과정의 문제, 일관성 없는 독서지도 방법의 강요, 효용성만을 강조하는 교육 실태 등 그 원인은 수없이 많을 것이다. 하지만 무엇보다도 이러한 문제점을 비판 없이 수용하며 책 읽기를 명령하는 교사의 자질 문제가 가장 크다고 생각한다. 학생에게 책 읽기를 명령하고 줄거리를 요약하는 능력을 요구하며, 책 속의 단편적인 지식을 확인하는 교육을 해오지는 않았는가. 오늘날 교육제도의 현실에서 이런 독서교육은 대강의 줄거리를 요약하고 문제 풀이에 능숙하며, 단편적인 지식을 짜깁기하고 필요한 부분을 결합시키는 능력이 뛰어난 아이들로 성장시킬 수 있을지도 모르겠다. 하지만 깊이 있게 지속적으로 사고하는 능력은 키울 수 없을 것이며, 결코 책을 사랑하는 사람으로 성장시키지는 못할 것이다.

그동안 잘못된 독서교육 정책으로 인해 학생들에게 단순히 읽어내기만을 명령했다면, 그래서 다독과 속독의 시대로 아이들을 내몰았다면, 이제는 이야기의 사건 속에 호흡이 멈출 만큼의 긴장감을 느껴보고, 이야기 속 주인공의 삶으로 들어가 함께 웃고 울기도 해보며, 한 문장에 멈춰 깊은 사색에 잠겨 보는 참된 읽기의 맛을 느끼게 해주어야 한다. 이를 통해 책을 좋아하게 해주어야 할 것이다. 다독과 속독을 통한 효율성의 독서교육에서 벗어나, 아이들 저마다의 리듬에 따라 책을 읽어가는 과정을 인정해주면 어떨까? 다독과 속독의 시대에서 슬로리딩 운동이 들불처럼 번지는 것은 이러한 이유 때문 아닐까?

우리나라에서는 예로부터 느리게 읽기를 강조했다. 조선 후기의 학자인 정약용 선생은 독서에 대해 많은 이야기를 남겼는데, 정독精讀, 질서疾書, 초서抄書를 독서의 방법으로 소개했다. 정독精讀이란 글을 아주 꼼꼼하고 세세하게 읽는 것이다. 한 장을 읽더라도 깊이 생각하면서 내용을 정밀하게 따져서 읽는 습관이다. 모르는 내용이 있으면 관런 자료를 찾아보고 철저하게 근본을 밝혀나가는 독서법이다. 이러한 다산의 독서법은 유배지에서 자녀 정학유에게 보낸 편지에도 잘 드러나 있다.

> 마구잡이로 그냥 읽어내리기만 한다면 하루에 백번 천번을 읽어도 읽지 않는 것과 다를 바가 없다. 무릇 독서하는 도중에 의미를 모르는 글자를 만나면 그때마다 널리 고찰하고 세밀하게 연구하여 그 근본 뿌리를 파헤쳐 글 전체를 이해할 수 있어야 한다. 날마다 이런 식으로 책을 읽는다면 수백 가지의 책을 함께 보는 것과 같다.
>
> — 정약용, 『유배지에서 보낸 편지』(박석우 옮김, 창비, 2009) 97쪽

우리가 꾸민 슬로리딩 교육과정에서는 모르는 단어를 사전에서 찾아 그 문장을 깊이 생각해보며 함께 읽는 성독^{聲讀}을 하고 글의 내용에 나오는 새로운 지식을 샛길교육으로 재구성하여 알아가는 방법을 통해 정독^{精讀}을 실천해보았다.

질서^{疾書}란 책을 읽다가 갑자기 떠오르는 생각이나 아이디어를 적어가며 읽는 것을 말한다. 언제 어디서나 책을 읽을 때면 메모지를 갖추어 두고, 떠오르는 생각이나 깨달은 것이 있으면 그 생각이 달아나기 전에 종이에 기록하는 것이다. 즉 읽으면서 메모하는 습관이다. 흔들리는 배 위에서도 쉴 새 없이 붓을 들어 메모하고 시를 지었던 다산의 모습을 본받고 싶었던 우리는 샛길공책을 만들어 모르는 단어를 찾아 써보고, 그 단어들로 새로운 문장을 만드는 작가 활동을 슬로리딩 교육과정에 담았다. 샛길교육을 통해 알게 된 사실들을 정리하는 공책도 만들었다.

초서抄書는 책을 읽다가 중요한 구절이 나오면 그대로 필사하는 것이다. 한 권의 책을 읽더라도 자신의 마음에 울림이 있는 것을 뽑아서 적는 초서는 다산 정약용 선생이 가장 역점을 두고 강조했던 독서법이다. 우리가 1년 동안 한 권의 책을 천천히 읽어가며 다양한 샛길 활동을 통해 교육과정을 재구성하여 공부한 후 1년을 마무리하며 『투명한 아이』 스토리북 만들기를 하게 된 계기이기도 하였다.

중국의 대 사상가인 공자 또한 고사성어 위편삼절韋編三絶*의 유래에서 볼 수 있듯이 정독精讀의 중요성을 강조하고 있다. 이렇듯 옛 현인들만 봐도 다독과 속독보다는 한 권의 책을 읽더라도 성심을 다해 읽으라는 정독精讀을 강조했음을 알 수 있다. 그렇다면 현대에는 이러한 정독精讀과 느리게 읽기, 지독遲讀, 슬로리딩을 주장하는 사람이 없을까?

데뷔작『일식』으로 1999년 일본 최고 문학상을 받은 히라노 게이치로는 양의 독서에서 질의 독서로의 전환을 주장한다. 그는 다독과 속독의 시대를 단호하게 거부하며 느리게 음미하며 읽는 슬로리딩이 한 인간을 변화시킬 수 있는 가장 효과적인 독서법이라고 했다. 그러한 경험을 거쳐 작가가 된 과정을 자신의 저서 『책을 읽는 방법』(김효순 옮김, 문학동네, 2008)에서 다음과 같이 소개한다.

한 권의 책을 천천히 시간을 들여 읽으면, 실은 열 권 스무 권을 읽었을 때

---

* 종이가 없던 옛날에는 대나무에 글자를 써서 책으로 만들어 사용했었는데, 공자(孔子)가 책을 하도 많이 읽어서 그것을 엮어 놓은 끈이 세 번이나 끊어졌단 데에서 비롯된 말로, 한 권의 책을 몇십 번이나 되풀이해서 읽음을 비유(比喩·譬喩)하는 말

와 비슷한 뿌듯함을 느낄 수 있다. 이것은 비유도 무엇도 아니다. 실제로 그 책이 태어나기 위해서는 열 권 스무 권이라는 책의 존재가 필요하며, 우리 는 슬로리딩을 통해 그들 존재를 향해 열린 길을 만날 수 있는 것이다.

— 히라노 게이치로, 『책을 읽는 방법』(김효순 옮김, 문학동네, 2008) 72~73쪽

그렇다면 우리의 독서교육은 어떤 방향으로 가고 있을까? 더 빨리, 더 많이, 더 정확히 읽어내기만을 강조하며 독서 인증제, 다독왕, 독서록 쓰기 대회를 여는 등 독서교육을 수단화하고 있지는 않았는가. 심지어 독서법에 관한 책들에서조차 성공과 출세를 목적으로 책을 읽으라고 명령하고 있지는 않았는가. 하루에도 수백 권의 책이 출판되고 수만 가지의 정보가 쏟아지는 현대사회에서, 독서교육마저도 인공지능과 경주를 시키듯 하고 있지는 않은가. 책 속에서 필요한 지식을 검색해 빠르게 정답을 얻어내는 독서교육이 인공지능과 경주를 시키는 것과 무엇이 다를까? 책 속의 아름다움과 감동을 함께 나누며, 그 속에서 즐거움을 찾아주어야 하지 않을까?

어떻게 하면 아이들이 책을 좋아하게 만들 수 있을까 하는 것이 우리의 고민이어야 한다.

2015개정교육과정의 방향에는 이러한 기존의 독서교육이나 국어 교과서의 문제점을 극복하고자 하려는 모습이 분명하게 나타나 있다. 일부 발췌된 토막 글을 읽고, 문제를 풀고 넘어가는 기존의 국어 교육에서 벗어나 수업 안에서의 온전한 독서교육을 제안하고 있다. 정규 수업시간에 책을 읽고 생각을 나누고 글쓰기를 하는 통합적인 독서활동을 하게 되면서 주제에 따라 다른 과목과의 통합이 쉬워졌으며, 의미 있는 독서 경험을 통해 평생 독자를 키워나가는 목적을

일상 수업에서 달성할 수 있게 된 것이다. 초등학교의 경우 3~4학년은 한 학기에 최소 8시간 이상, 5~6학년은 10시간 이상 수업을 진행하도록 편성되었다. 국어교과서에도 '학생들이 책을 읽은 뒤, 생각을 나누고 표현할 수 있다'는 학습목표를 제시한 후 이에 맞춰 독서 전·중·후 활동이 나눠졌다. 이렇게 한 단원 안에 단계적 활동을 두고 있지만 중요한 점은 온전히 책을 읽고 책과 관련된 자신의 생각을 이야기 나누는 경험으로 채워야 한다는 것이다. 즉, 한 학기 한 권 읽기를 할 때 독서 전·중·후 활동이라는 틀에 얽매여 형식적인 활동을 만들기보다는 작품 안에 오래, 깊이 머물며 작품 속의 인물과 함께 호흡하고 사건을 헤쳐나가는 경험을 통해 작품이 주는 감동과 즐거움을 맛보는 것이 중요하다. 문제는 한 권의 책을 온전하게 내 삶과 연결하여 읽어낸다는 것이 과연 8차시나 10차시의 시간으로 가능한가다. 교육과정에서는 '최소한'이라는 단서를 달고 있는데, 이는 교육과정의 재구성을 통해 진정한 한 권 읽기를 실천하라는 의미로 볼 수 있다. 또한 국어과 교수학습 및 평가의 방향에서는 "국어 활동의 총체성을 고려하여 통합형 교수·학습을 계획하고 운용한다"고 제시하고 있다. 한 학기에 한 권, 학년(군) 수준과 학습자 개인의 특성에 맞는 책을 긴 호흡으로 읽을 수 있도록 도서 준비와 독서 시간 확보 등의 물리적 여건을 조성하여 읽고, 생각을 나누고, 쓰는, 통합적인 독서 활동을 학습자가 경험할 수 있도록 한다고 말하고 있다. 이는 교과 간의 통합적 교육과정 재구성에 대한 지지인 셈이다. 한 권의 책을 통해 교과 간 통합을 통한 교육과정 재구성을 만드는 슬로리딩 교육과정이 필요한 이유이기도 하다.

『슬로리딩』의 저자 하시모토 다케시는 공부를 싫어하는 아이들

에게 '놀이'를 통해 '배움'에 대한 흥미와 즐거움을 주고자 〈은수저 슬로리딩법〉을 고안했다. '배우는 것이 싫다'라고 말하는 아이에게 단순히 "논다는 기분으로 배우면 되지 않겠니?"라고 말하기보다는 교사 스스로가 아이들의 눈높이와 요구에 맞추어 교재를 개발하고 교안을 마련하고자 하는 노력에서 슬로리딩법은 시작됐다. 하시모토 다케시의 슬로리딩 학습법은 3년에 걸쳐 읽기와 쓰기, 생각하기 등 다방면으로 소설 『은수저』에 접근하는 것이었다. 소설 속에 등장하는 연 놀이나 먹을거리 등을 실제로 따라 해보기도 하고, 어려운 단어를 찾아보고, 활용하여 기록으로 남기거나 수업과는 전혀 다른 '샛길활동'으로 빠져 일상생활의 다양한 상식을 배울 수 있도록 한 것이다. 물론 이러한 학습법이 유명해진 데에는 그의 제자들인 소설가 엔도 슈사쿠, 도쿄대 총장 하마다 준이치, 최고재판소 사무총장 야마사키 도시미쓰, 가나가와 현 지사 구로이와 유지 등이 집필한 『기적의 교실奇跡の教室(이토 우지타카, 소학관, 2010)*『은사의 조건恩師の条件』(구로이와 유지, 리욘샤, 2005) 등에 소개된 것에 더해 이를 NHK에서 취재, 방송함으로써 일본 열도에 슬로리딩과 고전 읽기의 열풍이 불었던 덕도 있을 것이다. 하지만 단순히 슬로리딩 학습법을 통해 나다 중·고등학교가 명문으로 부상하고, 제자들이 사회에서 성공한 사람으로 성장했다고 하여 이 슬로리딩 학습법이 훌륭한 교육법이라고 생각하는 것은 앞뒤가 맞지 않는다. 이미 앞에서 살펴보았듯이 역사적으로 훌륭한 현인들은 모두 고전 읽기와 천천히 읽기를 습관처럼 강조하지 않았는가? 이렇게 중요한 것을 어떻게 교육과정 속에 실천할 수 있는지가 바로 우리 교사들이 관심을 가져야 할 부분이다.

---

* 국내에는 『천천히 깊게 읽는 즐거움』(이수경 옮김, 21세기 북스, 2012)이라는 제목으로 번역되었다.

이제 슬로리딩 교육법을 우리는 어떻게 교육과정으로 만들어나갔는지 이야기하려 한다. 2015개정교육과정에서 말하는 한 학기 한 권 읽기를 뛰어넘는 슬로리딩 교육법을 우리가 실천한 슬로리딩 교육과정을 통해 소개하려 한다.

우리가 만들고자 했던 슬로리딩 교육과정의 철학은 다음과 같다.

첫째, 슬로리딩 교육과정에서는 슬로리딩을 삶의 전체적인 맥락으로 보았다. 즉 작품의 온전성이 전제되어야 한다. 이것은 아이들의 인지, 정의, 실천 영역의 삶의 통합성을 바탕으로 한 개인과 공동체의 조화를 목적으로 하였다.

둘째, 읽기는 단순한 읽어내기가 아닌 삶으로 읽기, 실행으로 읽기, 감각 통합적으로 읽기가 되어야 한다. 읽기에서 이어지는 해석하기, 토의하기의 등의 활동을 통해 지식이 재구성되고, 이것이 음악, 미술, 연극 등 다양한 문화예술 활동으로 삶 속에서 실행되는 표현의 과정을 중시하여 다뤘다.

셋째, 이러한 과정에서 아이들이 텍스트 선정 및 교육과정 재구성 등의 활동 전반에 참여자로서 포함되며, 그 영역이 단계적으로 확대될 수 있도록 했다.

슬로리딩을 통해 앎을 나 자신과 연결하는 질문으로 만들면서 책으로 삶을 묻는 과정을 경험하는, 앎과 삶이 하나 되는 교육과정. 이것이 슬로리딩 교육과정의 근원적인 목적이자 철학이라 할 수 있겠다.

앎과 삶은 분리된 것이 아니다. 긴밀한 관계를 이루고 있다. 앎을 삶으로 표현할 때, 새로운 앎을 실천할 때 또 다른 앎이 생기는 변증법적인 관계 속에 아이들은 성장하는 것이다.

슬로리딩 교육과정 속에서 앎은 샛길활동을 통해 구체적인 삶 속에서 이루어진다. "모든 지식은 그 지식이 적용되는 구체적인 삶의 경험과의 관련성이 확보되어야 한다"라는 듀이의 말처럼, 삶을 떠난 앎이란 것은 애초부터 있을 수 없는 것이다.

앎과 삶이 분리될 수 없는 관계이고, 배움이라는 것이 삶의 과정에서 깨달으며 알아가는 활동이라면 우리의 교육과정 또한 지식 습득을 위한, 실효성만 좇는 도구적 교육과정이 아니라 학생 스스로 자기 삶을 살 수 있도록 안내해줄 수 있는 슬로리딩 교육과정이 되어야 한다. 어떠한 지식도 삶과 분리해서 가르치고 배울 수 없기 때문이다.

2장

슬로리딩 교육과정 만들기

학년 철학 세우기

철학 없이는 우리가 살아가는 세상의 그 무엇도 제대로 이해할 수 없다. (…) 사상의 역사를 통틀어 공들여 다듬어지고, 구조화된 중요한 세계관들에는 우리가 미처 의식하지 못하는 사이 우리의 사고와 신념, 가치의 거의 대부분이 고스란히 아로새겨져 있기 때문이다.

— 뤽 페리, 『철학으로 묻고 삶으로 답하라』(성귀수 옮김, 책읽는수요일, 2015) 15쪽

철학이란 자기 자신의 앎의 문제를 탐구하는 사유의 학문이며, 우주의 근원을 탐구하는 종합적인 학문이다. 자신의 앎의 문제를 탐구하는 사유의 학문이란 참된 진리, 실제적 사실이 자기 주변에 있기 때문에 삶을 외면하지 말고 삶 속에서 그 좌표를 찾아 진리를 추구하며, 철학을 찾고, 철학적 사유를 한다는 의미이다. 또 우주의 근원을 탐구하는 종합적인 학문이란 다양한 지식의 융합을 통한 수평적 사고를 통해 객관적인 진리를 추구한다는 의미이다. 이로서 지혜롭고 덕을 갖춘 삶을 살아가는 초석이 만들어질 수 있다.

이러한 철학적 개념은 우리가 슬로리딩 교육과정의 교육철학을

세우는 데 큰 도움이 되는 방향을 제시해준다. 우리 학생들이 어떻게 하면 자신의 앎을 삶으로 연결 지을 수 있을까 하는 고민이나 다양한 샛길 교육을 통해 통섭의 시대에서 어떻게 학생들을 지혜롭고 덕을 갖춘 인간으로 성장시킬 것인지에 대한 기준을 제시해주기 때문이다.

슬로리딩 교육과정의 철학적 기준을 근거로 실제 학년 교육철학을 세울 때 고려해야 할 점이 있다. **"우리는 철학을 배우는 게 아니라 철학적으로 사고하는 법을 배우는 것"**이라는 임마누엘 칸트의 말처럼, 학문으로서의 철학이 아니라 행동으로서의 철학을 만들어야 한다.

요즘 많은 학교에서 배려와 나눔의 가치를 학교나 학년의 철학으로 세우고 있다. 배려와 나눔에 대한 도덕적 지식은 그것을 실천할 수 있을 때 비로소 진정한 지식이라 말할 수 있다. 철학이 의미를 갖는 것은 일상 속에서 판단적 사고가 필요할 때 철학을 자신의 행동 기준으로 사용할 때이기 때문이다. 따라서 학교나 학년의 철학은 학생의 일상, 삶과 연결되어야 한다. 삶과 연결되는 참된 경험이야말로 바로 학교, 학년의 철학 세우기에 있어 가장 우선적으로 고려되어야 할 지점인 것이다.

학년의 철학을 세우기 위해서는 먼저 학교의 교육철학을 살펴볼 필요가 있다. 교육철학이 없는 학교는 없을 것이다. 학교 철학을 세울 때는 모든 구성원이 함께 모여 우리가 꿈꾸는 교육이란 무엇인지, 우리 아이들이 자신의 앎의 문제를 삶 속에서 어떻게 이해하게 만들어 줄 수 있을지, 지식의 융합·통합이라는 빅뱅이 일어날 미래 시대에 아이들이 어떻게 자신의 지식을 통섭하고 재구성해낼 수 있게 해줄지, 속도의 시대에 내 주변의 친구들을 돌아보는 여유로운 마음은 어떻게 키울지, 생태교육과 문화예술교육은 왜 하는지, 가르침과 배움의 진정한 의미는 무엇인지, 학력의 참 의미는 무엇이고 평가는 어떻게 변화시켜야 하는지 등을 합의하는 것이 매우 중요하다. 이러한 합의 과정에서 만들어진 학교 교육철학이 있어야 그 철학을 바탕으로 한 학년의 철학을 세울 수 있고, 이를 통해 교육과정을 재구성할 때 방향을 잃지 않고 일관성 있는 교육으로 나아갈 수 있기 때문이다.

그 학교만의 문화와 철학을 바탕으로 세워진 교육철학과 가치를 학년 교육과정에 녹아들게 하여 수업에서 공동으로 구현해야 한다. 학교 철학에 따른 학년 교육의 철학이 무엇인지, 무엇을 가르쳐야 하는지, 어떻게 가르쳐야 하는지를 확실하게 정하고 시작해야 한다. 무엇을 가르칠지가 결정이 나야만 어떻게 가르칠지에 대한 교육과정 재구성의 방법과 내용이 나오기 때문이다. 따라서 학년 교육과정의 철학은 학교 교육과정의 철학을 녹여낼 수 있는 철학이어야 하며, 이것은 학교 교육과정, 학급 운영, 교수학습까지 일관성 있게 반영될 수 있도록 체계적으로 구성되어야 한다.

먼저 해당 학년의 교육과정 분석을 통해 핵심 내용 및 가치를 파악하고, 핵심 가치의 재구조화를 통해 학교의 철학을 반영하는 학년의 철학을 만들어내는 것이다. 이렇게 학급 교육과정까지 철학의 맥락이 이어진다면 단위 수업과도 유기적으로 맞물릴 수 있다.

우리는 2018학년도에 4학년을 운영하면서 4학년 교육과정에 나오는 세계화, 다문화, 인권, 장애 이해교육이라는 가치들을 묶어 '세계 민주 시민 양성'이라는 학년 철학을 세웠다. 학교마다 지역 문화와 해당 학년의 학생 특성에 따른 철학 세우기가 가능하다. 슬로리딩 교육과정 재구성 운영 첫해에 맡았던 6학년에서는 학생 간의 다툼이 많아 여러 가지 문제가 끊임없이 발생했었다. 그때는 이 아이들에게 필요하다고 여긴 우정, 배려, 나눔의 가치를 묶어 '배려와 나눔의 우정'이라는 학년 철학을 세웠다.

2019학년도에는 2학년에서 슬로리딩 교육과정을 운영하게 되어 새롭게 철학 세우기 작업을 했다.

1. 4학년 교육과정 속 가치 발견하기

2. 가치 분류하기

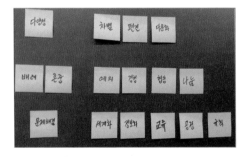

3. 가치 구조화하기

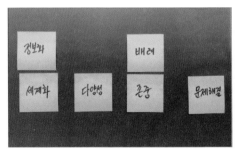

4. 학년 철학 가치 선정하기

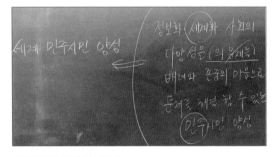

5. 학년 교육과정 철학 세우기

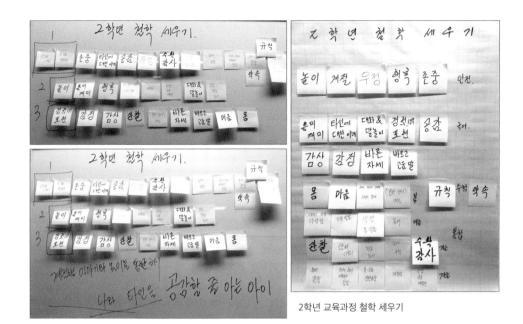

2학년 교육과정 철학 세우기

도서 선정하기, 책 속의 주제 선정하기

교육과정의 핵심 가치와 학생들의 삶의 배경 속에서, 또는 다른 방법으로 학년의 교육철학을 세웠다면, 그 학년의 철학이 담긴 도서를 선정해야 한다. 슬로리딩 교육과정 수업에서 다룰 책을 선정하는 일에는 많은 시간과 노력이 필요하다. 1년 동안 학생들에게 심어줄 학년의 교육철학이 담긴 책을 찾아내야 하기 때문이다. 그렇다고 너무 고민할 필요는 없다. 다른 사람들이 추천하는 책들에 매달린 것도 없다. 우리가 하는 슬로리딩 교육과정은 모든 것이 갖춰지고 채워진 보물 상자가 아니다. 가치 있는 경험과 이야기들로 조금씩 채워가는, 꿈을 담는 그릇이다.

물론, 책 선정에서 고려해야 할 점은 있다. **첫째, 우리 학급 학생들의 독서 학습 수준과 발달 수준에 맞는 책이어야 한다**는 것이다. 아무리 많은 사람에게 추천받은 책이라도 우리 학생들에게 어렵거나 분량이 너무 적다면 자기 발에 맞지 않는 신발을 신고 달리기를 하는 것과 다를 바 없다. 학급 학생들의 독서 습관과 발달 수준을 정확하게 파악하는 것이 쉬운 일은 아니다. 한 학급에서 같이 공부하는 학생이라도 개별적인 독서 능력과 수준에서 많은 차이를 보이기 마련이다. 그러므로 학생들 개개인에 대한 독서 학습 수준보다는 전체적인 독서 학습 수준 파악을 통해 책을 선정하는 것이 바람직하다. 가령 글을 낭독할 때 어려워하는 점은 없는지, 어휘력은 어떤지, 책을 읽을 때 어느 정도 집중하며 읽을 수 있는지 등과 관련하여 학급 학생들의 독서 발달 수준을 대략 파악하는 것만으로도 책 선정의 기준을 잡을 수 있을 것이다.

둘째, 책을 통해 다양한 가치를 일깨워줄 수 있는가를 고려해야 한다. 학생들이 좋아하는 책은 당연히 재미있는 책이다. 하지만 재미있는 책은 읽는 이에게 웃음을 주는 것만으로 그 역할을 다하는 경우가 많다. 물론 재미를 통해 독서에 흥미를 느끼도록 하는 역할만으로도 긍정적이라고 할 수 있을 것이다. 그러나 슬로리딩 교육과정에서 다루고자 한다면 이야기는 달라진다. 재미도 중요한 요소임에 틀림이 없지만, 학생들 스스로 느끼게 할 다양한 교육적 가치를 놓쳐서는 안 된다. 우리는 책을 읽으면서 책 속에 등장하는 다양한 인물을 만나고, 사건의 흐름을 통해 그 인물에 대해 더 많은 부분을 이해하게 되며, 때로는 새로운 면을 발견하기도 한다. 그리고 그 과정에서 감동의 경험을 하기도 한다. 책을 통해 느끼는 감동은 지극히 개인적인 사유의 결과로 볼 수 있다. 같은 글을 읽더라도 다른 사람과 내가 느끼는 감동의 수준과 종류가 다를 수 있다는 점에서 그러하다. 때문에 한 권의 책 속에서 학년의 교육과정에서 이루고자 하는 학년 철학에 도달하기 위해서는 다양한 가치와 감동을 발견할 수 있는 책을 고르는 데 노력을 아끼지 말아야 할 것이다.

셋째, 아이들의 삶과 가까운 샛길활동이 가능해야 한다. 독서를 통해 감동을 얻기 위해서는 우선 공감이 형성되어야 한다. 책 속에 등장하는 이야기나 인물의 행동이 공감되지 않는 상황에서는 감동 또한 일어나기 어렵기 때문이다. 그렇다면 이러한 공감은 어떤 경우에 좀 더 쉽고 자연스럽게 일어날 수 있을까? 바로 내 삶의 경험과 가깝거나 어떠한 상황이 내 마음속의 어떤 감정과 비슷한 느낌을 줄 때이다. 이러한 공감은 샛길활동을 통해 일어날 수 있다. 다양한 샛길활동으로 전개할 만한 소재가 책 속에 잠재돼 있다면 슬로리딩 교육과정으로 얻고자 하는 큰 가치를 보다 풍요롭고 깊이 있게 해줄 것이다. 아이들의 시선에서 세상을 바라보고, 그들의 삶과 어깨를 나란히 하며, 좀 더 큰 가치를 향해 나아갈 수 있는 책의 발견이야말로 아이들의 삶과 아이들의 앎이 연결되는 교육과정 운영의 기반이 된다.

지금, 우리 앞의 아이들을 주인공으로

슬로리딩 교육과정 운영의 첫해, 1년의 가치를 이끌어갈 책을 선정하는 일은 숱한 고민과 어려움을 가져다주었다. 처음에는 슬로리딩 교육과정을 먼저 시작한 저자들이 추천한 도서와 관련 연구기관에서 발표한 권장도서 위주로 살펴보았는데, 우리 생각에 잘 들어맞는 책을 찾기 어려웠다. 6학년 학생들에게 맞는 적당한 분량과 단어 수준도 고려해야 해서 한층 어려웠다. 그래도 우리가 살펴본 많은 책

가운데 계속 마음에 남는 책이 있었다. 아이들의 삶을 의미 있게 그려낸 『괭이부리말 아이들』이었다.

고학년이 되면 아이들은 친구와의 관계를 매우 소중하게 생각한다. 때로는 집착이 되고 갈등 상황이 벌어지기도 한다. 친했다가도 멀어지고, 다시 친해지고를 반복한다. 친구에게 손을 내미는 사람으로 성장하여야 할 아이들이 이러한 과정에서 분노를 조절하지 못하고 폭주 기관차가 되는 경우도 있다. 슬로리딩 교육과정의 학년 철학을 '배려와 나눔의 우정'으로 설정한 이유다. 6학년 아이들은 살아가면서 다양한 갈등 상황을 맞이하며 가족에게도 쉽게 털어놓지 못하는 고민을 갖고 살지만, 누군가가 아이의 삶을 이해해주고 그 아픔을 들어주기만 해도 위안이 될 수 있다. 아픈 것을 아프다고 이야기할 수 있으려면 그 이야기를 진심으로 들어줄 사람이 있어야 한다. 우리 아이들의 삶과 멀지 않은 이야기, 『괭이부리말 아이들』을 선정한 이유이다. '세상 모든 아이들이 동무가 되기를'이라는, 슬로리딩 교육과정 1년의 모토를 토대로 한 신중한 선택이었다.

바로 지금 우리 앞에 있는 아이들이 주인공이 될 수 있는 책이라야 슬로리딩 교육과정을 끝까지 끌고 갈 원동력을 제공해줄 수 있다. 책 속의 사건들이 우리 삶의 한 장면으로 다가오고, 인물들의 말과 행동에서 공감을 얻을 수 있다면 아이들도 각자의 위치에서 자신만의 가치관을 만들어가는 양분을 얻을 수 있지 않을까 생각한다.

학년 교육과정의 철학과 가치를 담아

두 번째로 슬로리딩 교육과정을 운영한 2018년에는 4학년 아이들을 만나게 되었다. 6학년을 한 번 더 맡아서 이전의 경험을 토대로

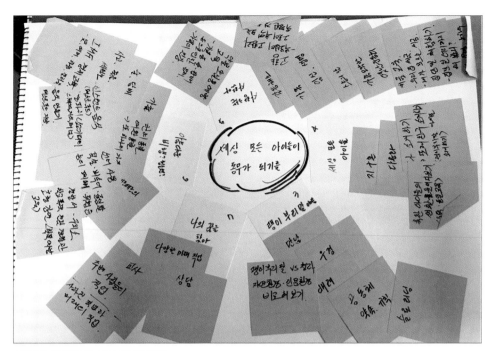

슬로리딩 교육과정 책 속의 주제 선정하기

시행착오를 정비하고, 교육과정을 재구성하는 과정에서 놓친 것을 보완해야겠다는 필요성을 느낀 것도 사실이다. 하지만 슬로리딩 교육과정 재구성의 경험을 새로운 학년에 펼치고자 하는 도전 의지가 더 크게 작용했다. 결국 4학년으로 하기로 의견을 모았고, 6학년 슬로리딩 교육과정을 같이 운영했던 몇 분의 선생님들과 함께하게 되었다.

6학년에서는 아이들에게 필요한 절실한 가치와 그 가치를 통해 현실의 삶에서 자신을 돌아보고, 각자 나름의 가치관을 형성해가는 일에 도움을 줄 만한 작품을 찾는 방향으로 책을 선정했으나, 4학년은 방향을 조금 다르게 하는 것이 좋겠다는 의견에 힘이 실렸다. 물론 아이들의 삶과 가까운 이야기를 담고 있어야 함은 여전히 기본이었지만 말이다. 역시 슬로리딩 교육과정으로 1년의 철학을 담고 갈 수 있는 책을 만난다는 것은 쉬운 일이 아니다.

우선 각 교과에서 드러내고자 하는 기본 성격 및 목표에 관심을 두고 읽어보기로 했다. 우리 나름의 방향을 잡고 슬로리딩 교육을 하고 있기는 하지만 어디까지나 교육과정을 중심에 두고 구성해야 하기에 각 교과의 성격과 목표로부터 우리가 아이들에게 심어줄 수 있는 가치를 발견해내려 했다. 4학년 교육과정의 핵심 내용 및 가치 분석을 통해 다문화, 장애 이해, 인권, 세계화, 민주시민 등의 키워드를 모아 슬로리딩 교육과정 1년의 철학적 가치로 '세계 민주시민 양성'이라는 큰 줄기를 세우게 되었다. 이에 부합하는 책을 선정하기 위해 노력한 끝에 『투명한 아이』라는 책을 만났다.

『투명한 아이』는 욕심이 많이 담긴 작품이다. 인권이라는 큰 주제 속에 장애인, 다문화, 조손가정과 같은 문제를 다루면서 우리 사회에 만연한 편견들을 드러내고 있다. 민주시민으로 성장할 아이들에게는 문화의 다양성을 편견 없이 존중하고 이해하는 태도가 필요하다. 다양한 문화와 가치관을 지닌 사람들과 더불어 살아가야 할 아이들에게 편향된 사고와 일방적인 소통 방식을 물려주어서는 안 된다.

우리는 새로운 한 해의 학년 철학과 가치를 '투명한 아이의 친구가 돼주세요'라고 정리했다. 아이들이 다양한 문화와 삶을 편견 없이 이해하고 존중하는 태도를 지닌 민주시민으로 자라길 바라는 우리의 마음을 담은 것이다.

월별 주제 잡기 및 교육과정 재구성 작업

진정한 지식이란 어떤 것일까? 누구나 아는 지식을 단순히 암기하는 것만으로는 미래의 경쟁력을 기를 수 없을 것이다. 자신만의 경험과 생각을 바탕으로 스스로 지식을 재구성할 때 진정한 앎이 형성된다. 학생들이 하나의 주제 속에서 다양한 경험과 생각을 연결해 지식을 재구성해나갈 수 있도록 안내하는 주제 중심 교육과정 재구성, 프로젝트 학습 그리고 슬로리딩 교육과정의 '월별 주제 샛길활동'은 그런 의미를 담은 교육 방법이다. 매달 하나의 주제를 잡아 그 주제에 따른 교육과정을 운영하는 것 역시 주제 중심 교육과정이나 프로젝트 학습을 중심으로 한 교육과정의 재구성과 그 목적이 같다.

주제 중심 교육과정은 초등학교 아이들의 특성상 분과된 교과를 지도하기보다는 각 교과의 가치들을 모아 통합된 주제를 통해 가르치는 교육과정 재구성 방법이다. 프로젝트 기반 학습 Project Based Learning 또한 단순한 교과 내용이나 분절된 지식을 배우는 것이 아니라 특정한 주제를 중심으로 다양한 지식을 연결하고 깊이 탐구하는 교육과정 재구성 방법이다. 슬로리딩 교육과정의 '월별 주제 샛길교육'은 이야기 속에 다양한 소재들을 묶어 한 해의 큰 주제와 매달의 주제를 선정하여 교육과정 속 핵심역량을 연결하는 작업을 하여 지도한다. 주제 중심 교육과정이나 프로젝트 학습에서 추구하는 목적과 같은 방향성을 갖고 있다. 슬로리딩 교육과정 월별 주제에 따른 샛길교육을 통해 아이들은 1년간 책 속에 온전히 빠져들어 책 속의 인물들과 사건을 함께 경험하며 살아가게 된다. 경험을 통해 공부하며 완전한 온 작품 읽기에 몰입되는 순간이 바로 앎과 삶이 일치하는 교육과정을 이루는 것이기 때문이다.

슬로리딩 교육과정 월별 주제 잡기

학년의 교육철학을 세우고, 그에 따른 도서를 선정했다면 이제 선정된 도서를 함께 읽어보면서 내용을 분석해야 한다. 한 해의 긴 호흡 속에 이 책이 아이들의 삶 속으로 녹아들도록 하기 위한 작업을 시작하는 것이다. 동료 선생님들과 같이 읽어나가며 학년의 철학과 책 속의 주제를 고려해 그 주제 속의 가치를 탐색할 수 있는 월별 주제를 잡아간다. 사건의 전환, 등장인물의 감정 변화 등을 고려하면서 매달 읽을 부분을 적당한 분량으로 나누어 그 속에서 주제를 잡는 것이다.

이때 학사일정을 놓고 함께 고민해야 한다. 월별 주제를 정할 때 학교 행사나 현장학습 일정 등을 고려하기 위해서다. 학교 행사 또한

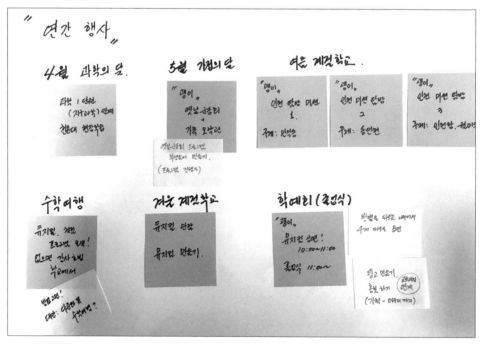

슬로리딩 교육과정 행사 선정하기

교육과정 속에 녹여 운영해야 한다. 학교 현장에서 교육과정과는 큰 연관성 없이, 그저 관행적으로 운영되어 온 현장학습이나 운동회, 학예회 등의 행사를 학년 교육과정의 철학에 맞도록 수정해야 한다. 학교에서 일어나는 모든 활동이 전부 교육이라고 생각한다면 그런 행사 역시 모두 교육적이어야 하기 때문이다. 이러한 교육적 활동은 교육과정으로 구조화되어야 한다. 학교, 학급, 학생의 특성에 따른 교육적 활동을 통해 행동에 교육적 가치를 부여하는 구조화된 교육과정, 즉 교육과정 재구성이 필요하다.

우선 월별 주제에 따른 현장 학습 장소를 결정하고 학년 행사를 만든다. 다문화, 인권, 장애 이해라는 가치를 학년의 철학으로 세운 해에는 현장 학습 장소도 대한민국 어울림 대축전, 다문화 박물관으로 선정하여 운영했다. 국가 인권위원회와 연계하여 학생 인권교육을 운영하기도 했다.

슬로리딩 교육과정 재구성 작업

월별 주제 샛길교육 정하기

슬로리딩 교육과정 재구성의 월별 주제는 단순히 매달 정해진 진도만큼 읽어나가기 위한 것이 아니다. 주제를 통한 샛길교육으로 한 해의 철학과 목표에 한 걸음씩 다가서도록 하기 위한 것이다.

월별 주제를 선정할 때 대강의 월별 샛길교육을 뽑을 수 있다면 교육과정 재구성 작업이 좀 더 수월해진다. 한 달 동안 읽을 책의 주제와 샛길교육을 중심으로 교육과정의 핵심역량과 성취기준을 연결하기 위한 기초 작업인 셈이다.

월별 주제 샛길교육을 핵심역량 및 성취기준에 연결하기

학년 교육철학, 책 속의 주제 그리고 매달의 주제를 월별로 정리한 다음 매달 책과 함께 할 다양한 샛길활동들이 나오면 교과서를 분석하여 핵심역량과 성취기준들을 배치한다. 이때 섣불리 완벽하게 짜두려 하거나 샛길활동과 성취기준을 무리하게 배치하려고 하지 말아야 한다. 교육과정은 학기 초에 한 번 제출하면 끝나는 것이 아니다. 실제로 활동을 하면서 그때그때 수시로 변경할 수 있도록 하는 것이 교육과정을 재구성하는 이유 중 하나이기 때문이다.

교육과정 재구성이 오로지 교사만의 몫이어서도 안 된다. 학생과 학부모들이 함께 재구성 과정에 참여하여 스스로 지식을 재구성하는 기회로 삼을 수 있어야 한다.

학년 초에 교사를 중심으로 월별 주제 샛길교육과 몇 가지 샛길교육을 선정하고 이에 따라 교육과정을 재구성하지만, 샛길활동을

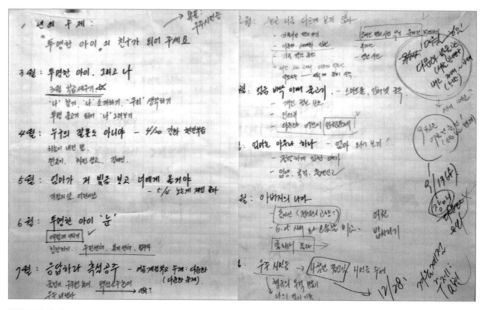

월별 주제 잡기

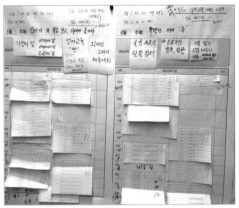

교육과정 재구성 작업

구체적으로 기획하면서 정해두었던 성취기준을 바꾸기도 한다.

다음 달 샛길교육이 안내되기 전에 학생과 학부모들이 다음 달 진행할 부분을 함께 읽어보며 재미있는 샛길활동을 찾아 제안할 수도 있다. 교사들이 다음 달 샛길교육을 확정하고 교육과정을 재구성하는 데 그런 의견들이 반영된다.

학생들과 학부모들의 의견을 반영할 때마다 수시로 교육과정을 바꿀 수 있도록 했다. 교육과정을 쓴 메모지를 연수실에 재접착식 풀로 붙여놓으면 언제든 교육과정을 바꿀 수 있다.

독서 전·중·후 활동

2015개정교육과정과 '한 학기 한 권 읽기'

인공지능^{AI}으로 상징되는 4차 산업혁명 시대를 살아갈 우리 학생들이 갖춰야 할 역량으로 창의력과 인성, 융·복합 능력, 협업 역량, 커뮤니케이션 능력을 주로 꼽는다. 교육부에서도 미래 인재가 갖춰야 할 역량을 기르기 위해 2015개정교육과정을 발표하고, 추구하는 인재상으로 '바른 인성을 갖춘 창의·융합형 인재'를 제시하였다. '창의·융합형 인재'란 바른 인성, 인문학적 소양, 과학 기술 창조력, 다양한 지식의 융·통합을 통한 새로운 가치를 창출하는 사람을 의미한다. 2015개정교육과정이 추구하는 인재상을 기르는 데 가장 효과적인 교육 방법은 바로 독서다.

2015개정 국어과 교육과정에서는 다음과 같이 개선 방향을 정하고 학생들에게 인문학적 소양과 소통 능력, 창의력, 꾸준한 독서 습관을 길러주기 위해 '한 학기 한 권 읽기'를 도입했다.

(1) 학습자가 미래 사회에서 요구하는 국어과 교과 역량을 기를 수 있도록
하는 교수·학습
(2) 국어 활동의 총체성을 고려한 통합형 교수·학습
(3) 학습 활동 과정에서 의미 있는 배움이 일어날 수 있도록 하는 학습자 참
여형 교수·학습
(4) 학습 목표를 달성하는 과정에서 바람직한 인성을 함양하는 교수·학습

'한 학기 한 권 읽기'는 국어 수업시간을 통해 책 한 권을 온전히
읽게 하는 과정이다. 서로 생각을 나누며 표현하는 수업을 통해 학생
이 참여하는 가운데 배움이 일어나게 하며 바람직한 독서 습관을 길
러주기 위한 것이다.

독서교육은 대체로 학교 안팎에서 이루어지는 글 또는 책 읽기와
관련된 교수·학습 활동을 포괄한다. 2015개정 국어과 교육과정에서
강조하는 '한 학기 한 권 읽기'는 특별히 학교 안 독서교육, 특히 '국어
과 수업 내'에서 실행되는 '책' 읽기 교육을 의미한다. 그와 동시에 '국
어과 교수·학습 방법론으로서의 책 읽기 교육'을 구현하자는 의도가
담겨 있다.

이전 교육과정에서도 독서교육을 강조하였지만, 2015개정 국어
과 교육과정은 '한 학기에 한 권'이라는 목표가 구체적으로 제시되고
교과서에도 그 내용을 반영하여 수업시간에 책을 읽도록 한 점에서
독서가 훨씬 강화되었다고 볼 수 있다. 또한 '국어교과서 편찬상의 유
의점'에 다음과 같은 사항을 제시해두어 한 학기 한 권의 책을 읽고
생각을 나누고 글을 쓰는 통합 활동 단원을 각별히 강조하였다.

(5) 매 학기 한 권, 교과서 밖의 책을 수업시간에 완독하고, 타인과 생각을 나눈 후 자기 생각을 쓰는 데 도움이 되도록 통합적인 수업 활동을 개발한다.

초등학교의 경우 3학년과 4학년은 한 학기에 최소 8차시 이상, 5학년과 6학년은 최소 10차시 이상 수업을 진행하도록 편성하였고, 이러한 한 학기 한 권 읽기는 통합하거나 단독으로도 운영할 수 있다. 통합 운영 방법으로는 국어교과 내 통합, 국어와 다른 교과 간의 통합, 생활 경험과의 통합이 있다.

국어교과 내 통합 운영은 독서 단원을 국어과 내 다른 단원과 통합하는 것으로, 다른 단원에서 학습한 전략을 책을 읽고 생각을 나누고 표현하는 활동에 적용할 수 있다. 교과 간 통합 운영은 사회, 과학, 도덕, 미술 등 타 교과에서 배운 주제나 내용과 연관된 책을 선정하고 국어과 수업에서 배운 전략을 활용하여 책을 읽으면서 배운 내용을 심화하는 것이다. 생활 경험과의 통합 운영은 학생들이 삶과 직결되는 문제를 독서 단원과 통합하여 해결 방안을 모색하게 하는 프로젝트 학습으로 진행할 수 있다. 하지만 대부분의 학교에서는 최소 시수에 맞추어 독서 단원 단독 운영을 하고 있다. 독서 단원을 학기 초, 학기 중, 학기 말 등의 적절한 시기에 배치해 집중적으로 운영하거나 독서 전·중·후 활동 등을 적절히 분산하여 운영하기도 한다.

8차시 또는 10차시에 한정된 책 읽기가 아닌, 한 권의 책을 다른 교과와 학생들의 삶과 통합하여 1년의 긴 호흡으로 읽어가는 슬로리딩 교육과정을 도입하면 형식적인 독서 단원 운영에서 벗어날 수 있다. 여기에 슬로리딩 교육과정에서 우리가 실천한 독서 전·중·후 활동의 흐름을 소개한다.

독서 전 활동

1년간 한 권의 책으로 독서 전·중·후 활동을 진행하므로, 독서 전 활동은 주로 3월에 이루어진다. 학생도 학부모도, 새로 만나는 동료 교사도 슬로리딩 교육과정이 생소할 수밖에 없다.

동료 교사들과는 3월이 시작되기 전 슬로리딩에 대한 연수를 통해 우리 교육과정이 나아가고자 하는 방향을 공유한다. 실제로 3월에는 처음 해보는 슬로리딩 교육과정에 대해 부담도 많이 느끼고 어려워하지만, 이런 모습은 본격적으로 샛길활동이 진행되는 독서 중 활동 단계에서 자연스럽게 사라지게 된다.

학부모들에게는 학기 초에 가정통신문을 통해 슬로리딩 교육과정을 안내한다. 처음 접해보는 교육과정에 대해 걱정도 많고 의문도 많은 것이 사실이다. 그러므로 3월 학부모 총회를 통해 슬로리딩 교육과정을 설명해야 한다. 또 매월 샛길교육 안내를 통해 다양한 샛길활동으로 교과의 핵심역량, 성취기준을 연결지어 학습하고 있음을 안내한다. 이런 과정을 통해 학기 초 걱정과 의구심은 점차 지지와 성원으로 바뀌게 된다. 실제로 부모님들의 이해와 참여가 매달 샛길활동을 만드는 교사들에게 큰 힘이 되었다.

학생들도 본격적으로 슬로리딩을 하기 전, 3월의 진단활동 기간에 독서 전 활동에 들어간다.

경청 훈련

학년 초에 진단활동으로 많이 활용하는 경청 훈련은 회복적 생활교육 방법 중 하나이다. 학생의 성향과 자기표현법은 저마다 다르지만, 대부분의 학생은 자기를 표현하고 싶어 한다. 하지만 다른 사람의 이야기를 주의 깊게 듣고 자기 생각을 정리한 후 다시 이야기하는 경

2018학년도 4학년 슬로리딩 교육과정 안내

- 2015개정교육과정에 따른 독서교육 실천을 위해 4학년은 『투명한 아이』라는 책을 선정하여 슬로리딩 교육과정을 실천할 예정입니다. '투명한 아이의 친구가 돼주세요'라는 주제를 가지고 1년 동안 함께 공부할 것입니다.

- 『투명한 아이』 책을 통해 교과의 핵심성취기준을 연결하여 즐거운 공부를 할 수 있도록 힘쓰고 있습니다.

- 교과서 내용 재구성을 통해 교과서로 학습하는 경우와 교과서를 사용하지 않는 경우도 있습니다. 개정 교육과정에서는 교과서를 참고용으로 이용하라고 안내하고 있습니다. 따라서 4학년은 다양한 샛길활동을 만들어 아이들에게 즐거운 학습이 되도록 교육할 예정입니다.

- 『투명한 아이』 책은 학교에서 학생들에게 선물할 예정입니다.

- 4학년 과정형 상시평가는 별도로 안내되며, 일제형 지필평가는 실시하지 않습니다.

- 4학년 1학기 주요 샛길교육 일정은 아래와 같습니다. (매월 말 그달의 주제와 관련한 발표가 있습니다.)

  - 매달 재구성 내용에 따라 행사나 일정이 변경될 수 있습니다. 월간학습안내를 참고해주세요.

날짜(요일)	교육활동명	내 용
3월 주제 : 투명한 아이, 그리고 나		
3. 2.(목)	시업식	학교급식 실시
3.5.~3.9.	진단활동	학급세우기, 회복적 생활교육, 나 찾기
3. 9.(금)	다모임	3월 존중의 약속 선언
4월 주제 : 누구의 잘못도 아니야		
4.20.(금)	강화 체험학습	생태 및 체험학습
5월 주제 : 엄마가 저 빛을 보고 너에게 올거야		
5. 4.(금)	[투명한아이] 샛길-노는 게 제일 좋아	학년 놀이 운동회
6월 주제 : 투명한 아이 '눈'		
6월 중	[투명한아이] 샛길-애벌레 키우기	식물의 한 살이와 연계교육
	[투명한아이] 샛길-칭찬	칭찬 주간 운영
	[투명한아이] 샛길-장애복지 알기	주민센터, 복지센터 방문
7월 주제 : 응답하라 흑설공주		
7월 중	[투명한아이] 샛길-작가와의 만남	[투명한아이] 저자와의 만남
	[투명한아이] 샛길-흑설공주 연극 발표회	각 반 연극 발표회(학부모 초대)
	여름 계절학교(주제:다문화)	다문화 축제 열기(학부모 협조)

2018. 3. 13.

인 천 도 담 초 등 학 교 4 학 년

우는 아쉽지만 무척 드물다. 질문과 동떨어진, 즉흥적으로 생각나는 자신의 이야기를 던지는 학생과 그 이야기를 맞받아치며 대꾸하는 학생으로 인해 때때로 교사는 수업 진행에 어려움을 겪는다. 자기 말만 하는 아이들에게 경청 훈련은 생각의 연결고리를 생성하고 의사소통 능력을 키우는 매우 의미 있는 활동이다.

성독하기

경청 훈련을 통해 듣기 영역의 기본적 소양교육이 이루어졌다면 다음으로는 성독하기가 필요하다. 성독은 말하기와 읽기에 해당한다. 책을 읽는다고 했을 때 대부분 교실이나 도서관에서 다른 사람에게 방해가 되지 않도록 묵독(默讀)의 읽기 방법을 본의 아니게 강요받기 마련이다. 하지만 소리 내어 읽는 것도 꼭 필요하다. 친구들 앞에서 소리 내 읽는 것이 쑥스러워서 목소리를 크게 내지 않았던 아이들도 성독 훈련을 통해 점점 힘 있는 목소리로 책을 읽게 된다. 남 앞에서 책을 읽는 것을 다소 두려워하던 학생도 주저하지 않고 또박또박 읽어낸다. 또한 성독을 하다 보면 문장을 문맥과 내용에 맞게 끊어 읽는 법을 자연스럽게 배울 수 있어 이야기의 내용을 파악하고 상황을 이해

성독(聲獨) 하기

하는 데 도움을 준다. 성독은 단순한 읽기 방법이 아니라 말하기 능력도 길러주는 유용한 도구이다.

슬로리딩 샛길교육 공책 만들기

성독 후 공책에 인물, 사건을 정리하여 내용을 파악하고 모르는 단어를 사전을 찾아 다시 한번 의미를 되새겨보는 활동을 한다. 공책 정리는 샛길로 가는 과정을 순차적으로 제시하여 학생들이 슬로리딩 교육과정 학습 속에서 다양한 샛길활동으로 공부하고 있음을 알 수 있도록 해준다. 동료 교사들과 협의하여 학년 수준에 맞는 공책을 제작하면 효율적이다.

표지 그림 보고 내용 상상하기

학생들이 책 표지의 그림과 제목, 표지의 분위기 등으로 내용을 상상해보고 작가가 되어 책을 소개한다. 이는 책에 대한 호기심을 높이고 책과 가까워지기 위한 활동으로 한 학기 한 권 읽기, 온 작품 읽기 등에서 이미 많이 소개된 대표적인 독서 전 활동이다.

작가 탐구

본격적인 수업에 앞서 독서 전 활동의 단계로 작가에 대해 알아보는 활동을 진행했다.

안미란 작가의 약력과 함께 『투명한 아이』뿐 아니라 다른 책들도 내용 소개를 찾아 읽어보았다. 주로 누구를 대상으로 어떤 이야기를 쓰는 작가인지 짐작해볼 수 있는 시간이었다.

이 활동으로 안미란 작가와 슬로리딩 교재 『투명한 아이』에 대한 아이들의 관심이 높아졌다. 이 책을 공부하면서 해보고 싶은 활동을

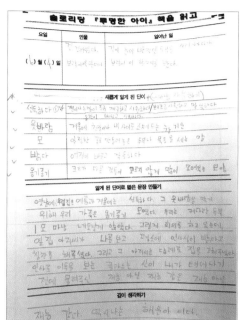

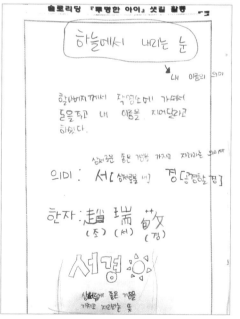

슬로리딩 샛길교육 공책

스스로 생각해보며 학습 의욕을 고취시킬 수 있었다.

그리고 '작가의 말'을 읽으면서『투명한 아이』란 책을 통해 작가가 전달하고 싶은 메시지는 무엇인지 생각해보았다.

활동의 마무리로 작가를 직접 만나고 싶은 마음을 담아 편지 쓰기를 했다. 아이들의 수준에서 작가의 생각을 이해하고 직접 대화할 기회를 만들어주기 위해 작가와의 만남을 계획하면서 아이들이 직접 편지를 보내 만남을 제안하는 것이 의미 있겠다고 생각했다. 아이들에게도 자기 힘으로 교육활동을 만들어내는 기회가 되었다.

서문 읽기

본문을 읽기 전 '작가의 말'을 읽으면서 작가가 가지고 있는 가치관과 이 책을 통해 말하고자 하는 바를 파악하게 한다. 이를 위해 첫 번째로 '작가의 말' 중 뜻을 정확히 알지 못하는 낱말을 국어사전에서 찾아보게 했다. 다음으로는 '투명한 아이'와 함께 살기 위해 작은 것이라도 도울 수 있는 일을 토의한 후 결과를 적어보았다.

'투명한 아이'가 처한 상황과 문제를 생각해보고, 우리가 줄 수 있는 도움을 함께 이야기해봄으로써 '투명한 아이'를 한층 더 가깝게 느끼는 시간이 되었다.

국어사전 찾는 법 배우기

슬로리딩 과정의 하나인 국어사전 찾기는 성독을 통해 읽은 부분에서 모르는 어휘나 알고는 있지만 다른 사람에게 설명하기 어려운 낱말을 찾아 그 뜻을 정확하게 이해하고 넘어가는 활동이다. 그러기 위해서는 국어사전을 찾는 방법에 대한 학습이 필요한데, 국어사전에 낱말이 나오는 순서를 익히고 표제어를 우선으로 확인하는 등 낱말을 빠르게 찾는 방법을 서로 공유하게 하는 것이 좋다. 교사가 처음부터 자세하게 설명하기보다는 학생들에게 물어보고 각자 경험을 통해 스스로 터득한 방법을 공유하는 활동이 바람직하다.

 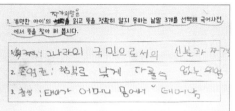

'작가의 말'에 나오는 낱말 찾기

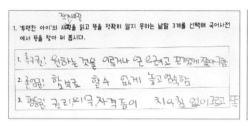

'작가의 말'에 나오는 낱말 찾기

독서 중 활동

슬로리딩 교육과정 독서 중 활동은 3월 진단활동(독서 전 활동)이 끝나고 본격적인 샛길교육이 진행되면서 시작된다.

천천히 성독으로 읽어가며 모르는 단어를 찾아보고, 찾은 단어들로 문장을 만드는 작가 활동을 마치면 어느 한곳에서 멈춰 샛길로 빠진다.

아이들은 이렇게 샛길로 빠져 다양한 경험을 통해 공부하는 데 점점 빠져들게 된다. 처음에는 신기해하고, 점차 언제 샛길로 빠질지 기다리게 된다. 자신들이 제안한 샛길활동이 나오면 더욱 즐거워한다.

이러한 독서 중 샛길활동의 구체적인 내용은 3장 샛길교육 만들기와 운영하기에서 더 자세히 소개하고자 한다.

독서 후 활동

아이들과 한 책을 가지고 1년을 살아가다 보면, 단순히 책 한 권을 읽어낸 것이 아니라 이 책과 함께 살아온 것이라는 사실을 아이들도 알게 된다. 그래서 우리는 '슬로리딩'이라고 하지 않고 '슬로리딩 교육과정'이라고 한다. 한 권의 책이 어떻게 아이들의 삶과 연결됐는지, 아이들의 삶의 변화와 감동은 어떠했는지를 표현해내는 장을 마련해주는 것은 슬로리딩 교육과정의 꽃이라 말할 수 있다. 2015개정 교육과정에 연극교육(체험 중심 대단원)이 신설된 이유도 마찬가지다. 2017학년도에는 『꽹이부리말 아이들』로 6학년 아이들과 한 해를 살고 한 권의 책을 통한 삶의 변화와 감동을 뮤지컬로 만들어 졸업식 때 발표하는 과감한 도전을 해보았다.

2018학년도에는 『투명한 아이』라는 책으로 공부하며 수시로 이러한 표현의 기회를 주기 위해 노력했다. 매달 가장 재미있었던 샛길을 선정해서 느낌을 적어보는 활동으로 가장 즐거웠던 샛길활동에 대한 감정을 나누었다.

또한 1학기를 마치며 다문화 관련된 7월 주제 '응답하라 흑설공주'라는 주제를 가지고 연극 발표를 샛길활동으로 만들어보았다. 책 속의 책 샛길활동으로 백설공주 이야기를 흑설공주 대본으로 아이들이 직접 바꾸어 대사를 만들어보고 간단한 연극으로 발표했다.

그리고 한 학년을 마무리하며 가장 울림이 있던 장면과 느낌을 책으로 만드는 '나만의 투명한 아이 스토리북 만들기' 샛길활동을 해보았다.

이 책과 함께한 1년을 통해 우리가 목표한 핵심 가치가 아이들의 삶에 잘 녹아들었기를, 지구촌이라는 커다란 울타리 안에 함께 사는

2017학년도 졸업 작품 뮤지컬 발표 및 졸업식

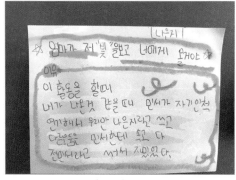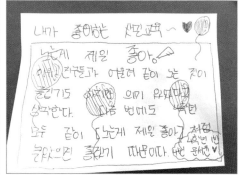

최고의 샛길교육

이웃이자 인간으로서의 존엄성과 평등권을 가진 이웃으로 '투명한 아이'를 보듬어 안아주는 아이들로 성장하기를 바라는 마음을 담아 학년 졸업식을 준비했다. 어떤 장벽도 넘을 수 있는 놀 권리, 배울 권리가 보장되는 우주 시민증을 수여하는 4학년의 낭독극 졸업식(우주 시민증 수여식)을 통해 한 해를 뿌듯하게 갈무리했다.

응답하라 흑설공주 연극 발표

스토리북 만들기

4학년 낭독극 및 우주시민증 수여식

샛길교육 활동의 의미, 샛길활동의 발견과 방향

샛길교육이란?

'샛길로 빠지다'라는 말은 '엉뚱한 곳으로 가거나 정도에서 벗어난 일을 하다'라는 뜻의 관용구이다. 그 의미에서 알 수 있듯이 샛길은 어떤 목표를 갖고 나아감에 있어 필요하지 않은 방향으로 빠진다는, 조금은 부정적인 느낌이 있다. 그러나 교육적 의미로 바라보면 샛길은 세상을 새롭고 다양한 시각으로 바라볼 기회가 된다. 아이들은 그러한 기회 속에 빠져들어 새로운 경험을 하고 서로의 생각을 동등한 상황과 위치에서 확인하는 과정을 거치며 삶에 대한 이해의 폭을 넓힐 수 있다.

이렇듯 샛길교육은 작품의 아름다운 울림과 그 깊이에 빠질 수 있는 교육이다. 획일적이고 수동적으로 정해진 길을 앞만 보고 걸어가 도착점에 도달하는 것이 아니라 주변을 돌아보고 책 속의 이야기를 나의 삶과 연결해 새로운 경험으로 받아들이는 과정이 바로 샛길활동이다.

샛길교육의 매력

늘 새로움과 함께 학습자의 호기심과 흥미를 불러일으킨다

이미 많은 사람이 경험하고 지나간 흔적이 고스란히 남아 있는 길을 따라가기만 하는 과정이 과연 얼마나 많은 기대와 긴장, 새로움을 줄 수 있을까. 물론 다른 사람들이 그 길에 대해 이미 검증했다는 생각에 별일은 생기지 않을 것이라 안심할 수는 있다. 그러나 우리 사회를 이끌어가야 할 학생들에게 안심만을 주는 교육은 어쩌면 그들 속에 잠재되어 있는 다양한 가치관과 창의적 재능이라는 가능성을 외면한 채 지난 과거의 교육적 사고방식에 갇혀 살아가게 만드는 위험한 등대가 될 수도 있다. 실패가 두려우니 도전을 하지 말자는 말과 다를 바가 없는 것이다. 샛길활동은 단순히 이야기를 읽고 질문에 대한 답을 적거나, 그리기나 만들기 같은 전형적인 독후 활동으로 진행되는 반복적이고 일정한 틀에 갇히기를 거부한다. 교사와 학생, 학부모가 책과 관련해 의미 있고 다양한 생각을 주고받는 과정에서 함께 만들어가는 샛길활동은 신선하고 창의적인 활동들로 구성되기 마련이다. 이는 아이들이 기대감과 흥미를 갖기에 충분한 교육과정이 된다.

학습자의 자발성을 통한 배움 중심 교육이 이루어진다

샛길활동은 아이들과 교사 모두에게 배움이 일어나는 과정을 경험하게 하는 것이 큰 목적이기도 하다. 배움은 직접적인 경험을 통해 좀 더 활발하게 이루어지기 때문에, 가능한 한 아이들의 삶과 가까운 활동으로 구성하는 것이 바람직하다. 아이들은 샛길활동을 통해 친구들의 서로 다른 생각과 행동을 보고 들으며 이를 통해 다양성을 직접 몸으로 겪게 된다. 그렇기 때문에 샛길활동을 준비하는 과정에서 교사가 구체적이고 지엽적인 부분에 지나치게 치중하여 신경을 쓰지 않아도 된다. 활동 주제와 관련된 전체적인 방향에서 벗어나지 않도록 안내자 정도의 역할을 하는 것만으로도 충분하다.

각 교과의 교육 내용은 매우 추상적이다. 철학적으로는 아이들의 실생활과 연결 지을 수 있다 해도 실제 수업 장면으로 가져와 아이들의 삶과 연관시키기에는 어려움이 많다. 이때 교사는 교육과정의 재구성과 샛길활동을 통해 교육과정에서 추구하는 철학과 생활의 연관성을 아이들이 의식할 수 있도록 다리를 놓아주어야 한다. 체험 중심의 샛길활동 과정에서 아이들은 지식을 무조건적으로 수용하는 객체가 아닌, 능동적으로 개념을 형성해나가는 교육활동의 주체로 활동하게 된다. 교수학습 자체가 어린이의 자발성에 기초하여 협력적으로 구축된다면 아이들이 삶의 주인이 되는 것은 물론, 교과학습과 인성교육, 생활교육이 분리되지 않고 통합적으로 이루어진다.

교과학습을 목적인 아닌 수단으로 활용하게 된다

고정된 내용과 소재는 올바른 방향의 샛길활동에 방해가 된다. 하나의 교과에 치중하여 진행되는 학습에는 주어진 주제와 상황에 대해 다양한 시각과 창의적 발상의 여지가 없다. 샛길활동은 교과학습에 목적을 두기보다는 슬로리딩 교육을 통해 궁극적으로 이루고자 하는 가치를 폭넓고 깊이 있게 이해하기 위한 수단으로서 활용해야 한다. 샛길활동 속에서 다양한 교과학습 내용을 다루면 아이들은 학습에 대해 미리 한계를 설정하지도, 자신이 알고 있는 것에 대해 자만하지도 않게 된다.

결과보다는 과정의 신선함이 살아 있는 활동이 된다

대부분의 스포츠가 경기가 그렇듯이, 결과가 이미 결정되어 있다고 한다면 아무도 그 경기에 매력이나 흥분을 느끼지 못할 것이다. 오죽하면 야구에서 '9회 말 2아웃'의 상황을 이야기하며 끝날 때까지 끝난 것이 아니라는 표현을 사용했을까 싶다. 물론 스포츠 경기와 교육을 직접적으로 비교하는 것 자체가 여러 가지로 비약의 소지가 있을 수 있다. 그럼에도 결과가 어떻게 될지 모르기 때문에 결과에 집중하기보다는 아이들이 스스로 이루어가는 배움의 과정에 초점이 맞춰진 교육이 필요한 시점인 것은 자명하다. 샛길활동은 주제를 깊이 있게 이해하기 위해 아이들끼리의 상호 협력과 의사소통을 통해, 배우는 과정 자체를 즐기는 것을 중요한 목적으로 삼아야 할 것이다.

학습자의 삶과 하나되는 의미 있는 수업이 된다

대부분의 교과서는 성취기준을 달성하기 위한 학습목표를 제시하고, 그 학습목표를 이루기 위해 다양한 소재와 상황을 만들어 학습자에게 제공한다. 교과서에 제시된 학습내용은 성취기준을 이루기 위한 수많은 방법 중 하나에 불과하고, 이것이 전국의 모든 아이들에게 같은 내용으로 제공된다는 점에서 한계점을 지니고 있다. 그렇다고 아이들의 주변 환경과 생활여건을 모두 고려해 교과서를 구성하는 것도 불가능하다. 교사는 교과서를 참고로 하되, 내용을 맹목적으로 주입시키려 해서는 안 된다.

샛길활동은 우리 학급의 아이들에게 알맞은 교육과정을 교사가 창의적으로 운영할 수 있는 길을 열어준다. 아이들이 살아가는 환경과 발달 수준에 따라 적절한 샛길활동을 구성하는 것을 시작으로 아이들에게 자신들의 삶과 가까운 경험을 쌓아갈 기회를 마련해줄 수 있다. 슬로리딩을 통해 교사가 추구하고자 하는 가치가 다양한 샛길활동 속에서 아이들의 삶 속에 여러 의미로 자리하게 될 것이다.

샛길교육의 발견과 방향

샛길활동을 구상할 때 기본적으로 염두에 두어야 하는 원칙이 있다. 학년 교육과정을 재구성하면서 세운 철학과 목적을 담지 못하는, 단순히 아이들의 흥미와 재미를 위한 샛길활동은 과감히 배제해야 한다. 그렇지 않으면 1년의 슬로리딩 교육을 통해 아이들의 삶에 심어주려고 했던 학년 교육과정 철학의 뿌리가 흔들릴 수도 있다. 왜 슬로리딩을 하는지, 왜 이 책을 선택했는지, 이 책에는 어떤 아름다움과 깊이가 있는지, 아이들이 이 샛길을 통해 어떠한 가치를 발견할 수 있는지 교사는 끊임없이 고민해야 한다.

2년간 슬로리딩 교육과정을 운영하며 수많은 샛길활동을 만들어 낸 우리는 샛길교육의 종류를 다음과 같은 세 가지로 정리했다.

❶ 교육과정 연계 샛길교육

샛길활동을 찾는 과정은 기본적으로 교육과정의 교과별 성취기준을 염두하고 진행한다. 그러다 보면 어떤 샛길활동은 교육과정의 핵심역량과 성취기준에 잘 들어맞는다. 이러한 샛길활동을 우리는 '교육과정 연계에 따른 샛길'이라 정했다.

예를 들면 『투명한 아이』에서 두부장수 종소리가 들리면서 책 속의 인물인 건이가 두부 한 모를 사 오는 장면이나 보람이네 할머니가 두부장수에게 비지를 공짜로 얻는 장면에 착안해 과학 교과 단원의 '혼합물의 분리'라는 성취기준을 콩물에서 비지를 분리해 두부를 만들어 먹어보는 샛길활동과 연결할 수 있다.

❷ 월별 주제 샛길교육

교육과정과 자연스럽게 연결되지는 않지만 1년을 이끌어갈 학년의 목표와 철학에 도달하기 위한 '매달의 주제와 관련된 샛길활동'도 있다. 가령, 『투명한 아이』에서 다리가 불편한 건이 고모에게 보람이 할머니가 '전생에 무슨 잘못을 했기에 이런 벌을 받냐'라고 이야기하는 장면이 있는데, 이 부분에서 우리는 장애라는 것은 누군가의 잘못 때문에 일어난 일이 아니라는 인식을 아이들에게 심어주고 싶었다. 그래서 4월의 주제를 '누구의 잘못도 아니야'로 정했다. 마침 4월에는 장애인의 날이 있어 이 주제와 관련된 활동으로 더 풍성한 샛길 활동을 진행할 수 있었다. 장애 이해교육에 목표를 두고 지역의 시각 장애인협회와 연계하여 점자 수업을 진행했다. 이 수업에서 아이들은 자신의 이름을 점자로 새긴 책갈피를 만들어보았다. 4.16 세월호 희생자를 추모하는 의미로 노란 리본을 책갈피 고리로 만들어 꾸며보기도 했다. 시각 장애인의 생활을 직접 겪어보는 활동을 통해 장애인에 대한 이해를 좀 더 깊게 하는 '흰 지팡이 장애 체험교육'도 받았다. 4월 주제 마무리 샛길활동 행사로는 아이들의 물건으로 바자회를 열고 수익금을 시각 장애 단체에 기부하는 행사를 가졌다. 이 행사가 지역 신문에 소개되자 아이들은 자신의 작은 행동으로 사회에 기여했다는 보람과 성취감을 맛보았다.

❸ 책을 온전히 이해하기 위한 샛길교육

이 샛길은 작가가 우리에게 소개해주려고 준비한 활동으로 이해해도 무방하다. 작가가 독자에게 전달하고자 하는 가치관을 좀 더 깊이 있게 이해하기 위한 샛길활동이다. 작가가 자신의 이야기를 아무리 구체적으로 펼쳐 보인다고 해도 독자에게 쉽게 와닿지 않는 부분이 있을 수 있다. 작가가 경험하고 생각하고 느낀 것이 독자의 그것과는 다르기 때문이다. 따라서 책의 이야기를 온전히 이해하기 위해서는 작가의 이야기 속에 등장하는 배경과 사건 전개에 따른 다양한 장면을 몸소 겪어보는 과정이 필요한데, 여기에는 도전하고자 하는 용기가 필요하다. 예를 들어 『투명한 아이』 이야기 속에 아이들이 식탁의자 두 개를 나란히 놓아 우주선과 우주비행사증을 만들어 우주 여행 놀이를 하는 장면이 나온다. 책 속에 나오는 인물들이 우주선 놀이에 푹 빠져서 재미있게 노는 이 장면을 글로만 읽고 지나가서는 많은 아쉬움이 남을 것이다. 그래서 우리도 아이들의 몸이 들어갈 수 있는 종이상자를 가져다 각자 자기만의 우주선으로 꾸며보게 했다. 우주비행사증도 각자 개성 있게 만들어 우주선에 붙였다. 마침 여름 계절학교 기간이기도 해서 아이들은 자기가 만든 우주선에 탑승한 채 각자 준비한 물총을 들고 운동장에 나와 팀을 나눠 물총 싸움을 했다. 글과 그림만으로는 실감하기 어려운 장면을 직접 몸으로 느껴 본 것이다. 이 활동은 공동의 목표를 위해 서로 협력하는 상호 부조 의 활동을 증가시켰다. 아이들에게 공동 활동의 유용함을 일깨워주 는 동시에 이야기 속에 등장하는 인물들의 상황에 빠져드는 체험으 로 작품을 더 직접적으로 이해하게 해준 샛길활동이 되었다.

3장

샛길교육 만들기와 운영하기

인천도담 초등학교	가 정 통 신 문	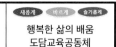 행복한 삶의 배움 도담교육공동체

학부모님께!

4학년은 슬로리딩 교육과정 재구성의 방법으로 한권의 책을 천천히 깊이 읽어가며 다양한 샛길교육으로 교육과정 성취기준을 공부하고 있습니다. 4학년 슬로리딩의 책은 『투명한 아이』입니다. 3월은 '투명한 아이! 그리고 나!'라는 주제로 우리가 배울 투명한 아이, 그리고 새로운 친구들과 선생님과 함께 나를 이해하고 서로를 이해하는 주제로 교육과정이 운영됩니다.

일시	샛길교육	내 용
3월 1~2주 진단활동 기간	• 회복적 생활교육 (감정로드맵 그리기) (공동체 놀이)	• 회복적 생활교육 - 감정로드맵 그리기, 공동체 놀이를 통해 새로운 친구들에게 나를 알리고, 친구를 알아가는 시간을 가져봄으로서 공감 능력을 키워나갈 예정입니다.
	• 회복적 생활교육 (경청훈련)	• 친구의 말을 끝까지 듣는 경청 훈련을 통해 배려의 가치를 배우고 의사소통 능력을 향상시키는 시간입니다.
	• 회복적 생활교육 (존중의 약속 세우기)	• 우리 스스로 학급의 경계를 세우는 활동을 통해 존중받고 있고, 존중할 것을 약속하는 시간입니다.
3월 3~4주 독서 전 활동 기간	• 표지내용 보고 상상하기	• 책표지의 그림과 제목 혹은 표지색의 분위기 등으로 내용을 상상해보며 작가가 되어 상상한 책에 대해 소개하면서 책에 대한 호기심을 높이고 책과 가까워지기 위한 활동을 합니다.
	• 작가로의 여행	• 안미란 작가에 대해 알아보고, 작가의 다른 작품을 예상해보며, 작가의 말을 읽어보면서 투명한 아이의 글이 어떤 글일지 의견을 나눠봅니다. 작가에게 편지쓰기 활동으로 샛길활동을 마칩니다.
	• 국어사전 찾기 공부	• 슬로리딩 과정의 하나인 국어사전 찾기는 성독을 통해 읽은 부분에서 모르는 어휘나 알고는 있지만 다른 사람에게 설명하기 어려운 낱말을 찾아 정확하게 그 뜻을 이해하고 넘어가는 활동입니다.
	• 칭찬샤워	• [4국03-03] 관심 있는 주제에 대해 자신의 의견이 드러나게 글을 쓴다. 성취기준과 연계하여 친구의 좋은 점을 발견하고 자신의 의견이 드러나게 칭찬의 글쓰기 활동을 합니다.
※ 학부모 상담주간: 3.26(월) ~ 30(금) ※ 4학년 다모임: 3.30(금) 5교시		
※ 일정은 학교 강당 사용시간 및 교육과정 운영 계획에 따라 변경될 수 있습니다.		

2018. 3. 5.

인 천 도 담 초 등 학 교 4 학 년

표지 보고 내용 상상하기

슬로리딩 샛길활동 주제

샛길 유형	샛길활동 주제	내용
독서 전 샛길교육	『투명한 아이』 표지의 제목과 그림을 통해 어떠한 이야기인지 상상하기	• 표지에 나타난 제목과 그림을 보고 이야기 나누기 • 책 표지의 제목과 그림의 특징을 살려 따라 그려보기 • 자신이 상상한 내용을 바탕으로 나머지 부분을 채워 책 표지 그려보기 • 자신이 작가가 되어 여러 사람 앞에서 자신이 상상한 책의 내용 설명하기 • 책에 대한 상상력을 바탕으로 다른 질문하고 답하기

샛길활동 내용 및 과정: 책 표지와의 대화

책을 읽기 전에 표지를 보고 내용을 상상하는 활동은 대표적인 독서 전 활동 중 하나다. 교과서의 지문에도 각종 삽화가 수록되어 있기 때문에, 학생들은 그림만으로 이야기를 상상해보는 활동이 낯설지 않다.

그림책은 표지에 주인공이 그려져 있거나 책의 내용 중 중요한 장면이 그려진 경우가 많다. 아동용 도서가 아니라도 책의 뒷면에는 책의 내용을 간단히 설명한 짧은 글이 실려 있는 경우가 대부분이다. 이러한 정보들을 통해 독자들은 책을 읽기 전에도 책에 대해 어느 정도 알 수 있다.

『투명한 아이』의 표지에는 투명한 상자에 갇힌 어린 여자아이 한 명과 더운 나라에서 자랄 것 같은 잎이 큰 나무 그리고 여러 사람의 얼굴이 그려져 있다. 책의 뒷면에는 장애인이나 외국인 노동자의 인권을 다룬 책이라는 사실을 알 수 있게 해주는 짧은 글이 실려 있다. 책을 이미 읽었다면 그 아이와 관련된 사건들로 이야기가 진행된다는 것을 알고, 더운 나라에서 온 외국인 노동자가 그 아이의 엄마라는 사실을 파악하겠지만 책을 읽지 않은 상황에서는 이와 같은 세세한 정보까지 알 수는 없다.

이번 샛길활동은 표지의 그림과 제목을 관찰하고 관찰한 근거를 바탕으로 상상한 내용을 이야기하는 활동이다. 이어질 활동 중 자신이 상상한 내용을 자세히 이야기할 기회가 있기 때문에 우선은 간단하게 말로만 이야기해보도록 했는데, 그림을 보고 떠오르는 각자의 생각이 한데 모이자 그럴듯한 이야기가 나올 수 있을 것 같다는 생각이 들었다. 참으로 다양한 생각이 나왔는데, 그림 속의 주인공이 입은 옷을 보고 계절을 예측하기도 하고, '투명한 아이'라는 책 제목을 근거로 투명인간에 대한 내용일 것이라고 말하기도 했다. 친구들이 표지 그림의 인물을 투명한 아이 취급을 하며 따돌리는 내용일 것이라고 예상한 학생도 있었다.

이야기를 나누고 나서는 슬로리딩 공책의 샛길활동 적는 곳에 제목을 쓰고, 표지를 따라서 그려보게 했다. 같은 것을 보고 따라서 그

표지 보고 내용 상상하기

려보는 활동이었기 때문에 다들 비슷한 결과물을 보여주었다. 그런데 남은 공간에 자신이 상상한 내용을 바탕으로 그림을 그려보도록 하자 학생들은 각자의 상상력을 바탕으로 자신만의 이야기를 담기 시작했다. 처음에는 투명한 얼굴에 투명한 모습을 하고 있는 아이의 모습을 표현하는 그림을 그렸다면 이번에는 자신의 이야기가 더 잘 드러날 수 있는 그림을 그리며 빈 공간을 채웠다.

그림을 그리고 난 후에는 자신이 그린 그림을 친구들에게 보여주면서 스스로 작가가 되어 자신만의 이야기를 발표해보는 시간을 가졌다. 교사가 발표하고자 하는 학생을 '작가님'으로 소개하자 약간 부끄러워하면서도 기분 나쁘지 않은 표정으로 자신감을 갖고 이야기를 풀어나갔다. 원래는 책에 대한 상상을 바탕으로 다른 학생들의 질문을 들어보고 답하는 활동이 계획돼 있었는데 발표하는 학생에게 순간순간 질문을 하는 학생들이 있어서 자연스럽게 활동이 하나로 통합되었다. 발표자는 작가로서 대답을 해야 했기 때문에 생각하지 않고 있던 내용이라도 친구들이 물어보면 자신의 상상 속에서 바로 생각을 해내어 답을 했다. 당황해하는 학생도 있었지만 대체로 순발력 있게 자신의 이야기로 잘 이어갔다. 발표 후에는 처음 구상한 이야기에 친구들과의 문답을 통해 쌓인 내용이 더해져 처음보다 좀 더 완성도 있는 이야기로 정리할 수 있었다.

자유롭게 다양하게

평소 비슷한 활동을 한 경험이 있기 때문인지 학생들은 표지를 보고 내용을 상상하는 활동을 자연스럽게 받아들였다. 그림이나 책 겉면의 분위기로만 이야기를 상상해보는 과정이기 때문에 다양한 아이디어를 생각할 수 있도록 최대한 자유로운 분위기를 허용했다. 때로 너무 엉뚱한 내용을 이야기하는 경우도 있는데 되도록 허용적인 분위기를 유지하면서도 수업에 방해가 되지 않도록 주의를 주어 집중할 수 있게 지도했다.

발표에 자신감이 있는 학생들의 작품부터 소개하자 부끄러워하던 학생들도 이어서 수월하게 발표하는 모습을 보여주었다. 앞에서 다른 친구가 소개한 내용과 비슷한 부분이 있어 꺼리는 학생이 있을 수 있는데, 그럴 때는 같은 그림을 보고 상상한 내용이기 때문에 자연스러운 것이라고 말해주고, 끝까지 말할 수 있도록 자신감을 주도록 한다.

책을 읽고 나면 표지의 내용을 더 정확하게 이해할 수 있겠지만 표지를 미리 살펴보고 책의 내용을 상상하는 활동이 학생들에게 책에 대한 궁금증과 상상력을 자극해준다. 자기만의 표지에 이야기를 담아보면서 학생들은 책을 구성하는 요소가 활자만이 아니라는 것을 알게 된다. 또 자신만의 이야기를 완성했다는 사실에 뿌듯해하며 직접 글을 쓰지 않더라도 다른 형태의 창작활동도 가능하다는 것을 깨닫고 새로운 흥미와 자신감을 얻는다.

 이번 샛길의 팁

| 그림도 읽어요!

많은 책이 활자와 그림으로 이루어져 있다. 내용과 관계없는 삽화가 실린 책은 없을 것이다. 책 속의 그림이 책을 읽는 중, 책을 읽은 후에 줄 수 있는 각각의 효과를 설명해주면 열심히 그림을 읽어보려고 할 것이다.

| 재미있는 작가 놀이

학생들이 각자 상상한 책의 내용을 발표할 때는 발표자를 작가로 소개한다. 자신이 직접 『투명한 아이』의 작가로서 작품을 소개하듯이 자신감 있게 소개할 수 있도록 동기를 부여하면 학생들은 책의 표지 그림과 제목에 집중하여 좀 더 책임감 있는 태도로 발표할 수 있을 것이다.

작가 알아보기

슬로리딩 샛길활동 주제

샛길 유형	샛길활동 주제	내 용
독서 전 샛길교육	『투명한 아이』 작가에 대해 조사하고 책과 연관 지어 이야기 나누기	• 『투명한 아이』에서 찾을 수 있는 작가님에 대해 조사하고 이야기 나누기 • 인터넷 검색을 통해 작가님의 작품과 관련 내용 조사하고 공통점 찾아 정리하기 • 작가님에 대해 조사한 내용을 공유하고 작가님에 대해 예상해보기

샛길활동 내용 및 과정: 누가 왜 쓴 걸까?

『투명한 아이』로 재구성한 슬로리딩 교육과정 독서하기 전 활동으로 '작가 알아보기' 활동을 했다. 먼저 『투명한 아이』에 소개된 안미란 작가의 약력을 살펴보았다. 간단한 내용이지만 자세히 읽어보면 작가에 대해 생각보다 많은 것을 발견할 수 있다. 다른 작품들의 제목을 통해 그 내용을 유추해보거나 작품 간 공통점을 찾아내는 과정에서 작가가 주로 누구를 대상으로 작품을 쓰고 있는지, 작가로서 어떤 생각과 마음가짐으로 글을 쓰고 있는지 등을 살펴볼 수 있다.

우리가 선정한『투명한 아이』에 소개된 자료를 바탕으로 좀 더 자세하고 깊이 있는 조사활동을 위해 모둠별로 알아보고 싶은 내용을 간단히 의논하여 정한 후에 컴퓨터실에서 인터넷 검색을 했다.『투명한 아이』를 비롯한 안미란 작가의 많은 작품을 검색으로 찾아 알게 된 학생들은 조금 놀라기도 했다. 주로 초등학생을 대상으로 한 작품이 많다는 점, 대체적으로 사회적인 문제나 신기하고 재미있는 이야기를 소재로 한 작품이 많다는 것을 발견하게 되었다.

책의 앞이나 뒤에 있는 '작가의 말'을 읽어보면 작가가 어떠한 가치를 중요하게 생각하고 어떠한 시선과 관점으로 이 책을 풀어 우리에게 이야기하고 싶었는지를 자세히 알게 된다. 그래서 학생들에게 성독으로 '작가의 말'을 천천히 여러 번 읽도록 하였다. 그 과정에서 뜻을 모르거나 대강은 알지만 정확히 설명하지 못하는 낱말은 국어사전으로 찾아보도록 하여 문맥에 맞추어 낱말을 바르게 이해하는 시간을 가졌다. 3학년 때 국어사전 찾는 법을 배우긴 하였으나 지속적으로 다루지 않아서인지 국어사전을 활용하여 낱말을 찾는 것이 더디고 어려워하는 학생들이 많았다.

다음으로 '작가의 말'을 읽은 후에 책에 등장하는 '투명한 아이'와 함께 살기 위해 작은 힘이라도 도울 수 있는 일을 토의한 후 그 결과를 적어보았다.『투명한 아이』에 등장하는 인물이 처해 있을 법한 문제들을 생각해보고, 우리가 도울 수 있는 일을 이야기해봄으로써 '투명한 아이'가 멀리 있는 것이 아닌, 우리와 같은 공간과 시간 속에서 존재함을 인식하는 시간이 되었다. 그리고 이 활동으로 학생들은 안미란 작가의 작품인『투명한 아이』와 다른 작품에 대해 찾아보고 간단하게나마 예상하고 공통점들을 발견하는 과정에서 책 자체에 대한 관심이 높아졌으며, 몇몇 학생들은 이 책을 통해 1년 동안 어떤 다

컴퓨터를 활용하여 작가에 대해 알아보기

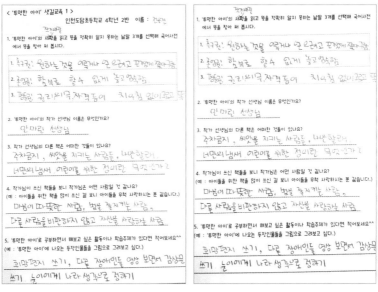

작가에 대해 알아보기 (학습지 자료)

양한 활동과 만나게 될지 궁금하기도 하고 기대도 많이 된다고 말하기도 했다. 사실 교사로서 이러한 학생들의 기대감이 고맙게 생각되는 한편, 학생들의 기대에 어디까지 부응할 수 있을지 몰라 우리 역시 두근거림을 안고 시작하게 되었다.

작가에게 편지 쓰기

슬로리딩 샛길활동 주제

샛길 유형	샛길활동 주제	내용
독서 전 샛길교육	『투명한 아이』 작가님에게 자신이 하고 싶은 이야기를 마음을 담아 편지로 표현하기	• 『투명한 아이』의 작가에 대해 조사한 내용을 바탕으로 궁금한 점 발견하기 • 작가에게 『투명한 아이』 책에 대해 궁금한 점 발견하고 질문 만들기 • 작가나 작품에 대해 궁금한 점을 마음을 담아 편지로 쓰기

샛길활동 내용 및 과정: 작가에게 말걸기

독서 전 활동으로 책 표지를 통해 내용을 예상해보고 『투명한 아이』를 쓴 안미란 작가의 다른 작품을 조사하면서 작가의 작품 내용과 소재에 관한 공통점을 찾아보았다. '작가의 말'을 읽어보면서 『투명한 아이』를 통해 작가가 하고 싶은 이야기와 작가의 가치관, 전달하려는 메시지를 생각해보았다. 이러한 활동의 마무리로 작가를 만나고 싶은 마음을 담아 편지를 썼다.

'작가와의 만남' 행사는 주로 도서관이나 학교 전체 차원에서 주최하는 행사로 이루어지는 경우가 대부분이다. 최근에는 '한 학기 한 권 읽기'와 관련하여 학년 행사로 진행되는 경우도 늘었지만 그러한 경우 대부분 책에 관심이 있는 학생들 위주로 참여가 이루어지는, 말 그대로 한 번의 행사로 끝나는 경우가 많다.

하지만 우리는 한 번의 행사가 아니라 1년에 걸쳐 하나의 책을 통해 학생들에게 심어줄 철학과 가치를 선정하고, 그 철학과 가치를 실현하기 위한 여러 가지의 샛길활동을 발견해 운영하는 슬로리딩 교육과정을 운영하고 있었다. 우리 학생들에게 '작가와의 만남'은 적어도 1년 동안 곁에서 같이 숨 쉬고 이야기를 나눌 수 있는 동무와의 만남이라는 큰 의미가 있는 자리였다.

우리가 '작가의 말'을 통해 작가의 마음을 이해하는 과정을 경험했듯이 학생들이 보낸 편지를 받아 본 작가도 학생들의 눈높이를 가늠하고 만남을 준비할 수 있으리라 생각했다. 작가의 생각을 이해하기 위한 만남의 기회를 만들려는 시도는 작가와 학생 모두에게 의미 있는 일이다. 특히 학생들에겐 자기 힘으로 활동을 만들었다는 점에서 더욱 뿌듯한 경험이 되었을 것이다.

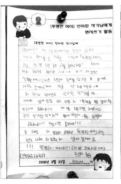

작가에게 편지쓰기

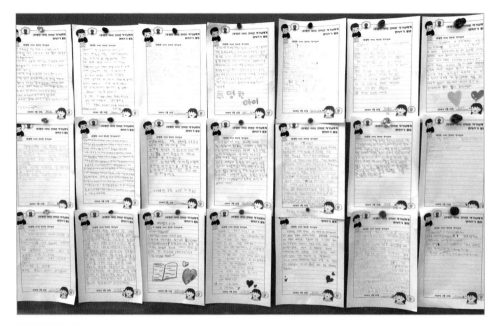

작가에게 편지 쓰기

국어사전 찾기

슬로리딩 샛길활동 주제

샛길 유형	샛길활동 주제	내 용
독서 전 샛길교육	국어사전의 필요성을 이해하고 올바른 방법으로 낱말 찾기	• 국어사전의 필요성에 대해 공감하기 • 낱말의 짜임을 알고 국어사전에서 낱말 찾기 • 형태가 바뀌는 낱말을 국어사전에서 찾아보기 • 국어사전을 활용하며 책 읽기 • 국어사전에서 설명하고 있는 낱말의 풀이를 올바르게 이해하기

샛길활동 내용 및 과정: 낱말의 발견

슬로리딩 샛길활동 과정의 하나인 '국어사전 찾기'는 성독을 통해 읽은 부분에서 모르는 어휘나 알고는 있지만 다른 사람에게 설명하기 어려운 낱말을 찾아 그 뜻을 정확하게 이해하고 넘어가는 활동이다. 그러기 위해서는 국어사전을 찾는 방법에 대한 학습이 필요하다.

학생들은 3학년 때 국어교과 교육과정에서 국어사전을 활용하

국어사전 찾기

여 낱말을 찾는 방법을 수업시간에 배우지만, 관련 단원이 끝난 뒤 국어사전을 찾는 활동은 개인적인 필요성이나 지속적인 교사의 관심이 없는 한 유지되기 힘든 것이 현실이다. 우리 4학년 학생들 역시 그랬다. 국어사전 자체가 없는 학생도 있었고 집에서 갖고 온 사전이 작고 얇아 낱말이 적고 풍부하고 자세한 설명을 담지 못한 경우도 있었다.

일단 학생과 학부모에게 1년 동안 슬로리딩 수업을 진행하면서 사용할 국어사전인 만큼 쓰임이 좋은 사전을 준비해달라고 부탁했고, 개인적으로 새 사전 구입이 곤란한 경우를 대비하여 도서관에서 다량으로 대출하여 교실에 비치해두고 사용하기로 했다.

국어사전이 준비되면 사전에서 쓰이는 주요 기호, 국어사전에 실린 낱말의 순서, 형태가 바뀌는 낱말을 찾는 법 등에 대해 학생들 각자가 알고 있는 것과 요령을 서로 나누는 시간을 가졌다. 그런 뒤 우리가 『투명한 아이』 '작가의 말'에서 발견한 어려운 낱말 찾기 활동을 해보았다. 국어사전에 적혀 있는 순서를 익히고 대표 낱말을 우선적으로 확인하는 등 낱말을 빠르게 찾는 방법을 서로 공유하니 속도가 금세 빨라졌다. 교사가 처음부터 자세하게 설명해주기보다는 학생들

에게 일단 해보도록 하고 문제가 생기는 부분에 대해 학생들 스스로 알게 된 방법들을 서로 공유하는 활동으로 진행하는 편이 효율적이었다.

칭찬 샤워

엄마는 고개를 갸웃했다.

"캄보디아? 인도네시아? 베트남이었던가? 아무튼 더운 나라라던데."

그때, 문틈으로 고모가 말했다.

"베트남."

엄마는 손뼉을 치며 좋아라 했다.

"맞다, 맞아. 베트남! 고모는 어쩜 그렇게 기억력이 좋아요? 난 들어도 가물가물한데."

엄마가 과장되게 칭찬을 하는 게 고모도 싫지 않은가 보다.

고모가 슬며시 말을 걸었다.

- 『투명한 아이』 21쪽

슬로리딩 샛길활동 주제

샛길 유형	성취기준	샛길활동 주제	내용
독서 중 샛길교육 교육과정 연계 샛길교육	[4국03-03] 관심 있는 주제에 대해 자신의 의견이 드러나게 글을 쓴다.	친구의 좋은 점을 발견하고 자신의 의견이 드러나게 칭찬의 글쓰기	• 『투명한 아이』에 등장하는 '과장된 칭찬'에 대해 생각 나누기 • 학급 친구 한 명을 선정(돌아가며)하여 그 친구의 좋은 점을 모둠별로 이야기해보기 • 서로 이야기한 내용을 배움 공책 (슬로리딩 공책)에 기록하기 • 정리한 내용을 붙임종이에 옮겨 적어 칭찬 주인공에게 읽어주고 몸에 붙여주기 • 몸에 붙인 칭찬 붙임종이를 모아 도화지에 붙여 꾸미기 • 칭찬 주인공의 소감 듣기답하기

샛길활동 내용 및 과정: 콕 집어 칭찬하기 연습

『투명한 아이』의 주인공인 건이 집 구석방에 세 들어 사는 외국인 아주머니와 아이의 국적을 두고 건이 엄마와 고모가 이야기하는 내용이다. 건이 고모는 어려서부터 다리를 쓰지 못하는 장애인이다. 그래서 건이네 가족은 가족여행 한번 가본 적이 없다. 그런 고모의 상황을 두고 건이 엄마와 아빠가 말다툼을 했고, 그 일로 고모가 약간 기분이 상해 있었다. 위 장면은 건이 엄마가 일부러 말을 걸고 고모의 기억력을 약간은 과장되게 칭찬하는 장면이다.

'칭찬은 고래도 춤추게 한다'는 말이 유행했던 적이 있다. 칭찬이 지닌 긍정적인 측면을 부각해 표현한 것이다. 한편으로는 맹목적인 칭찬이 오히려 아이들에게 독이 될 수도 있다는 입장도 있다. 둘 다 맞는 말이다. 어쨌든 학생들은 조언이나 충고보다는 칭찬 한마디 듣는 것을 좋아하고, 칭찬을 들음으로써 자존감을 높이는 효과도 있다.

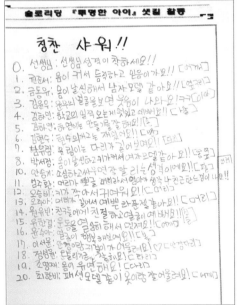
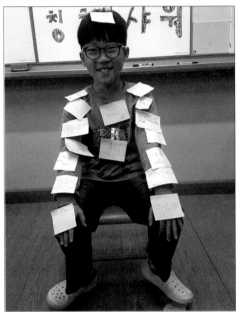

칭찬 샤워

　'칭찬 샤워' 샛길활동은 같은 학급의 친구가 가진 긍정적인 성향이나 장점과 같은 특징을 발견하는 활동이다. 그리고 이렇게 발견한 것들에 더해 자신의 의견이 드러나도록 내용과 근거를 들어 칭찬의 글을 쓰고, 해당 학생에게 표현하는 방식으로 진행된다.

　칭찬할 것이 많은 친구가 있는 반면 칭찬할 것이 딱히 생각나지 않는 친구도 있을 것이다. 때문에 칭찬샤워 주인공으로 선정된 학생을 관찰할 시간이 필요하다. 공부시간에 발표하기, 심부름하기, 자신의 역할(1인 1역)하기, 물건 빌려주기, 놀 때 친구들 웃기기 등 등교해서 하교하기 전까지 친구들과 공부하고 노는 경험 속에서 어렵지 않게 친구의 장점을 발견할 수 있다. 가끔 다른 학생들과 잘 어울리지 못하거나 피해를 주는 학생이 있지만 학교에 있는 시간 내내 말썽만 부리고 가는 학생은 거의 없다. 그 시간 안에 칭찬할 내용을 조금 더 폭 넓게 생각하고 친구를 관찰한다면 생각지도 않은 부분에서 칭찬할 거리를 찾을 수 있다.

이렇듯 칭찬샤워 주인공에게 해줄 칭찬을 모둠별로 이야기하고 정리한 후에 붙임종이에 옮겨 적어 주인공에게 칭찬의 말을 한 후 몸에 붙여준다. 칭찬의 말이 같아도 좋다. 비슷한 내용이 여러 가지 나온다는 것은 그 내용이 그 학생의 가장 두드러진 성향일 가능성이 매우 높다. 그리고 칭찬샤워 주인공은 자신의 사진이 붙여진 도화지에 친구들이 붙여준 칭찬이 적힌 붙임종이들을 큰 종이에 모두 옮겨 붙여 꾸미고 칭찬을 들은 소감 한마디를 하는 것으로 활동을 마무리한다.

칭찬은 힘이 세다

이번 샛길활동으로 남녀노소 가릴 것 없이 칭찬은 듣는 순간 사람의 기분을 좋게 만드는 확실한 효과가 있다는 것을 실감하게 되었다. 더불어 평소에 자신과 자주 어울리는 학생이 아닌 다른 친구들의 새로운 모습과 장점을 발견함으로써 좋은 교우관계로 나아갈 수 있는 계기가 마련되기도 했다.

활동을 마친 뒤로 교실 분위기가 한층 밝아졌다. 아이들이 서로 칭찬을 주고받으며 내뿜은 긍정의 에너지가 교실에 가득했다. 같은 학급이라고 해도 학년 초라서 아직 친해지지 못했거나 서로 대화를 나눠보지 못한 친구들이 있었는데 이번 샛길활동으로 서먹함이 약간은 사라진 느낌이 들었다. 성격적으로 자신감이 부족하고 소심해서 자신의 장점에 대해 잘 인지하지 못하는 학생에게는 자존감을 높여주고 자신감을 가질 수 있게 해준 활동이었다.

 이번 샛길의 팁

| 작은 발견, 큰 기쁨!

우리는 누군가에게 칭찬을 하라고 하면 다른 사람은 갖지 못한 대단한 일을 생각하려고 하는 경향이 있다. 하지만 사소하더라도 칭찬의 대상을 새로운 시선으로 바라보고 관심을 두고 관찰한다면 충분히 다양한 방향에서 칭찬의 이야기를 발견할 수 있을 것이다.

| 칭찬은 장난이 아니야!

학생들이 칭찬의 이야기를 할 때 친구의 단점을 돌려서 말하거나 당연한 사실을 칭찬처럼 이야기하면서 일부러 장난식의 칭찬을 하는 학생들이 있다. 그러한 칭찬으로 적절하지 않은 예를 들어 사전에 차단하거나, 칭찬샤워의 주인공이 들었을 때 기분 좋을 수 있는 부분을 중심으로 장점을 발견할 수 있도록 안내해줄 필요가 있다.

인천도담
초등학교

가 정 통 신 문

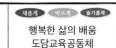 새롭게 바르게 슬기롭게
행복한 삶의 배움
도담교육공동체

학부모님께!

2018학년도 4학년은 『투명한 아이』라는 책으로 슬로리딩 교육과정을 운영하고 있습니다. 4월 주제는 '**누구의 잘못도 아니야**' 라는 주제로 책 속의 장애인에 대한 편견의 내용을 생각해 보는 달입니다. 또한 책 속에서 다음과 같은 샛길교육을 교과와 연결하여 실시할 예정입니다. 살펴보시고 격려와 응원 부탁드립니다.

일시	샛길교육	내용
4월 1주~2주	・광고 전단지 만들기	・책 속의 치킨 전단지 만들기를 국어 사실과 의견 구분하기를 배운 후 사실과 의견이 드러나게 전단지를 구상합니다. ・미술 대상을 다양하게 나타내기를 배운 후 자기가 장사하려는 물건을 잘 전달하도록 다양한 방법으로 광고 전단지를 만듭니다. ・학생들이 사고 싶은 전단지에 스티커를 붙여줍니다.
4/10	・간지 작업 대회 (목장갑 대회)	・체육 순발력 기르기와 연계, 반별 간지 작업 릴레이 경기를 합니다.
4/12	・맞춤법 골든벨	・'방 있슴'이라는 잘못된 표현의 샛길교육으로 사전 찾기 및 국어 받아쓰기 관련 틀리기 쉬운 맞춤법 맞추기 골든벨 대회를 실시합니다.
4/13	・아띠 활동	・'문신'의 샛길교육으로 페이스페인팅 아띠 활동을 합니다. '나, 개인' 보다는 '우리'라는 공동체를 생각해보는 활동입니다.
4/19	・누구의 잘못도 아니야	・장애인의 날(20일)을 맞아 영상을 시청하고 장애인에 대한 편견을 생각해 보는 시간과 다양한 장애인의 날 행사를 실시할 예정입니다.
4/27	・팽나무	・책 속의 팽나무에 대해 조사해보고 호수공원 여러 나무를 조사하러 갑니다. 아침산책과 연계하여 실시합니다.

※ 4월 예정이었던 샛길교육 고구마 심기, 딱지치기는 5월로, 짠돌이 경제교육은 11월로 연기합니다.
※ 무당 전생 관련 전설의 고향은 미정입니다.

※ 일정은 학교 강당 사용시간 및 교육과정 운영 계획에 따라 변경될 수 있습니다.

2018. 4. 9.

인 천 도 담 초 등 학 교 4 학 년

광고 전단지 만들기

보람이가 사인펜과 색연필을 주섬주섬 챙겼다.

"우리 여기서 떠들면 혼나겠지? 보급소로 가면 안 돼?"

안 될 것까지는 없다. 낮에는 고모가 보급소를 지키는데, 우리 고모는 내가 가는 걸 매우 좋아한다.

"고모 혼자 있어서 괜찮을 거야."

"지금도 치킨 집 광고지 같은 거 끼우고 있을까?"

고모는 혼자 보급소에 걸려오는 전화 받으랴, 광고지 주문 받으랴 바쁠 것 같지만 사실 그런 일은 아주 드물다. 대부분은 휠체어에 앉아 꾸벅 꾸벅 졸거나 텔레비전을 본다.

－『투명한 아이』 35쪽

슬로리딩 샛길활동 주제

샛길 유형	성취기준	샛길활동 주제	내 용
독서 중 샛길교육 교육과정 연계 샛길교육	[4국02-04] 글을 읽고 사실과 의견을 구별한다. [4미02-04] 표현 방법과 과정에 관심을 가지고 계획할 수 있다.	사실과 의견이 드러난 광고 전단지를 만들고 광고지 속에 사실과 의견 발견하기	• 『투명한 아이』에 등장하는 광고 전단지 장면에 대해 공감 형성하기 • 주변에서 볼 수 있는 다양한 광고 전단지를 살펴보고 특징 이야기 나누기 • 자신이 광고하고 싶은 물건 정하기 • 표현 방법과 과정 계획하기 • 사실과 의견이 드러나도록 다양한 방법으로 광고 전단지 만들기 • 자신이 만든 광고 전단지 전시하기 • 전시된 광고 전단지를 보고 구입하고 싶은 생각이 들게 한 광고 전단지 평가하기

샛길활동 내용 및 과정: 광고 커뮤니케이션 실습

보람이와 건이는 같은 학년이고, 겨울 방학이 끝나면 같은 학교에 다니게 된다. 건이 집 아래층에 세를 들어 살게 된 보람이가 건이와 금방 친해져 함께 건이 집에 들어가 놀면서 대화하는 장면이다. 건이 아버지는 새벽까지 신문 보급소 일을 하고 오전에 주무시기 때문에 집에서는 마음껏 놀 수 없어 아래층에 있는 신문 보급소로 가서 놀기로 한다. 건이 아버지가 주무시는 동안 신문 보급소는 건이 고모가 대신 자리를 지키면서 전화를 받거나 신문 사이에 넣을 광고지 주문을 받는다.

4학년 1학기 국어교과서의 4단원 '일에 대한 의견'과 관련지어 재구성한 샛길활동으로 학생들이 사실과 의견의 차이점을 학습한 후, 이를 활용해 광고 전단지를 직접 만드는 활동이다. 광고 전단지의 특성상 제품의 우수한 점이 눈에 띄어야 한다는 점, 맛이나 느낌이 생

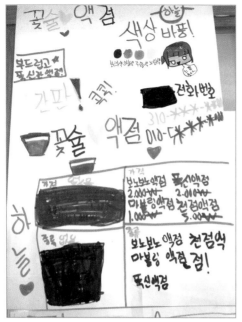
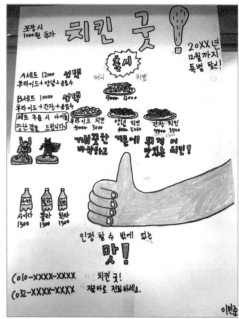

사실과 의견 구분하여 광고 전단지 만들기

생하게 전달되어야 한다는 점에 주의하며 『투명한 아이』의 치킨집 전단지를 표현했고 사실과 의견을 구별하여 써보며 학습한 내용을 다시 확인하였다.

『투명한 아이』에 등장하는 치킨집 전단지는 단순한 광고지가 아니다. 건이 아빠의 중요한 생계 수단이며, 보람이에게는 종이나 스케치북 없이도 그림을 그릴 수 있게 해주는 고마운 물건이다. 또한 한 번도 치킨을 시켜 먹어보지 못한 보람이가 치킨에 대한 흥미와 관심을 가지게 만드는 존재이기도 하다. 이렇게 책 속의 중요한 소재를 직접 표현해봄으로써 학생들이 책을 더 깊게 이해하고 광고 전단지 꾸미는 것에 동기 부여가 될 수 있도록 공감대를 형성한다.

먼저 우리 주변에서 쉽게 볼 수 있는 광고지를 교사가 준비하거나 학생들에게 한두 장 정도 가져오라고 한다. 그리고 모둠별로 돌려보

사고 싶은 제품 선택하기

고 어떠한 공통점이 있는지 항목별로 구별하여 찾아보는 활동을 한다. 그러면 학생들은 각 광고 전단지에 필수적으로 들어가야 할 항목과 내용을 인지하게 되고, 자신이 광고 전단지를 만들 때 참고할 수 있게 된다.

이제 직접 자신이 광고하고 싶은 물건에 대한 광고지를 만들 시간이다. 이때 광고 전단지에 포함되어야 할 내용으로 물건에 대한 사실과 의견을 넣도록 하며, 나중에 광고 전단지를 전시하고 학생들이 서로 평가를 할 때 사실과 의견이 포함되어 있는지에 대한 평가 항목을 넣어 좋은 광고 전단지를 판단할 수 있는 기준을 제공한다.

객관적으로 보는 법을 배우도록

이번 '광고 전단지 만들기' 샛길활동에서 학생들을 적극적으로 참여할 수 있도록 한 가장 큰 요인은 학생들이 서로의 작품을 평가한다는 점이다. 만들고 끝나는 자기만족의 활동에서 그치는 것이 아니라 평가를 통해 내가 노력한 만큼의 결과를 확인하고 다른 학생들의 인정을 받는 기회는 적극적 참여에 대한 동기를 부여한다. 물론 자신의 작품이 다른 친구들에게 인정받지 못할 수도 있고, 평소 인기 많은 학생이 좋은 평가를 받는 상황이 벌어질 수도 있다. 따라서 먼

저 평가의 기준을 명확하게 제시하고, 만든 학생이 누구인지 모르는
상황에서 공정한 평가가 실시되도록 하였다.

 이번 샛길의 팁

| **자료는 필요한 만큼만!**

학생들에게 광고 전단지를 가져오라고 하면 가끔 욕심이 생겨 많은 양을 가져오
는 학생이 있을 수 있다. 사전에 광고 전단지에는 광고한 사람의 노력과 비용이 들
어가 있음을 설명하여 지나치게 많은 양을 가지고 오지 않도록 한다.

간지 작업

고모가 쓴 '방 있음'이 효과가 있었나 보다. 다음 날 오후 방을 보겠다며 할머니 한 분이 찾아왔다.

나는 프린터를 쓰기 위해 아빠의 신문 보급소로 내려갔다. 고모는 고무 찍찍이가 붙은 목장갑을 끼고 신문지 사이에 광고 종이를 끼워 넣고 있었다. 이것을 간지 작업이라고 하는데, 이 일이 많을수록 아빠의 수입이 늘어난다.

-『투명한 아이』 23쪽

슬로리딩 샛길활동 주제

샛길 유형	성취기준	샛길활동 주제	내용
독서 중 샛길교육 교육과정 연계 샛길교육	[4체03-08] 공동의 목표 달성을 위해 협동의 필요성을 알고 팀원과 협력하며 게임을 수행한다.	『투명한 아이』의 간지 작업 게임으로 공동의 목표를 세우고 서로 협력하기	• 간지 작업 장면에 대해 공감 형성하기 • 간지 작업을 수월하게 할 수 있는 방법과 준비에 대해 의견 나누기 • 학년 간지 작업 대회 열기 • 느낌 나누기

샛길활동 내용 및 과정: 삶의 현장 체험

건이 아빠는 신문 보급소를 맡아 운영하고 있다. 새벽에 일이 끝나기 때문에 낮에는 고모가 아빠 대신 신문 보급소 일을 돕는다. 고모는 신문 보급소로 걸려오는 전화를 받거나 신문 사이에 광고 종이를 끼워 넣는 일을 한다. 이것을 『투명한 아이』에서는 '간지 작업'이라고 표현하고 있다.

요즘은 신문을 가정에서 많이 보지 않아 간지 작업이 무엇인지 학생들은 잘 이해하지 못한다. 말로 설명하는 것보다는 인터넷을 통해 영상을 찾아 보여주는 것이 학생들에게 이해가 잘될 것으로 생각했다. 마침 '생활의 달인'이라는 프로그램에서 '신문 배달의 달인'이라는 제목으로 방송된 내용을 찾았다. 방송 내용을 보면 건이 아빠가 왜 밤늦게 일을 시작해서 새벽에 끝이 나는지, 신문이 각 가정으로 배달되기까지 어떤 과정을 거치는지를 알 수 있다. 달인이 신문 사이에 종이를 넣는 '삽지 넣기'가 나오는 장면에서 학생들은 모두 놀라움을 금치 못하며 '와!' 하고 함성을 질렀다. 10년 내공의 모습은 대단했다. 그래서 이 간지 작업을 체험하기로 했다. 『투명한 아이』에 등장하는 신문 보급소에서 어떠한 일을 하는지 알아보고, 체득한 경험으로 책을 깊이 있게 이해할 기회를 갖기로 했다.

간지 작업을 달인처럼 하기 위해 필요한 준비물에는 어떤 것이 있는지 학급별로 의논해보았다. 손을 빠르게 움직여야 하므로 순발력이 필요하다는 의견, 손이 미끄러지지 않도록 장갑이 필요하다는 의견, 혼자보다는 두 명이 나눠서 하자는 의견 등이 나왔다. 영상에 등장하는 달인의 동작을 천천히 보여달라는 요구도 있었다. 간지 작업을 빠르고 효율적으로 진행하기 위한 학생들 나름의 아이디어와 의견이 나왔다.

간지 작업 대회

간지 작업을 위해 상당한 양의 신문과 고무코팅 장갑 그리고 신문 사이에 넣을 간지용 종이를 준비했다. 솔직히 이 간지 작업이 이렇게 학년 대회로 치를 정도의 활동인지에 대해 약간 의문이 들었던 것도 사실이다. 그러나 이미 학생들은 간지 작업에 대한 흥분과 열의로 가득했다. 드디어 강당에서 간지 작업 대회가 열리고 학생들은 자기 손보다 큰 장갑을 끼고 신문 사이사이에 다른 종이를 넣었다. 그러나 간지 작업은 생각처럼 쉽지 않았다. 달인이 하루아침에 되는 것이 아님을 깨달을 수 있는 순간이었다.

생활의 달인은 배움의 달인

간지 작업이 무엇인지 영상을 통해서 확인만 하고 넘어갈 수도 있었다. 그랬다면 직접 체험을 통해 얻은 깨달음도 없었을 것이다. 간지 작업 체험은 학생들에게 책의 내용을 깊이 있게 이해하게 한 것은 물론이고, [4체03-08] 공동의 목표 달성을 위해 협동의 필요성을 알고 팀원과 협력하며 게임을 수행한다 라는 성취기준에도 부합되는 활동이었다. 친구들과 공동의 목표를 달성하기 위해 협동하는 과정에서 각자가 배운 것에는 그 이상의 가치가 있었을 것이다.

아띠 활동 '페이스 페인팅'

아빠는 책상 위에 부동산 계약서를 꺼냈다.

"어르신과 제가 함께 계약서 두 장을 작성하고 도장 찍으면 돼요. 보증금은 500만 원이고 다달이 30만 원씩 이 계좌로 부쳐 주세요."

할머니의 눈썹 문신이 뾰족하게 올라갔다.

"뭐? 30? 너무 비싸."

아빠는 쩔쩔맸다.

"이 골목에 다른 집을 알아봐도 마찬가지예요. 우리 집보다 더 달라고 하면 더 달라고 하지, 30만 원 아래로는 없어요."

― 『투명한 아이』 27쪽

슬로리딩 샛길활동 주제

샛길 유형	성취기준	샛길활동 주제	내용
독서 중 샛길교육 교육과정 연계 샛길교육	[4미02-02] 주제를 자유롭게 떠올릴 수 있다.	표현하고 싶은 주제를 정하고 주제에 맞게 자신의 몸에 그림 그리기	• 『투명한 아이』에 등장하는 문신 장면에 대해 공감 형성하기 • 페이스 페인팅을 위한 주제 정하기 • 정해진 주제와 관련 있는 그림으로 밑그림 그려보기 • 페이스 페인팅 물감과 도구의 특징을 파악하여 자신과 친구의 몸에 그림 그리기

샛길활동 내용 및 과정: 피부는 움직이는 캔버스

『투명한 아이』에서 건이네 집 아래층에 세를 들어 살려는 보람이 할머니와 건이 아빠가 월세를 놓고 신경전을 벌이는 부분이다. 집주인은 조금 더 높은 가격을 받고 싶고 세입자는 조금 더 낮은 가격으로 세 들기를 바라는 것은 당연하다. 위 상황은 월세를 협상하는 과정에서 보람이네 할머니가 문신한 눈썹을 치켜 올리며 월세가 너무 비싸다고 건이 아빠에게 불만을 보이는 장면이다.

이번 샛길활동은 학생들의 요구에 의해 진행되었다. 학생들이 샛길활동이 무엇인지를 점차 알아가고 있는 것 같아 기특하고 뿌듯한 마음이 들었다. 학생들의 입에서 나온 샛길이니 학생들에게 '문신'이라는 것을 샛길활동으로 어떻게 표현해야 할지 물어보았다. 그러자 판박이 같은 것을 사용해 몸에 새기자는 의견, 매직으로 서로의 눈썹을 그리자는 의견, 물감으로 몸에 그림을 그리자는 등 다양한 의견이 나왔다. 결국 많은 학생들이 원한, 물감으로 몸에 그림을 그리는 것으로 결정이 되었다. 이 활동을 위해 페이스 페인팅 물감과 붓을 구입했다.

아띠활동

이번 샛길활동은 미술교과의 성취기준인 [4미02-02] 주제를 자유롭게 떠올릴 수 있다를 슬로리딩 교육과정으로 재구성하여 진행하였다. 우선 페이스 페인팅 활동을 위해 미리 모둠 토의를 통해 주제를 정하고 그렇게 나온 주제들을 놓고 학급별 주제를 선정했다. 주제에 맞는 그림을 찾아 밑그림을 그려보았다. 이 활동은 학생들이 자신이 그릴 그림의 색깔과 모양에 대한 구체적인 생각을 하여 실제로 자신의 몸에 그림을 그릴 때 발생할 수 있는 시행착오를 줄일 수 있도록 하기 위함이다.

밑그림을 보며 페이스 페인팅 전용 물감과 붓으로 자신의 몸에 실제로 그림을 그려본다. 미리 손거울을 준비해오라고 하여 얼굴에도 그림을 그려볼 수 있도록 했다. 특별히 그림을 잘 그리거나 자신의 활동이 끝난 학생은 다른 친구가 그리는 것을 도와주도록 했다. 그리는 친구는 신중한 표정인데 캔버스가 된 친구는 간지러운지 웃음을 참느라 애를 먹는 모습이었다.

활동 중간에 교사는 학생들이 팔과 얼굴 등 신체에 그린 그림을 사진으로 찍어 둔다. 모든 활동을 끝낸 후 사진을 TV로 확인하면서 주제에 어울리는 그림을 잘 선택하여 그렸는지 살펴보고 페이스 페인팅을 한 소감을 나누는 시간으로 마무리하였다.

'아띠'라는 말의 출처나 유래는 정확하지 않지만 친한 친구, 오랜 친구, 함께하는 친구라는 뜻으로 많이 사용되고 있기에 우리는 이번 샛길활동을 '아띠 활동'이라고 이름 붙였다.

맞춤법 골든벨

고모는 내게 종이 뭉치를 내밀었다.

"건이 네가 이따가 갖다 붙여."

나는 종이를 받아들었다.

"그런데 이 글자 틀렸어."

"응?"

"'있슴'이라고 쓰면 틀려. 학교에서 배운 거야."

뒤에 말은 괜히 했다. 그냥 글자가 잘못되었다고, 새로 쓰자고 했으면

되는데…….

"학교 졸업 못 해서 그래."

고모가 퉁명스럽게 말하더니 종이를 빼앗았다.

- 『투명한 아이』 16~17쪽

슬로리딩 샛길활동 주제

샛길 유형	성취기준	샛길활동 주제	내 용
독서 중 샛길교육 교육과정 연계 샛길교육	[4국04-05] 한글을 소중히 여기는 태도를 지닌다.	틀리기 쉬운 우리말을 알아보고 소중한 한글을 바르게 사용하는 태도 갖기	• 『투명한 아이』에 등장하는 한글 맞춤법에 대한 장면에 대해 공감 형성하기 • 맞춤법을 잘못 사용한 경험 이야기 나누기 • 틀리기 쉬운 맞춤법의 낱말 조사하고 공유하기 • 학급별로 틀리기 쉬운 우리말을 정리하여 골든벨 문제로 만들기 • 학년 학생들을 대상으로 맞춤법 골든벨 행사 실시하기 • 골든벨 문제 학급에서 복습하기

샛길활동 내용 및 과정: 모르는 것을 찾아서 배우기

건이네가 1층에 세 들 사람을 구하기 위하여 전단지를 만들어 붙인다. 이 과정에서 고모는 전단지에 '방 있음'을 '방 있슴'으로 쓴다. 다리가 불편해서 학교 교육을 제대로 받지 못했다는 안타까운 사연의 고모다. 건이는 학교에서 배웠다며 고모에게 옳은 표현을 알려주는데 고모는 학교 교육을 끝까지 받지 못해서 그렇다며 퉁명스럽게 대꾸한다. 학교 교육을 제대로 받지 못한 고모에게 한글 맞춤법이 어려운 것은 어쩔 수 없는 것일 수도 있다.

하지만 우리는 과연 평소에 얼마나 정확하게 맞춤법을 사용하며, 올바른 표현을 하기 위해 노력하고 있을까? 이를 확인하고 제대로 알기 위해 사전 찾기 및 국어 받아쓰기와 연결해 '틀리기 쉬운 맞춤법 골든벨 대회'를 샛길교육으로 실시하였다.

먼저 골든벨 개최를 알림장으로 미리 안내하고, 학급에서 학생들에게 평소에 맞춤법 사용과 관련한 자신의 경험담을 이야기하게 해

O,X퀴즈

안타깝게 탈락하는 모습

패자부활전을 지켜보는 생존자들

패자부활전-댄스타임

친구를 응원하는 아름다운 모습

최후의 2인!

보았다. 학생들은 평소 사용하는 말에 대해서는 큰 어려움이 없었지만 그 말을 글로 옮겨 적는 일은 꽤 어려워했던 기억을 이야기했다. 글자와 발음이 달라 어려움을 느끼는 것이다. 그래서 평소 글로 적을 때 틀리기 쉬운 우리말에 대해 모둠별 Best 10을 조사해보고, 학급에서 조사한 것을 공유하는 시간을 가졌다. 학생들은 적극적으로 인터넷 검색 조사를 하고, 관련 도서를 빌리거나 구입해 찾아보고 확인하는 모습을 보였다. 이렇게 조사한 내용으로 골든벨 문제가 만들어진다는 것이 학생들의 적극성을 이끌어낸 동기였을 거라 생각한다.

학생들이 조사한 틀리기 쉬운 우리말을 모두 취합하고, 실생활에서 많이 사용하는 우리말 중에 틀리기 쉬운 것을 교사들이 추가로 더 선정하여 골든벨 문제를 만들어 행사를 진행했다. 원활한 행사 진행을 위해 행사의 진행과 규칙을 사전에 학급 단위로 자세하게 안내하고, 교사별로 역할을 정해 배치하는 작업이 필요했다.

맞춤법 골든벨 행사가 끝난 뒤에도 올바른 우리말 사용에 대한 꾸준한 관심을 가질 수 있도록 학급에서 관련 행사를 이어가면 좋다. 학급 게시판에 관련 내용을 게시하거나 모둠별로 돌아가면서 간단한 퀴즈를 내고 같이 풀어보는 것이다.

틀려도 다시 한 번

'틀리기 쉬운 맞춤법 골든벨 대회' 샛길활동의 목적은 평소에 틀리기 쉬운 우리말과 글을 학생들에게 바르게 알려주고 인지할 수 있도록 해주는 것이기에, 오답으로 무대에서 밀려난 후에도 친구들을 응원하면서 끝까지 참여하게 해줄 수 있는 방법을 생각할 필요가 있다. 이 샛길활동이 끝나더라도 학급에서 같은 문제로 골든벨 대회를 실시해 틀린 문제를 다시 확인하고 바른 우리말 사용에 대한 태도를 갖도록 꾸준히 지도하는 것이 필요하다.

행사 초반에 많은 학생이 탈락하지 않도록 난이도 조절을 했지만 의외로 쉽다고 생각한 문제를 많이 틀려서 계획에 없던 패자부활전을 여러 번 하게 되었다. 하지만 그만큼 학생들이 무심코 틀리게 쓰던 우리말 사용 습관을 돌아보는 계기가 되었다.

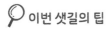
이번 샛길의 팁

| 최후의 1인보다는 모두에게 의미가 있도록!

맞춤법 골든벨 샛길활동이 일부 학생을 위한 뽐내기가 아닌 모든 학생이 끝까지 참여하여 우리말과 글에 대한 올바른 사용의 마음을 갖도록 다양한 방법으로 기회를 주는 것이 좋다. 골든벨 행사가 끝났더라도 올바른 한글 사용에 꾸준한 관심을 가질 수 있도록 학급 게시판에 틀리기 쉬운 우리말을 게시하거나 쉬는 시간, 아침 활동 시간을 이용하여 간단히 몇 문제를 풀어보는 등의 환경을 조성해주면 좋겠다.

팽나무 그리기

우리 동네에는 500살도 더 먹은 팽나무가 한 그루 있다. 어른들 말이
그 나무가 워낙 영험해서 이 동네 터가 세다고 했다. 나는 '터가 세다'는
게 무슨 뜻인지도 모르고 그런 말을 믿지도 않지만, 우리 동네가 아파
트 많은 옆 동네랑 다른 건 사실이다. 아파트 동네에서는 보기 드문 무
당집이 우리 동네에는 군데군데 있으니까. 무당집은 대나무랑 솔가지,
하얀 깃발 같은 것을 걸어 놓기 때문에 딱 봐도 알 수 있다.

-『투명한 아이』 28쪽

슬로리딩 샛길활동 주제

샛길 유형	성취기준	샛길활동 주제	내 용
독서 중 샛길교육 교육과정 연계샛길 교육	[4미02-05] 조형 요소(점, 선, 면, 형·형태, 색, 질감, 양감 등)의 특징을 탐색하고, 표현 의도에 적합하게 적용할 수 있다.	『투명한 아이』에 등장하는 팽나무를 조사하고 다양한 나무를 관찰하여 그리기	• 『투명한 아이』에 등장하는 팽나무에 대해 떠오르는 생각 나누기 • 팽나무에 대한 자료 조사하고 특징 정리하기 • 우리 주변에 있는 다양한 나무를 여러 가지 감각기관으로 관찰하기 • 관찰한 나무를 특징을 살려 그리기 • 어떠한 특징을 살려 작품을 표현했는지 그린 친구의 이야기를 들으며 감상하기

샛길활동 내용 및 과정: 팽나무를 찾아라

건이네 집에 세를 들기 위해 할머니와 여자아이가 찾아온다. 할머니와 건이 아빠가 월세와 관련하여 이야기를 나누는 과정에서 할머니가 법당을 차릴 것이라는 사실을 알게 되고 건이 아빠는 난처해한다. 점치고 굿하는 무당집이 있으면 다른 세입자를 구하기 힘들다고 생각하기 때문이다. 건이네 동네에는 다른 동네와는 달리 군데군데 무당집이 있는데, 그 까닭이 바로 팽나무라고 생각한다.

이번 『투명한 아이』의 샛길활동은 이야기에 등장하는 팽나무와 관련지었다. 사실 특별히 나무에 관심이 많은 게 아니면 팽나무는 어른에게나 학생들에게 익숙하지 않은 이름이다. 우선 『투명한 아이』에 등장하는 팽나무가 이야기 속에서 어떠한 의미를 지니고 있고, 왜 그런 의미를 지니게 되었는지에 대해 학생들과 생각을 주고받으며 팽나무에 주목하게 했다. 팽나무에 대해 인터넷 자료조사를 실시하여 팽나무의 모양, 이름의 유래도 찾았다. 다양한 팽나무 사진을 통해 다 자랐을 때 크기와 높이, 잎과 줄기의 모양 등을 자세히 보여주고

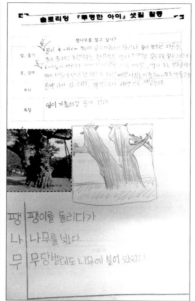

팽나무 조사하기와 그리기

따라 그려보기를 했다. 우리 학교는 최근에 정비된 도심형 학교라 곧게 뻗고 잘 정돈된 느낌의 가로수가 많다. 팽나무는 우리가 주변에서 쉽게 볼 수 있는 나무와는 모양과 크기에 차이가 있다는 것을 학생들은 금방 알 수 있었다. 『투명한 아이』에서 이야기하는 것처럼 영험함이 그대로 묻어나는 팽나무를 직접 보고 만질 수 없는 것은 아쉬웠다. 하지만 학생들이 나중에 우리나라의 곳곳을 여행하다 오래된 마을을 지날 때 그 마을을 지키는 수호신과 같은 팽나무를 본다면 분명히 『투명한 아이』를 떠올리게 될 것이라 믿는다.

팽나무 그리기 샛길활동은 미술 교과의 성취기준인 **[4미02-05] 조형 요소(점, 선, 면, 형·형태, 색, 질감, 양감 등)의 특징을 탐색하고, 표현 의도에 적합하게 적용할 수 있다**와 연계해서 진행했다. 각자 스케치북과 필기도구를 챙겨 주변 공원으로 출발했다. 공원으로 가는 길에

팽나무 조사하기와 그리기

잠깐씩 멈춰서 길가에 보이는 다양한 식물들을 관찰하기도 하면서 아이들은 소풍 나온 것 같은 즐거움에 들떴다.

공원에 도착한 아이들은 주변에 보이는 식물과 다양한 나무들을 관찰하였다. 나무를 관찰할 때에는 만져보기, 손톱으로 살짝 긁어보기, 냄새 맡아보기, 자신의 몸과 주변의 물건들을 통해 나무의 높이 어림해보기 등 여러 가지 감각기관을 세심하게 동원하도록 안내하였다. 실제의 모습과 똑같이 그리는 것도 필요하지만, 다양한 감각기관을 이용해 관찰하고 느껴보면서 그 나무가 나에게 주는 느낌을 표현해보자고 제안했다.

각자 원하는 위치로 이동하여 대상을 충분히 관찰하고 그림을 그릴 수 있도록 했다. 혼자 여기저기 돌아다니면서 자신이 그릴 나무를 찾는 학생, 삼삼오오 모여 다니며 서로 이야기를 주고받는 학생, 평평한 바닥에 앉거나 엎드려서 자리를 잡고 그림을 그리는 학생, 나무를 두 팔 벌려 껴안고 나무에게 무언가 중얼거리는 학생 등 모두가 자유롭게, 충분히 물체의 다양한 형태를 탐색하는 장면이 보였다.

각자가 그린 작품은 교실로 돌아와 실물 화상기로 크게 보여주며 서로 같은 나무를 어떻게 다르게 표현하고 그렸는지 비교해보고 다른 친구의 작품에 대한 생각과 이야기를 들어보는 시간을 가졌다. 이런 시간은 학생들에게 같은 나무를 접하더라도 서로 이해하고 느낀 점들이 다를 수 있다는 것을 알게 해준다.

교실 밖은 호기심 천국

가까운 곳에 작은 산이 있으면 참 좋다. 학생들에게 어렵지 않게 다양하고 질 높은 생태교육을 경험시켜줄 수 있기 때문이다. 우리 학교 주변은 자연 그대로의 생태환경은 아니라 아쉬웠다.

호기심 많은 학생들에게 교실 밖은 교실 안보다 훨씬 매력 있는 장소다. 일단 공기부터가 다르다. 학생의 손이 닿는 곳에서부터 닿지 못하는 곳의 풍경 그리고 수많은 소리 등 모든 것이 새로운 그 매력일 것이다. 하지만 야외 수업을 하기 위해서는 안전교육과 활동의 목적, 과정, 방법 등을 자세히 안내할 필요가 있다. 물론 밖으로 나간다는 것만으로 흥분하는 학생들이 있기는 했지만 학생들 대부분 정해진 시간 동안 자신이 어디에서 무엇을 어떻게 해야 할지 알고 있었다. 혼자 또는 무리지어 이리저리 돌아다니며 자신이 그리고 싶은 대상을 찾아 관찰하고 서로 이야기를 주고받는 모습도 볼 수 있었다.

이번 활동을 하면서 자신이 그리고 싶은 대상을 금방 찾아 그리는 학생들도 있었지만 무엇을 그려야 할지 몰라 여기저기 돌아다니기만 하고 쉽사리 결정하지 못하는 학생들의 모습도 일부 관찰되었다. 그럴 때 교사가 다가가서 학생의 상황에 맞는 조언을 해주고 친구들과 같이할 수 있도록 약간의 도움을 줄 필요가 있다.

 이번 샛길의 팁

| 보이는 대로, 느낀 대로!

학생들에게 어떤 물체를 그림으로 그려보라고 하면 대부분 사진처럼 똑같이 그리는 것만이 잘 그린 그림이라고 생각하는 경향이 있다. 하지만 『투명한 아이』에 등장하는 팽나무는 그냥 식물로서의 팽나무가 아니다. 그 나무에서 뿜어져 나오는 다른 나무들과 분명히 차별되는 영험한 기운이 있다. 그래서 이번 나무 그리기는 다양한 감각기관으로 관찰한 경험을 바탕으로 느낀 것을 표현하도록 충분한 안내하는 것이 필요했다.

'누구의 잘못도 아니야'

그때 할머니가 고모를 보더니 애처롭게 말했다.

"아이고, 어쩐대, 이렇게나 예쁜 처자의 다리가 요 모양이니. 이게 다 천지신명님께 덜 빌어서 그래. 대체 우리 착하디착한 만수는 전생에 무슨 죄를 지었기에 딸래미가 이런 천벌을 받았누. 자식을 요런 꼴로 낳아 놓고 어찌 눈을 감았을꼬. 아이고, 만수야, 착하디착한 만수야."

할머니 딴에는 우리 고모를 걱정하고 위로해주면 아빠가 너그럽게 대해 줄 것이라고 생각했나 보다. 하지만 아빠는 화가 나서 얼굴이 붉으락 푸르락 달아올랐다.

- 『투명한 아이』 27쪽

슬로리딩 샛길활동 주제

샛길 유형	샛길활동 주제	내 용

독서 중
샛길교육
 	
월별 주제
샛길교육
	다양한 체험을
	통해 장애인의
	삶에 공감하고
	장애에 대한
	편견을 줄일 수
	있는 방법
	알아보기
		• 『투명한 아이』에 나오는 '천벌'에 대해 이야기
		  나누기
		• 시각장애인의 편견을 다룬 영화 『블랙』 시청하
		  고 느낌 이야기 나누기
		• 점자와 점자의 원리에 대해 알아보고 점자체험
		  도구를 사용해 자기 이름 점자로 찍기
		• 점자로 표현한 자신의 이름을 책갈피로 만들고
		  꾸미기
		• 장애인협회 기관과 연계하여 장애 이해교육 및
		  흰 지팡이 체험하기
		• 장애인에 대한 편견을 줄이는 방법 이야기
		  나누기

샛길활동 내용 및 과정: 불편과 편견 사이

『투명한 아이』에서 건이네가 세를 놓는다는 광고지를 보고 보람이 할머니가 들어와 다리가 불편한 고모를 보며 탄식하는 장면이다. 보람이 할머니는 고모의 아빠인 만수와 어릴 적 친구였다. 할머니는 만수가 무슨 죄를 지었기에 딸이 이런 천벌을 받았냐면서 안타까워한다. 자식이 장애가 있는 것은 그 부모가 죄를 지어서 그렇다는 것이다.

4월의 슬로리딩 주제는 '누구의 잘못도 아니야'이다. 『투명한 아이』의 건이 고모 같은 장애인은 무슨 죄를 지어서 그렇게 된 것이 아니다. 장애는 잘못이 아니다. 비장애인이 장애인을 불쌍한 시선으로 바라보고, 도움을 주어야 살아갈 수 있는 존재로 여기는 것은 편견이며 장애인 역시 그러한 시선으로 자신을 도우려는 손길을 고마워하지 않는다.

4월 20일은 장애인의 날이다. 그래서 자연스럽게 장애 이해 교육을 슬로리딩 교육과정의 4월 샛길 주제로 잡을 수 있었다. 장애인에 대한 편견을 알아보고 다양한 체험과 교육 활동을 통해 이러한 편견을 줄이는 방법을 찾아보면서 『투명한 아이』속 건이 고모라는 인물에게 공감할 수 있도록 구성하였다.

먼저 학생들에게 장애인이 어떤 삶을 살아가고 있는지, 그들에 대한 비장애인의 편견에는 어떤 것이 있는지를 설명하는 것에 한계를 느꼈다. 그래서 학생들이 볼 만한 수준에서 장애인의 삶을 다룬 영화 『블랙』을 함께 보았다. 선천적으로 시각장애를 갖고 태어난 주인공이 장애를 극복하고 넓은 세상으로 나와 비장애인들과 동등한 위치에서 살아간다는 내용이다. 영화지만 실제로 우리 주변에서도 흔히 볼 수 있는 모습이며, 이 이야기를 통해 학생들이 장애인이든 비장애인이든 모두 같은 사람이라는 생각을 갖길 바랐다.

다음으로 장애인의 삶을 좀 더 피부로 느끼고 공감하고 이해하기 위해 점자 체험과 흰 지팡이 체험을 했다. 점자는 시각 장애인들이 비장애인들처럼 글을 쓰고 읽을 수 있게 해주고 넓은 세상과 소통할 수 있게 하는 중요한 발명이다. 흰 지팡이는 시각 장애인이 길을 걸을 때 사용하는 흰 색깔의 지팡이로 시각 장애인임을 나타내는 표지이자 자주성의 상징이다. 즉, 시각 장애인이 흰 지팡이를 들고 길에 나선다는 것은 남에게 의존하지 않고 보행할 수 있음을 알리는 표시인 것이다.

인천에 위치한 인천시각장애인협회에 연락하여 학생들이 어떠한 취지로 이러한 체험을 하고 싶어 하는지 알리고 체험 일정을 마련하였다. 먼저 시각 장애인들이 사용하는 점자에 대해 알아보았다. 한글을 점자로 만들고 책을 쓴 인물은 인천 강화도에서 태어난 박두성 선생님이다. 일제 강점기 시절에 사범대학을 졸업하고 맹아 학교로 발령받은 박두성 선생님은 시각장애 학생들을 말로만 가르치는 것에

점자 체험하기

세월호 리본달기

장애 이해 교육 및 흰 지팡이 체험하기

는 한계가 있다고 느껴 한글 점자를 발명했다고 한다.

인천시각장애인협회에서 점자판을 대여해 학급별로 돌아가면서 점자에 대한 이론적인 내용을 간단히 공부하고 실습했다. 학생들은 한글을 점자로 옮겨 쓰는 방법과 읽는 방법을 많이 어려워했지만 한 글 점자표를 보면서 열심히 익혔다. 교사들이 미리 준비한 코팅된 책 갈피에 점자를 찍어보기도 했다. 자기 이름이 점자로 적힌 자기만의 책갈피에 4.16 세월호 추모 리본을 달았다.

흰 지팡이 체험은 인천시각장애인협회의 강사 선생님들을 초빙해 진행했다. 강당에서 안대로 눈을 가리고 흰 지팡이에 의지해 일정한 거리를 다녀오는 방식으로 체험하게 했다. 학생 혼자서 다녀오는 것은 아무래도 위험할 수 있어서 2인 1조로 한 명이 흰 지팡이 체험을 하고, 다른 한 명이 옆에서 팔을 잡고 안내하게 했다. 평소에 늘 활동했던 곳이고 복잡한 길도 아니었지만 막상 안대로 눈을 가리자 하나같이 말을 멈추고 온 감각을 손과 귀에 집중하는 모습을 보였다.

불편은 이해하고 편견은 내려놓고

이러한 장애 이해 교육과 체험을 통해 학생들은 장애인으로 살아가는 것이 얼마나 힘들고 불편한 것인지를 알게 되었다. 몸의 불편도 있지만 비장애인들의 편견으로 인해 마음으로 더 큰 불편함을 느끼며 살아가고 있다는 것을 깨닫는 주제 샛길활동이 되었다.

 인천도담
초등학교

가 정 통 신 문

 새롭게 바르게 슬기롭게
행복한 삶의 배움
도담교육공동체

2018. 5. 4. **인천도담초등학교 4 학년**

학부모님께!

4월에는 본격적으로 「투명한 아이」책 속에서 다양한 샛길교육을 만들어 즐거운 공부를 해보았습니다. 샛길교육의 매력에 반한 아이들과 5월에도 즐겁고 다양한 샛길교육을 만들어 공부할 예정입니다. 5월 주제는 엄마가 저 빛을 보고 너에게 올 거야입니다. 가정의 달을 맞아 부모님의 사랑에 감사할 줄 아는 마음을 가질 수 있도록 공부할 예정입니다.

일시	샛길교육	내 용
5/3 (목)	• 마룻바닥에 누워 우주전함에 탄 정의의 기사가 푸른색 비늘이 덮인 문어 외계인과 싸우는 모습 상상하여 그리기	• 미술 상상하여 그리기 단원과 연계하여 공부합니다. • 책 속의 마룻바닥에 누워 그림 그리기, 우주전함을 탄 내용에서 샛길교육을 실시합니다. • 친구들과 과자파티를 하면서 그림 그리기를 실시합니다.
5/4 (금)	• 노는 게 제일 좋아	• 5월 5일 어린이날을 맞아 누구나 우리 반 대표가 되어 경기에 참여할 수 있는 체육행사로 '노는 게 제일 좋아' 행사를 할 예정입니다. 다양한 종목을 통해 나도 우리 반 대표로 선발될 수 있다는 자존감을 세워줄 수 있는 기회를 만들어줄 계획입니다. 이날은 하루 종일 경기에 참여하고 응원하면서 승패보다는 즐길 줄 아는 학생들이 되도록 지도하겠습니다.
5월 2주	• '짱' 신조어, 사라진 옛날 말 조사하기	• 국어 9단원 자랑스러운 한글 단원을 재구성하여 샛길교육을 할 예정입니다.
5/8 (화)	• 쿠폰 만들어 사용하기	• 치킨집 쿠폰 모으기 샛길교육으로 어버이날을 맞아 학생들이 부모님께 드릴 쿠폰을 만들어 카네이션과 함께 드리기 샛길교육을 실시할 예정입니다.
5월 2주	• '비련의 왕궁'활쏘기 샛길교육	• 체육 도전 활동 연계 체육 시간을 활용하여 투호놀이 등 과녁 맞추기 경기를 할 예정입니다.
5/11 (금)	• 고구마 심기	• 아침 산책 후 도시농부 생태교육으로 텃밭 없이 고구마 키우기에 도전합니다. 책 속의 '고구마 이야기' 샛길교육입니다.
5/18 (금)	• 깡충깡충, 덩실덩실, 아장아장	• 국어 10단원 '인물의 마음을 알아봐요' 단원을 공부합니다. 샛길교육으로 의성어 의태어 스피드 퀴즈 대회를 할 예정입니다. 학부모 공개수업 내용입니다.
5월 4주	• 왜 세상에는 남이 해봤던 일을 못 해보는 사람들이 있을까?	• 나의 4학년 생활 속에 실천하고 싶은 버킷리스트를 작성해 보는 샛길교육을 할 예정입니다.
	• 눈은 종일반이에요	• 유치원과 연계하여 유치원 동생들과 놀아 줄 계획을 세워 놀이 활동을 함께 할 예정입니다.
	• 자장 자장 우리 아가	• 자장가 작사 작곡 만들어 발표하기 (음악)
6/1 (금)	• 엄마가 저 빛을 보고 너에게 올거야	• 5월의 주제와 관련된 샛길교육입니다. • 우정의 무대(그리운 어머니) '제 부모님이 확실합니다' 행사를 할 예정입니다. • 각 반에서 학부모님 1명 이상의 신청이 필요합니다. • 구체적인 행사 계획이 나오면 다시 안내해드리겠습니다.

마룻바닥에 누워 우주 전함 그리기

보람이는 나랑 금방 친해졌다.

우리는 마룻바닥에 엎드려서 그림을 그렸다. 우리 집은 지은 지 오래되어 마루가 좀 춥다. 그래도 두꺼운 담요를 깔아 놨고 창문 틈을 비닐 테이프로 막아서 참을 만하다.

─중략─

나는 드라마도 시들하고, 딱히 할 일도 없었다. 그렇다고 혼자 집으로 올라갈 수도 없고…… . 그래서 아까 그리던 그림을 마저 그리려고 했다. 우주 전함에 탄 정의의 기사가 푸른색 비늘이 덮인 문어 외계인과 싸우는 그림이다.

─『투명한 아이』 33~36쪽

슬로리딩 샛길활동 주제

샛길 유형	성취기준	샛길활동 주제	내 용
독서 중 샛길교육 교육과정 연계 샛길교육	[4미02-03] 연상, 상상 하거나 대상 을 관찰하여 주제를 탐색 할 수 있다.	이야기를 읽고 내용에 대해 연상하고 상상한 장면 을 이야기해 보고 그림으 로 표현하기	• 『투명한 아이』에 등장하는 마룻바닥 　에 엎드려 그림을 그리는 장면에 　대해 공감 형성하기 • 이야기에 등장하는 주인공처럼 마룻 　바닥에 엎드려 그림을 그리는 장면 　상상하고 어떤 기분일지 이야기하기 • 교실 바닥에 엎드려 우주와 관련된 　주제로 상상하여 그림 그리기 • 친구들과 같이 바닥에 엎드려 그림 　그린 소감 이야기 나누기

샛길활동 내용 및 과정: 교실 바닥을 집 마룻바닥처럼

　건이와 보람이가 건이네 집 마룻바닥에 엎드려 그림을 그리면서 놀다가 신문 보급소에서 새벽까지 일하고 집으로 들어오신 아버지의 잠을 방해하지 않으려고 아래층 보급소에 내려가 놀기로 하는 장면이다. 건이와 보람이는 만난 지 얼마 되지 않았지만 나이가 같아서 금방 친구가 되었다.

　건이와 보람이처럼 친구와 같이 집 바닥(마룻바닥이 아니더라도)에 엎드려 그림 그리기 놀이를 한 경험은 누구나 있을 것이다. 그런데 학교 교실에서 하는 수업 상황에서 바닥에 엎드려 그림을 그리는 경험

마룻바닥에 엎드려 우주전함과 외계인 그리기

은 어떨까? 책상에서 내려와 바닥에 엎드려서 그림을 그린 경험(종이
가 아주 커서 같이 작업해야 하는 경우를 제외하고는)은 거의 없을 것이다.
분명 정해진 자세로 의자에 앉고, 정해진 크기의 책상 위에서 활동
하는 것과는 다른 느낌을 줄 것이라는 생각이 들어 바닥에 엎드려

그림 그리기 샛길활동을 해보기로 했다. 그리고 이왕이면 『투명한 아이』 속의 건이와 보람이처럼 자연스럽고 편안한 분위기를 위해 각자 챙겨온 간식을 먹고 친구들과 이야기 나누며 그림 그리는 활동을 구현하고자 했다.

우선 책상을 벽 쪽으로 밀어 모두가 엎드릴 수 있는 공간을 최대한 확보했다. 그리고 교실 바닥에 도화지와 그림도구를 준비하고 다른 친구들에게 방해가 되지 않을 만큼만 모둠친구들과 둥글게 엎드린다. 그림 주제는 『투명한 아이』의 건이와 보람이처럼 우주전함에 탄 정의의 기사와 문어 외계인이 싸우는 장면이다.

넓고도 가까운 신비로운 교실 바닥

만약 학생들에게 정해진 틀과 제약된 활동 공간 안에서 그림의 주제인 우주에서 일어나는 정의의 기사와 문어 외계인이 싸우는 장면을 그리라고 했을 때 과연 충분히 상상하면서 자유롭게 자신의 생각을 펼쳐낼 수 있었을까? 생각이 자유롭기 위해서는 몸도 자유로워야 하지 않을까? 질서는 조금 부족해 보일 수 있겠지만 자유로운 생각과 상상을 할 여건이 마련된 것이 즐거운 듯했다. 옆 친구들과 둥글게 모여 그림을 그리면서 자연스럽게 서로의 그림을 보며 도란도란 이야기를 주고받기도 했다. 자신의 그림을 스스럼없이 소개하고 친구들의 그림을 통해 그 친구의 마음과 느낌을 서로 공감할 수 있는 환경이 자연스럽게 만들어졌다.

자랑스러운 한글

내가 보람이에게 물었다.

"보람아, 네 할머니랑 우리 할아버지가 어렸을 적에는 옛날이잖아. 옛날 사람들도 '짱'이라는 말을 썼을까?"

보람이가 나를 똑바로 보며 말했다.

"우리 할머니는 뭐든지 알아맞혀. 아주 용하지."

-『투명한 아이』97쪽

슬로리딩 샛길활동 주제

샛길 유형	성취기준	샛길활동 주제	내 용
독서 중 샛길교육 교육과정 연계 샛길교육	[4국04-05] 한글을 소중히 여기는 태도를 갖는다.	한글의 사용을 우리 생활 주변에서 찾아보고 올바른 한글 사용의 태도 갖기	• 『투명한 아이』에 등장하는 새로 생긴 말에 대해 공감하기 • 한글이 만들어지게 된 배경과 한글을 만드는 과정을 이해하고 한글의 특성과 문자로서 우수한 점을 조사하여 발표하기 • 우리 주변에서 찾아볼 수 있는 간판의 이름 조사하고 한글 간판과 다른 나라 문자로 된 간판을 분류하고 비교하기 • 다른 나라 문자로 된 간판을 한글 간판으로 바꿔보기

샛길활동 내용 및 과정: 우리말, 잘 살고 있을까

보람이 할머니와 건이 아빠와의 대화를 통해 보람이의 할머니와 돌아가신 건이 할아버지가 어렸을 적 친구라는 사실을 알게 되었다. 건이와 보람이 역시 동갑내기라 금세 친해졌다. 한 세대를 건너 또 한 쌍의 친구가 맺어진 셈이다. 건이는 문득 할아버지와 할머니 때도 지금 우리가 사용하는 말을 사용했을지 궁금해한다. 건이 또래에서 자주 사용하는 말을 옛날에도 사용했는지가 궁금한 것이다.

요즘 청소년들은 물론 초등학생들 사이에서까지 소위 '급식체'라는 것이 번지고 있다. 급식체의 사용은 우리말과 글을 지나치게 줄여서 사용하여, 즐겨 사용하는 세대가 아니고서는 의사소통이 잘 이루어지지 않는다. 이러한 급식체의 사용은 주로 SNS^{Social Network Service}를 많이 사용하는 초등학교 고학년으로 갈수록 그 정도가 심하다. 물론 이러한 현상이 한 세대에서 일어날 수 있는 유행처럼 머물다 지나갈 것이라 여겨지면서도, 한편으로는 교사로서 우리의 소중한 말과 글

우리 동네 간판 글 조사하기

이 어긋난 방향으로 사용되는 것은 아닌지 걱정이 된다. 따라서 이번 샛길활동은 우리 생활 주변에서 우리말이 어떻게 사용되고 있는지를 조사하고 올바른 언어 습관을 지니기 위한 활동으로 구상하였다.

먼저 한글이 만들어지게 된 배경부터 이해하게 했다. 세종대왕이 무엇을 위해 많은 어려움을 겪으면서까지 한글 창제의 뜻을 굽히지 않고 의지를 이어나갔는지에 대해 알아보도록 하였다. 학생들에게 한글 창제가 그 시대에 왜 필요했고, 누구를 위해 세종대왕과 수많은 학자가 힘든 과정을 거쳐 이뤄냈는지에 대한 내용을 드라마와 교육 영상을 통해 보여주고 각자 느낀 점을 이야기해보았다.

우리 주변의 한글 사용 실태 조사 방법으로는 여러 가지 의견이 나왔는데 국어교과 내용에서도 다루고 있는 방법을 사용하기로 했다. 학교 주변의 상가 간판의 문자를 통해 한글 사용의 실태를 조사하기로 하여 간단한 조사학습지를 만들고 필기도구를 챙겨 우리 학교 주변의 상가를 돌며 간판 이름을 조사했다. 한글을 사용한 간판의 내용과 다른 나라 문자를 사용한 간판의 내용을 구분하여 기록했다. 학생들은 평소 지나다니는 곳인데도 처음 보는 가게라며 신기해하는 학생도 있었고, 가족과 함께 다녀온 식당이라면서 음식 맛에 대한 평을 하는 학생도 있었다.

짐작과 실상은 달랐다

조사하러 가기 전에 내심 한글을 사용한 간판이 상대적으로 많이 부족할 것으로 생각했었지만 한글을 사용한 간판은 생각보다 적지 않았다. 덕분에 학생들의 조사 내용이 조금 더 풍부해질 수 있었으며, 한글을 사용한 간판과 다른 나라 문자를 사용한 간판을 분류하고 비교하는 활동이 원활하게 이루어질 수 있었다.

마지막으로 조사한 다른 나라 문자의 간판 내용을 한글로 바꿔서 표현해보았다. 예를 들어 '셀프 빨래방'은 '스스로 빨래방', '○○치킨'은 '○○통닭', '토이 스토리'는 '장난감 이야기' 같은 식으로 말이다. 이렇게 다른 나라 문자를 한글로 바꾸어보는 활동을 통해 학생들은 한글로 바꾸는 것이 이해도 쉽고 어떤 가게인지 금방 알 수 있었다는 소감을 발표하기도 했다.

'한글을 소중히 여기자'라고 구호만 외칠 것이 아니라 그것이 우리의 삶과 어떠한 관련이 있고 왜 지켜나가야 하는지 스스로 생각하고 실천하는 과정에서 배움이 일어났던 뜻깊은 활동이었다.

인물의 마음 알기

원장님은 서둘러 다시 차에 타며 말했다.

"잘 부탁드릴게요."

엄마는 엉거주춤 고개를 숙였다.

"네, 뭐, 그렇다면."

노란 승합차는 도망치듯 아랫길로 내려갔다. 눈이 손을 흔들며 "안녕,

안녕!" 인사했다.

엄마는 이마에 손을 짚었다.

"에구, 머리야."

- 『투명한 아이』 45쪽

엄마는 눈이 나를 잘 따르는 게 신기한가 보다.

"오빠가 좋은가 보네."

나는 으쓱해져서 말했다.

- 『투명한 아이』 46쪽

"보아하니 함께 살던 얘네 아빠는 몇 달 전부터 잘 안 보이는 게 도망간

것 같던데......."

아기가 깡충깡충 뛰자 뒤에 멘 노란 가방이 덩실덩실 춤을 췄다. 보람이

는 샘이 나는지 눈의 반대편 손을 잡았다.

"눈아, 안녕? 나는 보람이야."

눈은 오른손은 나에게, 왼손은 보람이에게 맡기고 아장아장 걸었다.

－『투명한 아이』 47쪽

슬로리딩 샛길활동 주제

샛길 유형	성취기준	샛길활동 주제	내 용
독서 중 샛길교육 교육과정 연계 샛길교육	[4국05-02] 인물, 사건, 배경에 주목하며 작품을 이해한다.	『투명한 아이』에 등장하는 인물이 처한 상황을 통해 인물의 감정 파악하기	• 『투명한 아이』에 등장하는 인물들이 처한 상황에 대해 이야기 나누기 • 등장인물이 이야기 상황에서 느낄 수 있는 감정에 대해 공감하기 • 자신의 감정과 관련지어 다양한 감정카드를 선택해 이야기 나누기 • 등장인물의 감정을 생각하여 감정카드를 선택하고 선택한 이유 이야기하기

샛길활동 내용 및 과정: 인물의 감정을 생각하며 읽기

처음 같은 학년 선생님들과 의논해서 재구성한 슬로리딩 샛길활
동은 '아장아장', '깡충깡충', '덩실덩실' 등의 의태어를 가지고 한글
단원을 재구성하는 활동이었다. 여기에 의성어도 포함시켜 스피드
퀴즈를 통해 학습한 내용을 학생들이 좀 더 재미있게 활동할 수 있
도록 하여 우리말의 아름다움과 의성어, 의태어의 의미를 이해하는
샛길활동으로 진행하기로 했다. 그러나 시기적으로 학부모 공개수업

인물의 마음 알기 학부모 공개수업

을 앞두고 있었던 우리는 국어교과 내용을 슬로리딩 교육과정으로 재구성한 모습을 보여주기 위해 국어교과서의 단원 주제 10단원, '인물의 마음을 알아봐요'를 재구성하기로 하였다. 슬로리딩 수업이 어떻게 이루어지고 있는지 학부모들에게 알기 쉽게 보여드리고 싶었다.

슬로리딩 교육과정 재구성 수업의 대략적인 진행 과정은 성독으로 시작하여 어려운 단어 찾기, 찾은 단어로 짧은 문장(작가 활동) 만들기 활동으로 진행된다. 그리고 읽은 부분까지 인물과 사건을 정리하는 활동이 샛길교육으로 들어가기 전 활동으로 이루어진다.

이번 공개수업에서 학생들은 『투명한 아이』를 읽고 등장인물들이 처한 상황을 통해 인물들의 감정을 유추해보고 감정카드를 선택해서 발표하는 활동을 하였다. 그리고 각 인물들이 일어나는 사건에 어떻게 행동하는지, 그것이 인물의 감정과 어떤 관계가 있는지 생각해보는 활동 수업을 하였고, 정리 활동으로 인물의 마음을 이해하며 글을 읽으면 어떤 점이 좋을지 토의했다.

'인물의 마음 알기' 학부모 공개수업 지도안

일시	5.18(금) 10:40~11:20	대상	4학년	수업자	4학년 담임교사

교과단원 차시	『투명한 아이』 45~47p 국어 10. 인물의 마음을 알아봐요 (1~2/10)

주제	『투명한 아이』 샛길교육: 등장인물의 마음을 짐작할 수 있다.

수업 흐름

단계	슬로리딩	교육과정 속 샛길교육	슬로리딩 속 샛길교육	배움 정리하기
활동 내용	• 성독하기 • 단어찾기 　- 모르는 용어 찾아 정리 하기 　- 읽은 내용 이해하기 　- 짧은 문장 만들기 • 샛길교육 주제 탐색	• 10단원 인물의 마음을 알아봐요 -교과서 276p -표정이나 행동을 보고 인물의 마음을 짐작해봅시다.	• 투명한 아이 성독 부분의 등장인물의 마음을 짐작해 봅시다 • 등장인물의 마음을 짐작해보고 발표해봅시다.	• 인물의 감정을 이해하며 글을 읽으면 좋은 점에 대해 발표해봅시다. 　- 모둠별 토의 • 차시 예고
학습 형태	전체 → 개별	전체 → 개별	전체 → 개별	전체-모둠-전체
시간	20분	20분	10분	5분
자료	투명한 아이, 국어사전, 슬로리딩 공책	교과서	감정카드	붙임종이

수업 준비

수업에서 가르칠 주요 학습 내용

『투명한 아이』 샛길교육 인물의 마음을 짐작해보기

수업자의 전략/의도

4학년 슬로리딩 교육과정은 『투명한 아이』 책과 함께하고 있다. 책을 읽고 그 속에서 다양한 인물과 만나고 그 인물들이 펼쳐가는 삶의 모습에서 우리 아이들은 다양한 가치와 깨달음을 얻을 수 있다고 생각했다. 우리는 이야기 속에서 샛길교육을 발견하고 교육과정의 성취기준과 연계하여 성취기준에 도달할 수 있는 활동으로 교육과정 재구성을 실시하고자 노력했다. 5월은 '엄마가 저 빛을 보고 너에게 올 거야'라는 주제로 국적 없는 눈이라는 아이가 엄마를 잃어버리고 건이네 집에 맡겨지면서 엄마를 그리워하는 장면이다. 눈, 건이, 엄마 등이 사건에서 나오는 '등장인물들의 감정을 짐작해보기 활동'으로 샛길교육을 만들어보고, 이러한 샛길교육으로 등장인물의 감정을 짐작하면 글 읽기가 어떤 좋은 점이 있는지에 대해 알아보고자 한다.

수업의 절차

수업은 『투명한 아이』의 성독(聲讀)으로 시작한다. 성독은 단순히 책 읽기 방법이 아니라 '말하기'능력을 기르는 아주 유용한 방법이다. 성독을 통해 궁금한 단어를 함께 찾고 내용 속에서 자연스럽게 샛길로 빠진다. 샛길활동은 '등장인물의 마음 짐작하기'이다. 그리고 국어과 성취기준의 도달 목표는 '행동이나 말로 인물의 마음 짐작하기'이다. 책 속의 등장인물들을 알아보고 말이나 행동 등을 관찰하여 인물의 마음을 감정카드에서 찾아 발표해본다. 이렇게 등장인물의 마음을 짐작하며 글을 읽는 좋은 점을 자연스럽게 이해하도록 한다.

직접 보면 달라지는 학부모 마음

슬로리딩 교육과정 공개수업을 모두 마치고 나니 참관해주신 학부모님들의 의견이 궁금했다. 사실 학부모는 본인 자녀가 활동하는 모습만 눈에 들어오기 때문에 전체적인 슬로리딩 교육과정 수업에 대한 의견은 많지 않을 것이라 생각했다. 그러나 공개수업 참관 소감문을 보니 생각보다 우리 4학년의 슬로리딩 교육과정에 대해 많은 관심과 애정이 있었다는 것을 알 수 있었다. 국어교과서 대신에 동화책으로 수업을 한다고 해서 학습 내용이 생략되거나 학생들이 적응을 잘 못하지는 않을까 하는 우려의 의견, 슬로리딩 교육과정이 어떻게 흘러가는지 눈으로 직접 볼 수 있어서 이해가 잘 되었다는 의견, 자신의 자녀를 비롯해 학급 친구들 모두가 국어 수업에 즐겁고 재미있게 참여하는 것 같아서 흐뭇했다는 의견 등 대체로 긍정적인 반응이 나왔다. 슬로리딩 교육과정에 대해 우려했던 부분이 이번 학부모 공개수업을 통해 많이 해소된 것 같아 선생님들의 기분도 좋았던 수업이었다.

버킷리스트

보람이는 머뭇거리다 말했다.

"친구 엄마가 사 준 거야."

그렇다면 정말로 아무것도 모르는 게 분명하다.

왜 세상에는 남이 해 봤던 일을 못 해보는 사람이 있을까? 가족과 여행 가는 걸 못 해보는 남자애도 있고, 남이 해보는 겨울 빙어 낚시는커녕 자유로운 바깥나들이를 꿈조차 꾸지 못하는 여자 어른도 있다. 그리고 여기 그 흔한 양념 통닭을 집에서 시켜 먹고 쿠폰을 모아 보지 못한 여자애가 있다.

－『투명한 아이』 97쪽

슬로리딩 샛길활동 주제

샛길 유형	성취기준	샛길활동 주제	내 용
독서 중 샛길교육 교육과정 연계 샛길교육	[4미03-03] 미술 작품에 대한 자신의 느낌과 생각을 발표하고, 그 이유를 설명할 수 있다.	내가 아직 해보지 않은 일 중에 앞으로 하고 싶은 일을 정하고 계획 세우기	• 『투명한 아이』에 나오는 '남이 해봤던 일을 못 해보는 사람'의 표현에 대해 이야기 나누기 • 아직 해보지 않은 일 중에 앞으로 하고 싶은 일 정하기 • 자신이 세운 계획을 친구들에게 이야기해 보고 먼저 경험한 친구들의 이야기 들어보기 • 자신의 버킷리스트를 꾸며 완성하기 • 버킷리스트 전시하고 감상하기

샛길활동 내용 및 과정: 구체적인 꿈의 리스트

건이네 집 아래층에 세를 들어 살고 있는 보람이는 전단지 1,000원 할인 쿠폰 10장을 모으면 10,000원을 할인받아 양념통닭 한 마리를 공짜로 먹을 수 있을 거라고 기대한다. 이 모습을 본 건이가 누군가에게는 당연한 일이 다른 누군가에게는 경험하기 힘든 일이 될 수 있음을 느끼게 되는 장면이다.

이를 바탕으로 '나만의 버킷리스트' 만들기 샛길활동을 구상했다. 먼저 학생들 각자 슬로리딩 공책에 2018년 한 해 동안 꼭 해보고 싶은 일, 그리고 내 평생 꼭 해보고 싶은 일을 나누어 목록을 작성했다. 작성하기 전에 실천 가능한지, 내가 어느 정도의 노력을 통해 이룰 수 있는 일인지도 고려하여 정하도록 했다. 목록과 우선순위가 어느 정도 정해지면 바구니 모양의 그림에 간단한 문구와 함께 그림을 예쁘게 꾸미게 했다.

이번 버킷리스트 샛길활동은 미술교과의 성취기준인 [4미03-03] 미술 작품에 대한 자신의 느낌과 생각을 발표하고, 그 이유를 설명할 수 있

친구들과 이야기 나누며

버킷리스트 만드는 중

나의 버킷리스트

교실 게시 사진

다를 바탕으로 재구성했다. 『투명한 아이』에서 건이가 이야기한 '남이 해봤던 일을 못 해본 사람'이라는 부분을 읽으며 학생들은 하고 싶지만 여러 가지 여건이 되지 않아 못한 일들에 대해 많은 이야기를 쏟아내었다. 이러한 이야기를 버킷리스트의 형식을 통해 작품으로 꾸미고 발표하였다.

아이들의 꿈이 모두 이루어지는 것이 교사의 꿈

교실 전시를 통해 서로의 버킷리스트를 비교해보면서 다양한 감정이 드러났다. 애완동물을 너무나 키우고 싶어 하는 학생은 이미 키우고 있는 친구를 부러워했다. 유럽여행이 소원이라는 친구는 이미 유럽여행을 다녀온 친구가 있다는 사실을 알고는 가족과 함께 빙어낚시에 가지 못한 건이의 실망스러운 마음이 이해된다고도 했다. 자신이 이미 경험한 일이 다른 친구에겐 간절한 소원일 수 있다는 것에 놀라는 학생도 있었다.

자신이 정한 버킷리스트를 마음에 새기면서 간절히 바라고 노력하는 학생이 한 명이라도 있다면, 친구들의 소원 목록을 통해 서로를 더 잘 이해하고 각자의 소원이 이루어지길 함께 바라는 마음이 생겼다면 이번 샛길활동도 성공한 셈이라 생각한다.

눈은 종일반, '개구쟁이 내 동생'

나는 반가운 마음에 눈의 손을 잡았다. 눈은 얼마나 울었는지 얼굴이 눈물 콧물 범벅이었다. 어린이집 원장님은 다행이라는 듯 한숨을 쉬었다.

"지난번 눈이 엄마와 동네 슈퍼 앞에서 인사 나누는 걸 봤어요, 정말 천만다행이에요."

우리는 어리둥절했다.

"얘네 엄마는요?"

원장님이 말했다.

"원래 눈은 종일반이에요. 얘 엄마가 늦게까지 공장에서 일하고 애를 데려가니까요. 그런데 오늘은 아무 연락도 없이 늦어도 너무 늦은 거예요. 우리 어린이집은 내일부터 연말연시 휴가에 들어가요. 오늘 다른 선생님들도 다 퇴근했고, 저도 비행기 시간이 급해서……."

– 『투명한 아이』 45쪽

슬로리딩 샛길활동 주제

샛길 유형	성취기준	샛길활동 주제	내 용
독서 중 샛길교육 교육과정 연계 샛길교육	[4체01-04] 여가 활동 경험을 바탕으로 여가 활동의 의미와 건강과의 관계를 탐색한다.	동생들과 함께 할 수 있는 여가활동을 계획하고 실천하면서 여가활동으로 얻을 수 있는 긍정적인 의미 찾기	•『투명한 아이』에 등장하는 '종일반' 장면에 대해 공감 형성하기 •1학년 학급과 모둠 연계 맺기 •모둠별 1학년 동생의 얼굴과 이름 익히기 •동생들과 함께 놀기 계획과 역할 정하기 •동생들을 데리고 계획대로 실천하기 •동생들과 함께한 시간 추억하며 소감 나누기

샛길활동 내용 및 과정: 동생 돌보기

눈의 엄마가 아무리 시간이 지나도 눈을 찾으러 오지 않는다. 어린이집 원장님은 연말연시라 어린이집도 휴가기간이고 비행기 시간이 급한 나머지 눈이 사는 집 근처에 왔다가 같은 집에 사는 건이 어머니를 만나 눈의 어머니가 올 때까지 맡아달라고 부탁한다. 눈 엄마가 집에 돌아오면 아기를 만날 수 있을 것이고 원장님은 어린이집 문앞에 쪽지를 써놓겠다고 하면서 일방적으로 눈을 맡기는 장면이다.

학급에서 자신의 어린이집 경험담을 떠올려 이야기를 나눠보았다. 상당히 구체적인 경험담을 이야기하는 학생도 있었고, 잘 기억이 나지 않는다고 하는 학생도 있었다. 이렇게 어느 정도 책의 내용에 대한 공감을 이끌어낸 후에 샛길활동을 제시했다. 동생과 놀아주는 '개구쟁이 내 동생'이라는 샛길활동이다. 어린이집에 다니는 눈을 잠시 맡아 돌보게 되는 상황을 직접 경험해보기 위함이다. 가능한 책의 내용과 비슷한 상황을 연출하기 위해 우리학교 병설유치원의 동생들과 활동을 해보기로 계획하였으나 유치원과 4학년 각 학급의 일정을

'개구쟁이 내 동생' 계획 세우기

동생들과 '무궁화꽃이 피었습니다' 놀이   동생들과 달팽이 놀이

동생들과 수건돌리기   단체로 공놀이하며 뛰어놀기

맞추기가 쉽지 않았다. 그래서 차선책으로 우리학교에서 가장 동생
인 1학년 학급과 짝을 이루어 활동하기로 하고 1학년 선생님들께 부
탁을 드렸다. 1학년 선생님들께서는 고학년(5, 6학년) 학생들과는 책
읽어주기 활동으로 교류하고 있으나 중학년(3, 4학년) 학생과의 교류
는 없었다면서, 고학년보다 서로 친근하고 공감할 수 있는 부분이 많

을 것 같다는 말씀과 함께 협조해주셨다.

이번 '개구쟁이 내 동생' 샛길활동은 체육교과의 성취기준 [4체 01-04] 여가 활동 경험을 바탕으로 여가 활동의 의미와 건강과의 관계를 탐색한다를 재구성했다. 우선 다양한 여가활동 중에서도 신체활동이 활발한 여가활동이 우리 건강에 어떠한 영향을 주는지에 대해 살펴 보았다. 그리고 모둠별로 1학년 동생들과 1차시 동안 신체활동이 활 발한 여가활동으로 무엇을 할지 모둠토의 시간을 가졌다. 모둠으로 구성된 학생들 스스로 언제, 어디서, 무엇을, 어떻게 할지 계획을 세 우고, 활동에 필요한 준비물도 정했다. 신체활동이 활발한 다양한 여 가활동을 계획할 때 동생의 입장도 생각해보고, 좀 더 신체활동이 많이 포함될 수 있는 활동으로 변형해보는 과정에서 학생들의 자발 적 협력학습과 창조활동이 자연스럽게 이루어졌다. 동생들에게 줄 선물을 준비하자는 의견도 나오고, 작지만 동생들을 생각하면서 준 비한 선물을 포장해오는 정성도 보였다.

이처럼 이번 샛길활동은 학교 공동체라는 하나의 교육의 장^場에 서 같이 생활하는 학생과 교사의 관계 못지않게 학생과 학생(다른 학 년의 학생)과의 관계 또한 중요함을 느끼며 긍정적인 사회성을 기르는 데 큰 의미를 지닌 활동이었다.

애 보기는 애도 어려워

'개구쟁이 내 동생'이라는 샛길활동을 통해 학생들이 어떠한 생각 과 가치를 내면화하였을지 궁금했다. 체육 교과서에서 기대하는, '여 가활동의 종류를 확인하고 계획을 세워 스스로 실천을 해보자'는 학 습목표를 학생들에게 살아 있는 경험으로 마련해주기에는 현실적인 어려움이 많았기 때문이다.

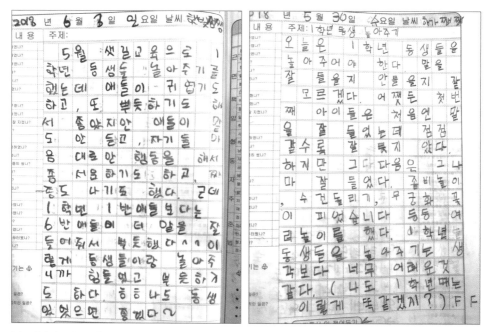

'개구쟁이 내 동생' 샛길활동 후 소감으로 쓴 일기

　이번 샛길활동에서 배움이 일어나는 다양한 모습을 보았다. 모둠을 만들어 동생들과 함께할 수 있는 여가활동을 계획하고 방법을 토의하고 다양한 생각을 나누는 과정에서 적극적이고 진지한 대화가 이루어졌고, 직접 계획한 내용을 1학년 동생들에게 알기 쉽게 구체적으로 설명하려고 애쓰는 모습도 보였다. 동생과 놀아주는 것이 아니라 동생들과 한마음이 되어 함께 노는 즐거운 모습을 지켜보는 교사의 마음도 따뜻해졌다.

　활동을 마친 아이들의 소감을 들어보았다. 대부분의 학생들이 긍정적인 반응이었다. 동생들이 생각보다 잘 따르고 열심히 활동에 참여해서 만족스러웠다거나 우리가 계획한 활동을 귀여운 동생들이 따르는 모습을 보니 보람이 있었다는 의견이 많았다. 몇몇 동생들이 말을 듣지 않고 제멋대로 행동해서 계획한 것을 다 할 수 없었다고 하는가 하면, 구체적으로 계획을 세울 때 우리끼리 의견이 잘 맞지 않아 시간을 낭비했다는 아이들도 있었다. 그러면서 잠시나마 부모님과 선생님의 고충을 알 것 같다는 이야기도 나왔다. 이렇듯 자발적으로 친구들과 함께 협력과 창조 활동을 거쳐 계획하고 실천하며 깨닫는 과정이야말로 삶과 연결된 교육 아닐까.

'엄마가 저 빛을 보고 너에게 올 거야'

나는 커튼을 걷고 창밖을 내다봤다. 조금 있으니 보급소에서 밝힌 불빛으로 집 앞 골목이 환해졌다. 나는 눈에게 말했다. "눈, 저것 봐! 엄마가 저 빛을 보고 너에게 올 거야."

엄마가 눈을 안아서 밖이 보이게 해줬다.

- 『투명한 아이』 45~47쪽

슬로리딩 샛길활동 주제

샛길 유형	샛길활동 주제	내 용
독서 중 샛길교육 월별 주제 샛길교육	가족의 소중함을 느꼈던 경험을 이야기하고 가족 구성원에게 감사함 표현하기	• 『투명한 아이』에서 엄마를 애타게 기다리는 눈의 마음을 공감하고 자신의 경험 이야기 나누기 • 가족의 소중함을 이해하고 가족을 위해 할 수 있는 나의 역할을 효도쿠폰으로 만들고 실천하기 • 학생의 학부모에게 자녀에 대한 내용으로 설문지 만들어 회신하기 • 설문지의 질문과 답을 공개하고 누구의 가족인지 맞춰보기 • 자신에 대해 부모님께서 작성한 설문지를 읽고 소감 이야기하기

샛길활동 내용 및 과정: 엄마를 찾습니다

눈이 애타게 기다리는 엄마는 좀처럼 나타나지 않는다. 건이는 그런 눈의 마음이 안쓰러워 창밖으로 보이는 보급소 간판 불빛이 눈의 엄마가 눈을 찾기 위해 빛을 내고 있다고 생각한다. 그래서 엄마와 함께 집에 가지 못하고 건이 집에 맡겨져 불안해하는 눈에게 건이가 달래주기 위해 한 말이다.

『투명한 아이』 5월 주제 샛길활동은 '엄마가 저 빛을 보고 너에게 올 거야'이다. 학생들에게 눈이 이 상황에서 느끼고 있을 기분과 감정을 읽어보자고 했다. 그러면서 집에 있을 때 엄마나 아빠가 없어서 걱정하거나 불안했던 경험을 이야기해보았다. 그러자 생각보다 많은 학생이 엄마나 아빠가 옆에 없었던 경험에 대해 많은 이야기를 했다. 그런 상황에서 불안과 공포를 느껴서 울음을 터트린 경험도 나누었다. 이 대목에서 아이들은 지금 내 옆에 있는 엄마, 아빠를 비롯한 가족의 사랑에 대한 감사와 고마움을 돌아보는 것 같았다.

5월은 가정의 달이다. 5월 주제에 맞게 어버이의 날을 맞아 의례적이지만 부모님께 효도편지를 쓰고 쿠폰 만들어 드리는 샛길활동을 진행하면서 5월의 주제를 아이들이 마음으로 느낄 수 있도록 샛길교육을 만들어주고 싶었다. 처음 기획은 예전에 한 방송사에서 많은 인기를 끌었던 '우정의 무대 그리운 어머니'라는 프로그램을 본떠 샛길활동으로 해보자는 것이었다. 군인 청년들이 '저 뒤에 계시는 분은 우리 어머니가 확실합니다!'라고 말하는 모습과 그리운 어머니를 만나서 눈물을 흘리는 모습을 보고 이와 비슷한 경험을 하게 하는 활동을 이달의 주제 샛길활동으로 정하고, 구체적인 방법을 의논하였다.

이를 위해서는 학부모님들의 자발적인 참여가 필요해 안내장을 만들어 신청을 받았으나 다섯 학급 중 두 학급에서만 신청이 들어왔다. 아마도 주중에 시간을 내야 한다는 것과 많은 학생과 선생님 앞에 나서야 한다는 부담이 있었으리라 생각한다. 적어도 한 학급에 한 분의 학부모님은 참여해주어야 했는데 그렇지 못해 이 샛길교육 진행과정에 대한 재논의가 필요해졌다. 학부모 참여수업은 늘 참가하지 못하는 분들께 미안한 마음을 가지고 출발한다. 또 학부모님의 부담감도 고려하지 않을 수 없으며, 우리 부모님이 왔으면 하는 아이의 바람도 고려하지 않을 수 없다.

논의 결과 모든 학부모님이 참여할 수 있는 쪽으로 방향을 정하였고, 학부모님들이 자녀에 대한 설문지를 작성해 보내주면 교사가 읽어주면서 어느 학생의 부모님께서 작성해주신 것인지 맞혀보는 샛길활동으로 재구성했다.

엄마 목소리에서 사랑을 찾는 아이들

'내 차례가 언제 올까', '우리 부모님이 나에게 어떤 말을 써줬을까' 하며 설레고 기대하는 모습이 마치 눈이 엄마를 기다리며 불빛을 보고 엄마가 찾아올 거라는 희망을 갖는 모습을 연상케 하였다. 특히 설문 문항 중 자녀에게 해주고 싶은 말과 우리 반 친구들 모두에게 해주고 싶은 말을 전해 들을 때는 엄마가 생각난다면서 눈물을 흘린 학생들도 있었다.

샛길활동이 끝나고 모든 학부모님이 써주신 내용을 복도에 전시했다. 신기하게도 아이들은 다른 학생들의 부모님이 우리 4학년 친구들에게 해주는 말을 관심 있게 읽었다. 아마도 어른들이 자신들에게 늘 아낌없는 사랑을 주시고 있음을 다시 한번 확인하면서 안정을 느끼고 사랑을 채우는 모습이 아닐까 생각했다.

'엄마가 저 빛을 보고 너에게 올 거야' 샛길교육 안내장

인천도담 초등학교	가 정 통 신 문	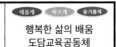 행복한 삶의 배움 도담교육공동체

2018학년도 샛길교육 '엄마가 저 빛을 보고 너에게 올 거야' 안내

학부모님께

안녕하십니까? 우리 4학년의 슬로리딩 활동과 관련하여 많은 관심과 응원을 보내주시는 점에 늘 감사하는 마음입니다. 저희 4학년 선생님들 모두 더욱 학생들과 공감하며 즐겁고 의미 있는 활동으로 많은 보람을 느끼고 있습니다.

이번에 5월 샛길교육 '엄마가 저 빛을 보고 너에게 올 거야'와 관련하여 학부모님의 참여를 부탁하고자 합니다. 예전에 '[우정의 무대]-그리운 어머니'라는 프로그램을 기억하시는지요? 국군장병을 대상으로 했던 그 프로그램을 본 떠 샛길활동을 진행하고자 합니다. 따라서 그 주인공, 4학년 학부모님(학급당 1명)을 모시고자 합니다. 아래 일정을 살펴보시고 참여 의사가 있으신 학부모님께서는 담임선생님께 신청기한까지 문자를 보내주시기 바랍니다. 학급별 1명이 초과하여 참여의사를 밝히시는 경우 부득이하게 추첨을 통해 선정함을 이해해주시면 감사하겠습니다.

일 시: 2018년 5월 30일 (수)

장 소: 본교 2층 강당 10:40~12:00

참여 신청 마감일시: 5월 24일(목) 16:00까지 접수된 문자

참여 학부모 선정 안내: 5월 25일(금) 개별 문자 안내

참여 학부모 사전 협의: 5월 28일(월) 15:30 4-1교실

2018. 5. 15.

인 천 도 담 초 등 학 교 4 학 년

'엄마가 저 빛을 보고 너에게 올 거야' 수정 샛길교육 안내장

투명한 아이 <샛길활동>

'엄마가 저 빛을 보고 너에게 올 거야'

※ 이 종이는 반드시 아이들 모르게 조용한 곳에서 적어주시고, 아이들이 볼 수 없도록 보내
   드리는 편지봉투에 밀봉해서, 늦어도 30일(수)까지 보내주시기 바랍니다.
※ 각 대답에 대한 간단한 이유도 함께 적어주시면, 퀴즈를 낼 때 누구인지 맞히는 데 힌트
   로 사용될 수 있어 좋을 것 같습니다.

1. 우리 아이가 가장 좋아하는 반찬은 무엇인가요?
2. 우리 아이가 가장 아끼는 물건은 무엇인가요?
3. 아이와 함께한 기억에 남는 여행지는 어디인가요?
4. 우리 아이가 가장 사랑스러워 보일 때는 언제인가요?
5. 우리 아이가 가장 미울 때는 언제인가요?
6. 우리 아이를 키우며 가장 기억에 남는 순간이 있다면 언제인가요? **(좋았던 기억, 슬펐던 일, 감동받은 순간 등)**
7. 우리 아이에게 해주고 싶은 말을 써주세요.
8. 우리 반 아이들 모두에게 해주고 싶은 말을 써주세요.

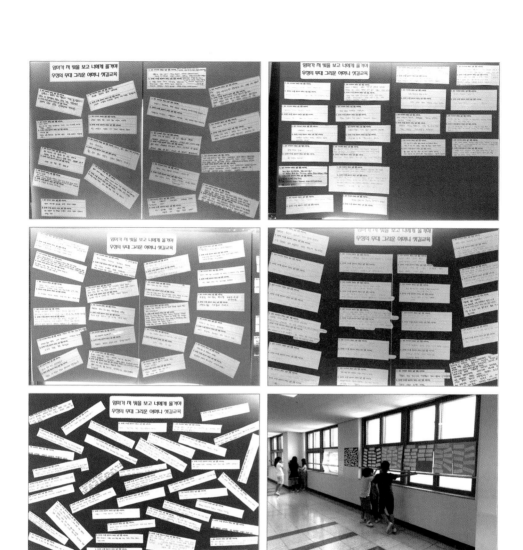

그리운 어머니 샛길활동 및 전시

그리운 어머니 감상일기

인천도담
초등학교

가 정 통 신 문

 새롭게 바르게 슬기롭게
행복한 삶의 배움
도담교육공동체

학부모님께

5월은 가정의 달을 맞아 여러 샛길교육 행사를 통해 공부하느라 한 달이 너무 짧게 느껴질 정도로 시간이 지나가 버렸습니다. 6월도 학부모님들과 학생들이 찾아 준 샛길교육이 많아 한 달간 아이들이 즐겁게 공부할 수 있을 것 같습니다. 아이들은 매일 노는 것처럼 생각하겠지만 그 속에서 배워야 할 성취기준을 공부하고 있다는 사실은 비밀입니다. 6월 주제는 '투명한 아이 눈'이라는 주제입니다. '눈'이라는 아이가 왜 투명한 아이인지 아이들은 책 속의 이야기와 인물의 감정에 깊이 공감할 수 있는 내용입니다.

일시	샛길교육	내용
6월 1주	• 두부 만들기	• 과학 혼합물의 분리와 연계하여 공부합니다. • 두부를 이용한 음식 만들기는 좀 더 고민해보겠습니다.
	• 알뜰장터	• 책 속의 알뜰장터를 직접 운영해 보는 샛길활동입니다. 자기에게 필요하지 않은 물건을 장터에서 팔고 이익금은 장애인단체에 기부하는 사랑의 바자회를 운영합니다.
6월 2주	• 신통한 능력	• 자기만의 신통한 능력을 소개하는 활동입니다. ~맨 ~우먼 되어보기.
	• 영화관	• 학교 시청각실을 활용하여 책의 내용과 관련있는 영화를 보는 활동입니다.
	• 행복하고 아름다웠던 시절	• 자신의 행복하고 아름다웠던 시절 표현하기 활동입니다.
6월 3주	• 하늘에서 내리는 눈	• 눈의 이름이 왜 눈으로 이름을 지었는지 알아보고 내 이름의 의미를 소개하는 활동입니다. • 자기 이름을 꾸미고 열쇠고리로 만들어 보는 활동도 함께 합니다.
	• 새야 새, 난다 날아	• 종이학 대신 종이비행기를 과학적 원리를 이용하여 접고 날려보는 대회를 합니다.
	• 식은 죽 먹기	• 다양하고 재미있는 속담퀴즈 대회를 통해 우리말에 대한 이해를 높이는 활동입니다.
	• 여권만들기	• 책 속의 여권은 국적을 의미함을 이해하고 우리 반만의 여권을 만들어 다른 반으로 여행을 다니는 활동을 계획 중입니다.
6월 4주	• 투명한 아이 눈	• 6월의 주제 행사입니다. • 책 속에 나오는 불법체류자, 법무부, 사회복지사, 아동임시보호소, 출생신고 등의 내용과 사회 공공기관에 대해 알아보기 단원과 연계하여 공부하는 활동을 계획 중입니다.
	• 책 속의 책 슬로리딩	• 책 속의 책, 백설공주 이야기 읽어주기 활동 후 7월 연극 발표 준비를 합니다.
	• 시는 시답게~!	• 매월 주제에 따른 주제행사 외 주제와 관련된 시를 읽어보고, 시인이 되어 시를 써보는 활동을 할 예정입니다. 배움을 표현하는 것은 너무나 중요한 만큼 시를 시답게 배우고 써보는 활동을 이번 달부터 시작해보려고 합니다.

2018. 5. 31.   **인 천 도 담 초 등 학 교 4 학 년**

두부 만들기

"딸랑딸랑!"

꿈결인 듯 두부 장수의 종소리가 들렸다. 진짜 종이 아니라 트럭 운전석에서 녹음된 소리가 나오는 것이지만 그 소리는 기분이 좋다.

"건아, 한건! 아직 안 일어났니?"

엄마가 나를 깨웠다. 겨울 아침은 쌀쌀해서 금방 잠이 깨질 않는다. 내 방은 웃풍이 심해서 이불 속은 따뜻할지 몰라도 콧잔등은 선득하다. 나는 이불 밖으로 나가기 싫어 몸을 구부렸다. 두꺼운 솜이불이 애벌레를 품은 고치마냥 둥글어졌다.

엄마가 문을 열고 들어왔다.

"얼른 일어나서 두부 한 모만 사 와."

나는 졸린 목소리로 말했다.

"두부 안 먹을래."

"눈이 반찬이야."

- 『투명한 아이』 52쪽

슬로리딩 샛길활동 주제

샛길 유형	성취기준	샛길활동 주제	내 용
독서 중 샛길교육 교육과정 연계 샛길교육	[4과12-01] 일상생활에서 혼합물의 예를 찾고 혼합물 분리의 필요성을 설명할 수 있다. [4과12-03] 거름 장치를 꾸며 물에 녹는 물질과 녹지 않는 물질의 혼합물을 분리할 수 있다.	두부를 만드는 과정을 통해 물질의 성질을 알고 혼합물 분리하기	• 『투명한 아이』에 등장하는 '두부' 장면에 대해 공감 형성하기 • 두부 만드는 과정을 조사하고 만드는 과정 정리하기 • 두부 만드는 과정 중에 혼합물에 해당하는 물질이 무엇인지 알아보고 혼합물을 분리하는 과정 생각해보기 • 두부 물을 틀에 넣어 눌러 두부와 물의 혼합물을 분리하여 두부 만들기 • 만든 두부 맛보기

샛길활동 내용 및 과정: 두부의 탄생

이른 아침 건이의 잠을 깨우는 종소리가 들린다. 두부 장수 아저씨의 트럭에서 들리는 종소리다. 건이 엄마는 아직 잠에서 덜 깬 건이에게 두부를 사오라고 심부름을 시키지만 건이는 이불 속의 따뜻함을 떨쳐내기가 쉽지 않다. 그런데 눈의 반찬을 만들기 위해서라는 말에 건이가 어쩔 수 없이 심부름을 가는 장면이다.

'두부 만들기'라는 샛길활동은 4학년 1학기 과학 교과의 혼합물의 분리 단원과 연계하여 교육과정을 재구성한 것이다. 학생들이 직접 두부 만들기 활동에 참여하여 입자의 크기 차이를 이용해 물리적으로 분리하는 과정인 '거름'의 방법을 통한 혼합물의 분리를 체험적으로 이해할 수 있게 하였다.

두부 만들기

2015개정교육과정 이전의 교육과정에서는 과학 교과서 혼합물의 분리 단원에 두부 만들기 실험이 있었으나 개정된 교육과정에서는 소금과 모래의 혼합물을 분리하는 내용으로 바뀌었고, 대신에 교사용 지도서 안에 참고로만 소개되어 있다.

실험에 소요되는 시간을 줄이기 위해 과학실에 미리 콩물을 준비하고 냄비에 넣어 끓이면서 간수를 넣고 천천히 식히면서 주걱으로 저어 뭉글뭉글 덩어리가 되도록 만들었다. 학생들은 우유처럼 뽀얀 콩물이 점차 덩어리가 되어가는 것을 보고는 놀라기도 하고 신기해하기도 했다. 다음으로 두부 틀에 헝겊을 깔고 덩어리가 된 콩물을 국자로 떠서 담아 덮는 틀을 올려놓고 손으로 힘차게 눌러 물을 걸러냈다. 학생들은 헝겊을 통과한 물과 통과하지 못해 만들어진 두부를 통해 거름 장치를 이용한 혼합물의 분리를 체험할 수 있었고, 따뜻한 두부를 준비해 놓은 양념간장에 찍어서 맛을 보는 덤까지 얻게 되었다. 두부를 싫어해서 실험만 하고 먹지는 않겠다던 학생들도 결국 본인이 만든 두부의 맛에 빠져버리고 말았다.

직접 만들어봐야 알게 되는 맛

체험이 중요한 이유는 내가 알고 있다고 생각하는 것을 정말 제대로 알고 있는지 확인하는 것이 배움에 있어서 중요한 과정이기 때문이다. 이러한 부분이 생략되면 군맹평상群盲評象이라는 말처럼 맹인이 코끼리의 몸을 만져보고 서로 다른 이야기를 하게 되는 상황에 빠질 가능성이 크다. 그동안 먹기 좋게 만들어져 판매되는 두부의 모습만 보던 학생들은 이번 샛길활동을 통해 얼마만큼의 노력과 시간을 들여야 두부가 만들어지는지 알게 되었다.

알뜰 장터

할머니가 말했다.

"자네는 운이 좋아. 귀한 사람이 나타나 도와줄 거야."

두부 장수 아저씨가 껄껄 웃었다.

"듣기만 해도 기분 좋네요. 그렇잖아도 친구가 아파트 단지로 돌아다니는 알뜰 장터 팀에 끼지 않겠냐고 하던데요. 아침에는 이렇게 동네로 돌아다니면서 팔고, 낮에는 한자리에서 팔면 잘 되겠지요?"

"자네 얼굴이 복을 부르는 형상이야, 걱정 마."

그러더니 할머니는 비지를 담은 봉지를 가리켰다.

"저건 얼마인가?"

"아유, 아닙니다. 그냥 가져가세요. 두부 만들고 남은 찌꺼기인걸요."

보람이 할머니는 두부를 놔두고 공짜로 비지 한 봉지만 얻어왔다. 할머니의 신통한 능력 때문에 공짜로 찌개 재료가 생긴 것이다.

-『투명한 아이』 97쪽

슬로리딩 샛길활동 주제

샛길 유형	성취기준	샛길활동 주제	내 용
독서 중 샛길교육 교육과정 연계 샛길교육	[4도01-02] 시간과 물건의 소중함을 알고 자신이 시간과 물건을 아껴 쓰고 있는지 반성해보며 그 모범 사례를 따라 습관화한다.	알뜰장터를 통해 나에게 필요 없는 물건이 다른 사람에게는 소중한 물건이 될 수 있음을 깨닫고 정을 나누는 활동하기	• 『투명한 아이』에 등장하는 '알뜰장터'에 대해 떠오르는 경험 이야기하기 • 우리 집 물건 중에서 나에게 필요 없어 다른 사람에게 나눠 줄 수 있는 물건 목록 정하기 • 알뜰장터에 내 놓을 물건과 가격 정하기 • 알뜰장터 물건 가져와 자판 차리고 알뜰장터 활동하기 • 알뜰장터 수익금 장애인 단체에 기부하기

샛길활동 내용 및 과정: 학교에서 장보기

건이가 어머니 심부름으로 두부를 사러 가는 길에 보람이 할머니를 만나 두부 장수 아저씨 트럭으로 함께 가게 된다. 두부 장수 아저씨는 할머니에게 요즘 두부 장사가 힘들다며 친구가 아파트를 돌면서 알뜰장터에 같이 참여하면 어떻겠냐고 했다는 이야기를 하게 된다. 보람이 할머니는 두부 아저씨의 관상이 복을 부르는 얼굴이라고 덕담해주는데, 덕분에 비지를 공짜로 얻어가게 된다.

우리 학교 근처에 있는 아파트 단지에서도 매년 한 번 정도 알뜰시장이 열린다. 밤까지 영업해서 야시장이라는 이름으로도 불리기도 하는데, 학생들도 이러한 알뜰시장에 대한 추억이 많은지 다양한 경험담을 들려주었다. 규모에 따라 다르긴 하겠지만 대부분 시장은 먹거리와 볼거리, 놀거리 등이 모두 모여 있어 아이들이 좋아하지 않기 어렵다.

알뜰장터 샛길활동은 학생들이 물건 사는 즐거움을 느낄 수 있고, 직접 자신의 물건을 가져와서 파는 경험도 할 수 있도록 구상했다. 내게는 더 이상 필요없는 물건이지만 다른 사람에게는 유용하고 의미 있는 물건으로 새롭게 쓰일 수 있음을 깨달을 수 있게 우리 4학년 만의 알뜰장터를 열어보기로 했다.

알뜰장터에서 판매할 물건은 각 가정의 협조를 얻어 일주일 정도 시간을 갖고 준비하게 했다. 그리고 물건의 가격과 구입할 수 있는 금액을 한정했다. 물건 가격을 최소 100원에서 최대 700원까지 책정할 수 있도록 하고, 학생 1명당 구입할 수 있는 금액에 2,000원이라는 상한선을 두었다. 우리 학생들이 판매자인 동시에 구매자가 되는 활동이기에 비용 부담을 줄이고 소유 금액에 따른 위화감이 조성되지 않게 하기 위해서였다.

문제는 4학년 100여 명의 학생이 구매자와 판매자 역할을 모두 해야 한다는 것이었다. 모든 학생에게 구입 기회를 주기 위해 고민을 많이 했다. 결국 한 학급 학생들의 물건을 다른 학급 학생들이 순차적으로 구입하는 방식으로 진행하기로 했다. 자기 학급 친구들의 물건은 구입할 수 없었지만 다양한 물건을 구입할 수 있는 기회를 부여하기 위한 방법으로는 효율적이라 판단했다.

1반	…	5	4	3	2	1반	5	4	3	2	1반	5	4	3	2	1반	5	4	3반
5반																			2반
3반																			1반
4반																			5반
5반	1반	2	3	4	5	1반	2	3	4	5	1반	2	3	4	5	1반	2	3	4반

자리 배치

[알뜰 장터 운영 방법]

(1) 1반→2반→3반→4반→5반의 순서로 한 명씩 번갈아 자리를 잡아 구매공간을 확보한다.

(2) 개인용 돗자리를 자신의 자리에 펼치고 가져온 물건(가격표 붙이기)을 보기 좋게 진열한다.

(3) 물건의 진열이 끝나면 모든 학생이 천천히 한 바퀴를 돌며 진열된 물건과 가격을 살펴보고 마음속으로 구매를 결정한다.

(4) 먼저 1반의 학생들은 물건의 판매자가 되어 자신의 자리에 앉아 손님을 기다린다. 소비하는 학생들에게 주어진 시간은 상황에 따라 조절할 수 있지만 10여 분 정도가 적당했다. 그 시간 동안 나머지 학급의 학생들은 1반 학생들의 자리를 돌아다니면서 구입한다.

(5) 정해진 시간이 지나면 신호를 보내고 판매와 구입 활동을 멈춘다. 이와 같은 순서로 다음 학급이 판매자의 역할을, 나머지 학급이 구매자의 역할을 한다.

같은 학급의 학생들을 이어서 배치하지 않고 학급별 학생을 한 명씩 섞어 자리를 배치했다. 덕분에 구매하려는 학생들이 좁은 공간에 몰리는 현상이 일어나지 않았고, 강당 전체를 효율적으로 활용할 수 있었다. 자기 학급의 구매 종료시간이 다가오자 가격을 내리거나 덤을 얹어 주기도 하고 한 물건에 사람이 많이 몰릴 경우 가위바위보를 한다든지 하여 자신만의 규칙으로 물건의 구매자를 결정하는 등 시장경제 원리를 자연스럽게 체득해가는 모습도 관찰할 수 있었다.

나누기 위한 가치 창출의 행복

이번 알뜰 장터 샛길활동을 통해 학생들은 친구들과 아껴 쓰고,

물건 진열하기

진열된 물건 둘러보기

물건 사고 팔기1

물건 사고팔기2

기부활동

마무리하기

나눠 쓰고, 바꿔 쓰고, 다시 쓰는 의미를 살려 실제적이고 살아 있는 경험을 했다. 사전에 알뜰 장터의 수익금을 전액 장애인협회에 기부하기로 협의했는데, 자신의 정성이 의미 있는 곳에 소중하게 쓰인다는 뿌듯함과 자부심 때문인지 더 적극적으로 참여하는 모습을 보였다. 이번 샛길활동을 통해 아이들은 나에게는 필요하지 않은 물건이 다른 누군가에게는 필요한 물건으로 새롭게 거듭나는 상황을 통해 가치를 새롭게 발견하고 서로에게 기여할 수 있다는 사실에 기뻐했고, 그렇게 번 돈을 시각장애인협회에 기부하면서 보람 있게 나누는 즐거움도 맛볼 수 있었다.

 이번 샛길의 팁

| 알뜰 장터 활동 전에 질서 교육이 필요해요

약 100명의 학생들이 참여하는 알뜰 시장 활동을 통해 판매자와 구매자의 역할이 동시다발적으로 벌어지기 때문에 상황은 말 그대로 시장판이 된다. 자신의 물건을 돗자리에 펼쳐놓은 채 구매하러 가는 상황이 벌어져 주인 없이 방치된 물건의 관리가 어렵고, 가끔은 자신의 돗자리 위에 자신이 번 돈을 그냥 놓고 구매를 하러 돌아다니는 학생도 있었다. 그러므로 교사가 적당한 위치에 배치하여 활동을 관리하는 역할을 해야 한다. 좋은 물건을 먼저 구입하려고 뛰어다니거나 한 군데에 몰리는 경우도 발생한다. 이때는 판매자가 구매자를 선택하게 하기보다는 경매 방식이나 공정하게 가위바위보와 같은 방법으로 해결하는 것이 좋다.

하늘에서 내리는 눈, '이름 열쇠고리 만들기'

엄마가 대표로 경찰서에 전화를 걸었다.

"아, 네, 그러니까 얘네 엄마가 집을 나갔는지 잡혀갔는지 그건 모르고요……. 이름이요? 모르지요. 아는 게 뭐냐고요? …… 아니, 아니. 집 나간 아이 엄마를 가출 신고나 실종 신고 하려는게 아니고요, 아이가 혼자 있다고요. 네, 엄마, 아빠, 어른, 아무도 없이 아이 혼자 집에……. 네 살이고, 이름은 '눈' ……. 네, 네. 하늘에서 내리는 눈!"

-『투명한 아이』 97쪽-

슬로리딩 샛길활동 주제

샛길 유형	성취기준	샛길활동 주제	내용
독서 중 샛길교육 교육과정 연계 샛길교육	[4미02-06] 기본적인 표현 재료와 용구의 사용법을 익혀 안전하게 사용할 수 있다.	자신의 이름에 담긴 뜻에 대해 알아보고, 재료의 성질을 이해해 이름을 활용한 열쇠고리 만들기	• 『투명한 아이』에 등장하는 눈의 이름에 대한 배경과 관련해 이야기 나누기 • 『자신의 이름에 어떤 의미가 있는지 예상하여 이야기하기 • 『자신의 이름에 담긴 뜻 알아 오기 • 『이름의 소중함을 생각하며 자신의 이름이 담긴 열쇠고리 만들기

샛길활동 내용 및 과정: 내 이름의 기원을 찾아서

눈이 다니는 어린이집 원장님은 눈이 건이네 집에 세를 들어 살고 있다는 이유로 건이 엄마에게 눈을 맡기고 가버린다. 그런데 눈의 엄마가 집에 들어오지 않자 건이 엄마는 결국 경찰서에 전화해 눈의 엄마가 사라져 눈이 혼자 있음을 알린다.

앞부분에서 건이가 외국인 아주머니와 아이를 만나 아이의 이름이 '눈'이라는 것을 알게 되고 '눈'이라고 이름을 짓게 된 이유에 대해서도 설명을 듣는 장면이 있다. 아주머니가 한국에 와서 하늘에서 내리는 눈을 처음 봤기 때문에 아이 이름을 '눈'이라고 지었다고 했다.

샛길활동은 미술교과의 성취기준인 [4미02-06] 기본적인 표현 재료와 용구의 사용법을 익혀 안전하게 사용할 수 있다와 연계하여 재구성했다. 『투명한 아이』에 등장하는 '이름'의 의미를 생각해보고, 우리들 각자의 이름은 어떤 의미로 지어졌는지 알아보는 샛길활동을 구성하였다.

학생들의 이름은 대부분 한자로 이루어진 이름이 많았으나 한글로만 이루어진 이름을 가진 학생도 몇 있었다. 먼저 자신의 이름을

PS필름에 내 이름 꾸미기1

내 이름 예쁘게 꾸미기2

오븐에 넣기

더 이상 작아지지 않을 때까지 굽기

완성된 나만의 열쇠고리~

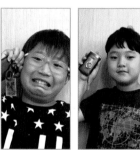

열쇠고리 뽐내기

지어주신 부모님께 이름의 의미를 여쭈어보고 오게 했다. 조사해 온 것을 친구들에게 소개하고 서로 궁금한 부분을 묻고 답하는 활동을 했다. 그리고 자신의 이름과 그 의미를 담아 열쇠고리를 만들었다.

열쇠고리 만들기는 간단하면서도 아이들의 흥미를 크게 이끌어 내는 활동이다. 우선 PS필름(슈링클)을 A4종이 1/4크기 정도로 잘라 나눠주고 네임펜을 이용하여 이름의 의미가 드러나도록 알록달록 예쁘게 꾸미게 한다. 다음으로 원하는 모양으로 오리고, 열쇠고리 줄이 들어갈 부분에 구멍을 뚫은 뒤, 적당히 달궈진 오븐에 넣어 굽는다. 이때 PS필름이 점점 작아지기 시작하는데, 더 작아지지 않으면 꺼내어 두꺼운 책 속에 끼워 모양이 단단하게 굳을 때까지 기다린다. 마지막으로 작은 구멍에 열쇠고리 줄을 끼우면 완성된다.

자기 이름을 아끼는 마음

열쇠고리가 오븐에 구워지면서 종이가 뒤틀리듯 구겨질 때 행여 자신의 열쇠고리가 망가질까 두려움에 소리 지르던 아이들의 모습과 구겨지던 모양이 펴지면서 판판한 모양으로 변신했을 때 터진 기쁨의 환호성을 잊을 수가 없다.

이번 샛길활동은 부모님의 사랑과 기대가 담긴 자기 이름을 직접 만든 열쇠고리에 정성스럽게 담는 과정을 통해 자신의 이름을 소중히 간직하고 그 뜻을 이루기 위하여 노력해야겠다는 의지를 다져보는 시간이 되었다.

식은 죽 먹기 '아름다운 우리 속담 한마당'

전화를 끊은 경찰 아저씨가 말했다.

"일단 이 아이 엄마의 전화번호는 알아냈습니다. 제가 걸었는데 계속 전원이 꺼져 있다고 나오는군요. 우선 위치 추적 등 필요한 조치를 취해 놓겠습니다."

우리는 그 말에 안심이 되었다. 경찰이 위치 추적을 한다면 찾는 것은 식은 죽 먹기일 테니까.

- 『투명한 아이』 65쪽

슬로리딩 샛길활동 주제

샛길 유형	성취기준	샛길활동 주제	내용
독서 전 샛길교육 교육과정 연계 샛길교육	[4국02-03] 글에서 낱말의 의미나 생략된 내용을 짐작한다. [4국04-05] 한글을 소중히 여기는 태도를 지닌다.	속담을 통해 실제 생활에서 일어나는 다양한 상황을 보다 이해하기 쉽고 명확하게 설명할 수 있는 태도 기르기	• 『투명한 아이』에 등장하는 '식은 죽 먹기'에 대해 이야기 나누기 • 속담의 뜻과 일상생활에서 사용하는 속담이 지니고 있는 좋은 점 이야기 나누기 • 우리 생활에서 자주 사용되는 속담과 뜻 조사하기 • 속담을 문제로 만들어 다양한 방법으로 놀이하기

샛길활동 내용 및 과정: 퀴즈로 배우는 속담

눈의 엄마가 돌아오지 않자 건이 엄마는 경찰에 전화를 걸어 눈의 엄마의 실종을 알리고, 경찰은 관련 기관의 공무원과 함께 건이의 집에 방문하여 눈과 눈의 엄마에 관련된 정보를 알아본다. 경찰은 전화 통화 한 번으로 눈의 엄마 휴대전화 번호를 알아낸다. 건이는 그 번호로 위치 추적을 하면 눈의 엄마 행방을 알아내는 것은 쉬운 일일 거라고 생각하고 안심한다.

이야기에 등장하는 '식은 죽 먹기'와 같이, 예로부터 전해져 내려오는 격언이나 속담을 통해 실제 생활에서 일어나는 다양한 상황을 보다 이해하기 쉽고 명확하게 설명할 수 있는 능력을 기르는 샛길활동을 구상했다.

먼저 학생들이 알고 있는 속담에는 어떤 것들이 있는지, 속담이라는 말의 뜻과 우리가 실생활에서 속담을 사용했을 때 어떠한 효과가 있고, 편리한 점은 무엇인지에 대해 이야기를 나눴다. 학생들은 생각보다 속담에 대해 많이 알고 있지 않았다. '소 잃고 외양간 고친다',

아름다운 우리속담 알기 퀴즈

'백짓장도 맞들면 낫다' 등 정말로 흔하게 사용하는 속담 정도 외에
는 잘 모르고 있었으며, 그마저도 어떤 상황에서 사용되는 속담인지
모르고 있는 학생들도 많았다.

  이처럼 학생들이 속담에 대해 잘 알고 있지 못하는 상황이라 먼
저 우리 생활에서 자주 사용되는 속담과 그 속담이 어떤 상황에서
사용되고 있는지부터 조사해야 했다. 모둠별로 우리 생활 속에서 자
주 사용되고 있는 속담이나 알고 싶은 속담을 30가지 정도 조사하여
정리하게 했다. 각 모둠에서 정리한 속담 중에 중복된 것을 중심으로
우리 학급의 속담을 50가지 정도로 정리했다. 이렇게 선정된 속담과
그 뜻을 문제로 만들어 모둠별로 익힌 후에 '동작으로 말해요'와 같
은 스피드 퀴즈로 서로 겨루는 샛길활동을 펼쳤다.

출제자가 되면 눈높이가 달라진다

이 과정에서 학생들은 속담에 숨은 의미와 내용을 생각하며 직접 문제를 만들어야 했기 때문에 자신도 모르게 교과 성취기준에 도달하는 배움을 얻을 수 있었다. 주어진 학습과제와 달성해야 하는 학습 성취목표를 친구들과 함께 다양하고 즐거운 체험을 통한 놀이로 이룰 수 있었던 시간이었다.

여권 만들기

내가 물었다.

"엄마, 증명서가 없으면 나빠?"

"주민 등록 등본도 없고 국적도 없는 거잖아. 그건 눈을 보호해 주는 나라가 없다는 말이야. 엄마 나라든 아빠 나라든 어느 나라로 가려면 반드시 여권이 있어야 해. 국적이 없으면 여권도 만들 수가 없어."

-『투명한 아이』 69쪽

슬로리딩 샛길활동 주제

샛길 유형	성취기준	샛길활동 주제	내용
독서 중 샛길교육 교육과정 연계 샛길교육	[4사04-06] 우리 사회에 다양한 문화가 확산되면서 생기는 문제(편견, 차별 등) 및 해결 방안을 탐구하고, 다른 문화를 존중하는 태도를 기른다.	『투명한 아이』를 읽고 여권이 갖고 있는 다양한 의미를 알아가는 과정을 통해 사회적 소수자의 마음 이해하기	• 『투명한 아이』에 등장하는 '국적과 여권'의 관련성에 대해 이야기 나누기 • 실제 여권을 관찰하고 여권에 포함되는 내용들에 대해 조사하기 • 여권과 여권이 있다는 것이 어떠한 의미를 갖고 있는지 살펴보기 • 여권에 들어가야 할 내용을 넣어 나의 여권 만들기

샛길활동 내용 및 과정: 여권이란 무엇인가

눈은 대한민국에서 태어났지만 출생 신고가 되어 있지 않아 국적이 없으며, 현실적으로 제대로 된 국가의 보호를 받을 수 없는 상황이다. 눈은 국적이 없기 때문에 여권을 만들 수 없다.

이번 여권 만들기 샛길활동은 사회 교과의 성취기준인[4사04-06] 우리 사회에 다양한 문화가 확산되면서 생기는 문제(편견, 차별 등)및 해결 방안을 탐구하고, 다른 문화를 존중하는 태도를 기른다를 바탕으로 재구성했다.

『투명한 아이』에 등장하는 사회적 소수자가 겪고 있는 현실을 이해하는 과정에서 여권을 만들 때 국적이 왜 필요하며, 국적을 가진다는 것이 우리 삶에 어떠한 의미를 지니는지에 대해 알기 위한 '여권 만들기' 샛길활동을 구성했다.

먼저 여권이 어떤 역할을 하는지에 대해 학생들의 경험과 지식을 바탕으로 의견을 나누었다. 몇몇 학생들은 자신의 여권을 본 적이 있다고 했지만 외국으로 여행을 갈 때 필요하다는 정도 외에는 여권이 지닌 의미와 역할에 대해 자세히 알고 있지 못했다.

여권의 모습을 살펴볼 때는 주변에서 찾을 수 있는 여권 관련 자

나의 여권 만들기

료나 실제 여권을 관찰하는 것이 좋다. 여권의 종류나 표지의 모습, 여권 안에 어떠한 내용이 기록되어 있는지 꼼꼼하게 살펴보며 학생이 궁금해하는 것들에 대해 학생들 서로가 묻고 답했다. 학생들끼리 해결이 되지 않는 질문에 대해서는 교사가 관련 자료를 찾아 알려주기도 했다.

　다음으로 똑같은 여권의 틀을 학습지 형식으로 제시하고 여권의 형식에 맞추어 직접 내용을 기록해 넣는 활동을 해보았다. 여권의 종류, 발행국, 여권 번호, 이름, 생년월일, 국적, 여권 사진, 만료일 등에 대해 구체적으로 알아보고 내용을 기록하는 과정을 통해 학생들은 조금씩 여권의 기능과 역할에 대해 흥미를 느끼는 모습을 보였다. 여권이 있다는 것은 국적이 있다는 것이고, 국적이 있다는 것은 어떤 의미인지에 대해 이야기 나누면서 자연스럽게 『투명한 아이』의 눈의 입장이 되어 공감하고 눈과 같은 일을 겪고 있는 아이들이 현실 속에 존재한다는 사실을 실감하게 되었다.

우리를 도와주는 공공기관

드디어 할머니가 손을 멈추고 허리를 꼿꼿하게 폈다. 할머니는 눈을 딱 뜨더니, "경찰서."라고 했다.

- 『투명한 아이』 61쪽

경찰은 주민센터의 사회 복지 담당자와 함께 나타났다.
경찰차가 우리 집 앞에 딱 서자 나는 가슴이 쿵쾅거렸다. 보람이는 신이 나서 경찰차 주위를 돌았다.

- 『투명한 아이』 64쪽

주민센터 직원은 어찌할 바를 몰라 했다.
"지금 상황에서는 제가 도울 수 있는 일이 없어요. 무슨 말이냐 하면 이 아이가 지금 어떤 상태인지 정확하지가 않아요. 아이 엄마가 돌아올지도 모르기 때문에 곧장 아동 임시 보호소에 맡길 수도 없고요."

- 『투명한 아이』 67쪽

슬로리딩 샛길활동 주제

샛길 유형	성취기준	샛길활동 주제	내용
독서 중 샛길교육 교육과정 연계 샛길교육	[4사03-05] 우리 지역에 있는 공공 기관의 종류와 역할을 조사하고, 공공 기관이 지역 주민들의 생활에 주는 도움을 탐색한다.	우리 지역 주민의 생활에 도움을 주는 공공기관의 종류와 역할 이해하기	• 『투명한 아이』에 등장하는 다양한 공공기관 찾아보기 • 공공기관의 뜻과 역할에 대해 알아보기 • 우리 마을의 공공기관을 마을 지도에서 찾아 위치 확인하기 • 우리 마을에 있는 공공기관을 방문하거나 다양한 자료를 찾아 역할 확인하기 • 공공기관을 선정하고 공공기관의 공무원이 되어 주민들의 민원을 해결하고 도움을 주는 역할놀이 하기 • 공공기관 역할놀이를 통해 깨달은 점에 이야기 나누기

샛길활동 내용 및 과정: 공공서비스 이해하기

『투명한 아이』에는 눈을 둘러싸고 많은 일이 벌어지는 가운데 다양한 공공기관이 등장한다. 예를 들어 경찰서, 주민 센터, 복지관, 법무부, 아동 임시보호센터 등이다. 이러한 시설은 주민들이 생활하면서 발생하는 여러 가지 문제 중 개인의 힘으로 해결하기 어렵거나 불편한 일에 대해 도움을 주는 공공기관이다. 우리 생활 속에서 이러한 다양한 공공기관에 대해 알아보고 어떠한 역할을 하고 있는지 '우리를 도와주는 공공기관' 샛길활동을 통해 알아보았다.

이번 샛길활동은 『투명한 아이』에 등장하는 다양한 공공기관을 찾아보고 어떠한 일을 하는 곳인지 예측해보는 활동으로 시작하였다. 경찰서나 주민 센터와 같이 학생들에게 익숙한 공공기관도 있었지만 법무부나 복지관 같은 시설에 대해서는 구체적으로 어떤 일을 하는 곳인지 알지 못했다. 그래서 학생들과 함께 『투명한 아이』에 나

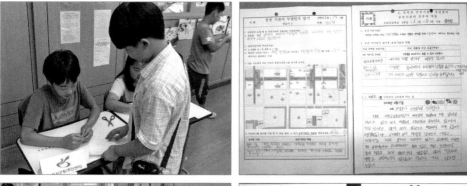

우리지역의 공공기관 역할 수업

오는 공공기관의 명칭이 포함된 문장을 통해서 역할을 예측하고, 국어사전을 참고하여 조사하기도 하며 그 시설의 역할을 유추해갔다.

다음으로는 학생의 일상생활에 초점을 맞춰서 다양한 시설이 표시된 마을 지도를 학습지 형태로 나누어 주고 여러 시설 중에 공공기관과 공공기관이 아닌 시설을 구분해 찾아 정리해보았다. 자료에는 다양한 시설들이 표시되어 있는데, 공공기관과 공공기관이 아닌 시설을 구분하는 것은 쉽지 않았다. 대형 마트나 개인이 운영하는 병원 등을 공공기관으로 생각하는 학생도 있었다. 공공기관을 규정하는 다양한 기준이 있긴 하지만, 학생들에게는 '개인의 이익이 아니라 여러 사람의 편의를 위해 국가가 관리하고 운영에 참여하는 시설'이

우리지역의 공공기관 역할 수업

라는 정도로 판단해서 분류하게 했다.

정리한 공공기관으로 역할놀이를 하기 위해 공공기관에서 일하는 공무원 역할 팀과 공공기관을 이용하는 지역 주민 팀으로 나눴다. 공공기관 팀은 경찰서, 소방서, 교육청, 주민 센터, 우체국, 보건소 정도로 구분하여 교실 공간 안에 적당한 거리를 두고 책상을 배치했다. 공공기관의 공무원 역할을 2~3명 정도로 하여 특정 기관으로 몰릴 시 역할을 분담하게 하였다.

지역 주민 역할을 맡은 학생들은 다양한 민원 내용이 적힌 종이를 들고 어느 공공기관에 가서 해결할지 본인 스스로 판단하고 공공기관을 찾아간다. 공공기관의 공무원은 해결할 수 있는 민원의 내용을 이야기한 주민의 종이에 확인 스티커를 붙여주고, 잘못 찾아온 주민에게는 가야 할 기관을 안내하게 했다. 민원의 내용을 보고 해당 공공기관을 찾아가서 해결하는 과정을 어려워하는 학생도 있었다. 주어진 시간이 지나면 공무원 역할의 팀과 주민 역할의 팀이 서로 역할을 바꾸었다.

언제나 친절하기의 어려움

학생들은 '우리를 도와주는 공공기관' 샛길활동을 통해 공공기관 공무원의 역할을 하면서 주민들의 다양한 민원을 받아 설명하고 해결해주는 것이 재미있기는 했지만, 반복적인 활동이라서 힘들었다고 하면서 공공기관에서 일하시는 분들에게 감사하는 마음을 가져야 할 것 같다는 소감을 이야기했다. 이번 활동은 학생들이 실제로 우리 마을에는 어떠한 공공기관이 있으며, 주민들을 위해 어떠한 도움을 주는지에 대해 재미있고 살아 있는 체험을 통해 알 수 있는 계기가 되었다.

책 속의 책, 『바리데기 공주』

할머니하고 보람이까지 오자 좁다란 우리 집 마루가 미어터질 것 같았
다. 할머니가 눈을 보더니 말했다.

"서천 서역국 먼 길 온 바리공주 딸이런가 굽이굽이 고개 넘어 길 떠나
온 녹두생이런가……."

할머니는 눈을 감고 한참 동안 주문 같은 것을 중얼중얼했다. 우리는 그
런 할머니가 무섭기도 하고 신비롭기도 해서 꼼짝할 수 없었다.

- 『투명한 아이』 60쪽

슬로리딩 샛길활동 주제

샛길 유형	성취기준	샛길활동 주제	내 용
독서 중 샛길교육 교육과정 연계 샛길교육	[4국05-05] 재미나 감동을 느끼며 작품을 즐겨 감상하는 태도를 지닌다.	동화책『바리데기 공주』를 읽고 재미와 감동을 느낀 부분을 다양한 방법으로 표현하기	• 『바리데기 공주』 표지의 제목과 그림 보고 이야기 나누기 • 동화책을 보면서 이야기에 등장하는 인물의 표정과 행동을 관찰하며 읽기 • 동화책을 읽고 재미있었던 장면이나 감동을 느낀 장면 이야기 나누고 등장하는 장면에 대해 떠오르는 생각 이야기하기

샛길활동 내용 및 과정: 이야기 속의 이야기가 궁금해

동자신을 모시는 보람이네 할머니가 눈의 엄마 행방을 알아보기 위해 점괘를 보는 장면이다. 처음에는 '서천 서역국 먼 길 온 바리공주 딸이런가'라는 구절과 '굽이굽이 고개 넘어 길 떠나온 녹두생이런가'라는 구절의 의미를 단순히 이야기 속에서 할머니가 점괘 칠 때 말하는 주문 정도로만 알고 넘어가려고 했다. 그런데 학생들은 바리공주가 누구인지, 녹두생이는 누구인지 알고 싶어 했다.

인터넷 자료와 학교 도서관 서적을 중심으로 '바리데기 공주'와 '녹두생이' 전래동화를 찾았고 '책 속의 책' 샛길활동으로 학생들에게 두 이야기를 읽어주었다. 학생들은 그림책을 통해 바리공주와 녹두생이가 겪는 다양하고 신기한 이야기에 흠뻑 빠져들어 감상했으며, 보람이 할머니가 중얼거린 주문 같은 것이 우리나라 전래동화라는 것에 놀라워했다.

이번 활동은 슬로리딩 교육과정을 진행하는 과정에서 학생들에 의해 발견된 샛길활동이었다. 교사 입장에서 좋은 책이라고 생각되는 것을 어떠한 방법으로 제시해야 학생들이 높은 관심과 흥미를 갖

책 속의 책 『바리데기 공주』

고 책 속에 빠져들게 할 수 있을지 알게 되었고, 스스로 찾아 배우는 즐거움을 알아가는 학생들의 모습을 통해 가르친다는 것에 대한 또 하나의 깨달음을 얻게 되었다.

우리는 슬로리딩 『투명한 아이』의 온전한 이해를 위해 다양한 샛길을 만들고 준비했다. 그 과정에서 '책 속의 책' 샛길활동은 아이들에게 깊이 읽기에 대한 방법과 스스로 책을 만나러 가는 즐거움을 만들 수 있었다.

시는 시답게,「밴드와 막춤」

슬로리딩 샛길활동 주제

샛길 유형	성취기준	샛길활동 주제	내 용
독서 중 샛길교육 교육과정 연계 샛길교육	[4국05-05] 재미와 감동을 느끼며 작품을 즐겨 감상하는 태도를 지닌다.	다양한 사람들이 함께 어울리는 장면에서 떠오르는 생각과 느낌 표현하기	• 「밴드와 막춤」 시 낭송하기 • 시를 다시 읽고 떠오르는 생각 이야기 나누기 • 시에 등장하는 인물들의 상황에 대한 생각 나누기 • 시를 통해 새롭게 알게 된 점과 궁금한 점에 대해 자신의 의견을 적고 친구들과 공유하기

샛길활동 내용 및 과정: 시를 찾아서

슬로리딩 교육과정을 운영하면서 여러 가지 문학 갈래 중에 시를 어떻게 슬로리딩 교육과정으로 가지고 들어올 것인지에 대한 고민이 있었다. 특히 학생들에게 다양한 주제의 시를 통해 작가의 생각과 가치를 찾아보고 시를 읽고 느낄 수 있는 아름다움에 공감하면서 자신의 경험과 생각을 비교할 수 있는 경험의 기회를 만들어주는 것이 중

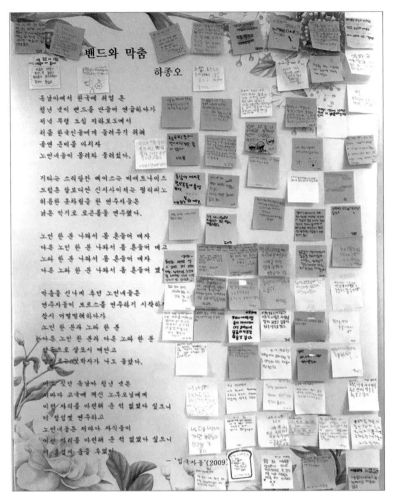

시는 시답게

요하다고 생각했다.

　시는 우리글과 말의 운율을 느끼며 재미있게 공부할 수 있는 문
학의 갈래이다. 소설이 주는 즐거움과는 또 다른 매력이 있는데, 리듬
감이 느껴진다는 것, 연과 행이 나뉘어져 있다는 것, 의성어와 의태
어를 사용하여 함축적 의미를 전달할 수 있다는 것 등이 그러하다.
이러한 시를 학생들이 부담 없이 느끼며 어렵지 않고, 가까이 있는 것으로 생각하도록 노력했다.

그러한 취지에서 매달의 주제와 어울리는 시를 한 편 선정해서 학생들과 읽어보고, 떠오르는 생각과 지은이가 말하고자 한 내용에 대해 의견을 주고받는 활동으로 시와 더불어 월별 주제를 좀 더 깊이 이해하고 공감의 테두리를 넓힐 수 있는 여지를 마련하기로 했다.

시 한 편이 펼쳐내는 무지갯빛 공감

우리는 이번 달의 주제와 관련하여 『투명한 아이』에 등장하는 다양한 상황에 놓인 인물들의 마음을 이해하기 위해 외국 이주민의 생활과 마음을 알 수 있는 시를 찾아보았다. 관련 주제와 학생들의 수준을 고려하여 찾다 보니 적절한 시를 발견하기가 힘들었지만 시간을 들여 마침내 찾아냈다. 하종오 시인의 「밴드와 막춤」이라는 시다. 우리는 이 시로 각 학급에서 '시는 시답게' 샛길활동을 했다. 학생들은 서로 다른 나라에서 온 외국인들이 고향을 떠나 타국에서 함께 밴드를 만들어 고향에 대한 그리움을 음악으로 해소하는 모습을 떠올릴 수 있게 되었다. 서로 언어는 다르지만 음악을 통해 타국의 사람들과 하나가 되는 모습에서 학생들은 이번 달의 주제에 대해 좀 더 깊은 이해와 공감을 할 수 있었다.

시를 읽고 작가가 시를 통해 하고 싶어 한 이야기가 무엇인지에 대해 의견을 나누면서 학생들은 새롭게 알게 된 사실이나 궁금한 점들을 간단히 붙임종이에 적고 복도에 게시하여 다른 친구들과 서로의 감상을 나누었다.

인천도담
초등학교

가 정 통 신 문

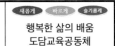

행복한 삶의 배움
도담교육공동체

학부모님께

아이들과 함께 『투명한 아이』라는 책으로 슬로리딩 교육과정을 운영한지 벌써 한 학기가 끝나가고 있습니다. 1학기의 마지막 7월의 주제는 '응답하라 흑설공주'입니다. 4학년 교육과정의 큰 주제인 장애, 다문화, 인권 교육을 통한 민주 시민 교육의 목적 달성을 위해 투명한 아이와 함께 즐겁게 공부하고 있습니다. 관심과 응원 부탁드립니다.

일시	샛길교육	내용
7월 9일	• 응답하라 흑설공주	• 7월의 주제 '응답하라 흑설공주' 이야기를 연극으로 꾸며보았습니다. • 각 반에서 1시간씩 시청각실에서 연극제를 운영하며, 영상을 촬영하여 보내드리겠습니다.
7월 9일 ~16일	• 우주전쟁	• 『투명한 아이』책 속의 내용을 재구성하여 계절학교에 즐거운 놀이로 만들어보았습니다. 나의 외계이름 만들기, 사진촬영, 우주비행사증 만들기, 훈장수여, 우주선 만들기 후 우주전쟁을 진행합니다.
7월 17일	• 기부행사 • 장애 이해 교육 • 흰 지팡이 체험교실	• 6월 알뜰 장터 수익금을 장애단체에 기부하는 행사를 진행합니다. 아이들의 마음이 예뻐서 이 행사를 교육용 홍보물로 활용하고자 기부행사를 진행한다고 합니다. • 장애 이해교육 1시간 후 흰 지팡이 체험교실을 강당에서 실시합니다.
7월 18일	• 작가와의 만남	• 1학기 동안 천천히 그리고 깊이있게 『투명한 아이』라는 책을 통해 느끼고 이해한 점들을 작가와 함께 나누는 시간입니다. 저자 안미란 작가님이 오셔서 아이들과 함께하십니다.
7월 19일	• 점차 체험교실	• 시각장애인 협회에서 강사님들이 오셔서 점자 체험교실을 열어주십니다.
	• 우유 빙수 만들기	• 『투명한 아이』샛길교육으로 우유 빙수를 만들어 친구들과 나눠 먹는 활동을 합니다.
7월 20일	• 다문화 체험교실	• 인천시교육청에서 지원을 받아 각 교실에서 다문화 체험교실을 엽니다. 다양한 문화에 대한 이해, 노래. 춤, 등을 직접 배우는 시간을 마련하였습니다. • 2학기 현장학습 다문화 박물관 체험전 사전교육으로 연계하여 진행할 예정입니다.
	• 운동부족 극복 프로젝트	• 책 속의 운동 부족 극복 프로젝트로 줄넘기 8자 마라톤 반별 자랑전을 할 예정입니다.
7월 23일	• 시는 시답게~!	• 매월 주제에 따른 행사 외 주제와 관련된 시를 읽어보고, 시인이 되어 시를 써보는 활동을 할 예정입니다. 배움을 표현하는 것은 너무나 중요한 만큼 시를 시답게 배우고 써봅니다.

2018. 6. 25.　　**인 천 도 담 초 등 학 교 4 학 년**

응답하라 흑설공주

보람이는 사과 한 입을 덥석 깨물었다.

"으으윽······."

보람이가 갑자기 옆으로 픽 쓰러져다. 놀란 내가 뭐라 하기도 전에 보람이는 다시 벌떡 일어났다.

"어때? 멋지지? 우리 백설공주 놀이 하자."

< 중략 >

"아냐, 아냐. 눈은 피부가 하얗지 않아. 그러니까 흑설공주라고 바꾸자."

"까만 얼굴에 까만 머리칼, 백설공주, 아니 눈 공주님이 세상에서 제일 예뻐요."

-『투명한 아이』 81~82쪽

슬로리딩 샛길활동 주제

샛길 유형	성취기준	샛길활동 주제	내 용
독서 중 샛길교육 주제 샛길교육	[4국05-05] 재미나 감동을 느끼며 작품을 즐겨 감상하는 태도를 지닌다. [4국05-01] 시각이나 청각 등 감각적 표현에 주목하며 작품을 감상한다.	『투명한 아이』에 등장하는 내용을 각색하여 연극으로 꾸미고 다양한 감각적 표현을 통해 감상하기	• 『투명한 아이』에 등장하는 '흑설공주' 놀이에 대해 생각 나누기 • 연극으로 꾸밀 장면 선정하기 • 연극의 장면을 이야기로 만들고 극본으로 구성하기 • 연극에 등장하는 인물을 선정하고 배역 정하기 • 연극에 필요한 소품과 배경음악 선정하기 • 대본 및 무대에서의 움직임 정하여 연습하기 • 흑설공주 연극하기 및 감상하기

샛길활동 내용 및 과정: 드라마틱한 연극 연습

건이와 보람이, 눈이 간식으로 커다란 사과를 베어 물면서 백설공주를 떠올리고는 백설공주 놀이를 하려다 눈의 피부색이 다르다는 점에 착안해서 흑설공주로 이름을 바꿔 놀이를 하는 장면이다. 우리 4학년도 백설공주를 각색하여 '응답하라 흑설공주' 연극을 해 보기로 하였다.

'응답하라 흑설공주' 샛길활동은 연극적 요소의 활동이 포함되어 있어 국어교과의 성취기준인 [4국05-05] 재미나 감동을 느끼며 작품을 즐겨 감상하는 태도를 지닌다와 [4국05-01] 시각이나 청각 등 감각적 표현에 주목하며 작품을 감상한다를 연결해 재구성했다.

학년마다 주어진 문화 예술 활동 예산을 활용하여 연극 강사를 섭외해 학급당 매주 한 시간씩 총 8주 동안 연극을 준비했다. 처음 네 시간은 마음 열기, 호흡, 발성법을 연습하였고, 그 후 네 번에 걸쳐

리허설1(대사 및 동선 맞추기)

리허설2

연극 시작! 영상 촬영 시작

무대인사

대본을 고치고 역할을 나누어 맡아 연습했다. 둥그렇게 둘러앉아 배우들처럼 대본 리딩을 하며 대사와 억양을 연습하고, 익숙해진 다음에는 동작까지 곁들여 실제 연기하듯이 연습했다. 국어시간을 활용해 틈틈이 더 연습하여 연기를 다듬었다. 연습하면 할수록 완성도는 높아졌다. 대사를 완벽히 외우고, 소품을 준비하고, 마지막으로 공연을 할 시청각실에서 동선을 맞춰보며 리허설을 끝냈다.

드디어 연극제 당일, 반별로 시간을 정해 시청각실에서 공연하고 이를 영상으로 촬영했다. 어둠 속에서 무대에만 불이 들어오자 아이들이 다소 긴장한 모습을 보이기도 하였으나 행여 자신의 순서를 놓칠까 다른 날보다 더 집중하고, 무대에 올라와 맡은 역할을 하는 모습이 대견하고 가슴이 벅찰 정도로 인상적이었다.

장면마다 다른 배경 음악으로 분위기를 조성했고, 반별로 백설공주 옷, 왕비 옷, 왕자의 왕관, 일곱 난쟁이 옷, 사과바구니, 꽃 등의 각종 소품을 공유하여 수준 높은 공연을 만들었다.

무대에 서면 보이는 것들

교실에서 연극 동영상을 볼 때는 다들 부끄러워했지만 무대에서 연기하는 자신의 모습에 만족해하는 학생도 많았다. 비중이 적은 역할이라 아쉬웠다거나 대사를 실수해서 당황했다는 학생도 있었는데, 다들 각자의 노력을 통해 한 편의 멋진 연극을 완성한 자기 자신과 친구들에게 아낌없는 박수를 쳐주었다. 연극은 창의력, 표현력을 기르면서 친구들과의 상호작용 속에서 나눔, 배려, 협력, 조화를 배우게 하는 매력적인 활동임을 함께 느꼈다.

우주 전쟁

나는 보람이가 나한테는 묻지도 않고 뭐든지 제 맘대로 정하는 게 싫다.

"넌 왜 나한테는 안 물어봐?"

내가 따졌다. 그렇지만 보람이가 그럼 뭐하고 놀 거냐고 물으면 할 말이 없다. 이럴 때는 보람이가 정하는 게 더 재미있다.

보람이와 나는 눈을 데리고 우주선 놀이를 했다. 식탁 의자 두 개를 나란히 놓고 얇은 이불을 덮었더니 금세 우주선이 만들어졌다. 눈은 뭘 하는지도 잘 모르면서 이불 우주선을 보더니 기분이 좋아 꺅꺅 소리를 질렀다.

- 『투명한 아이』 76쪽

슬로리딩 샛길활동 주제

샛길 유형	성취기준	샛길활동 주제	내용
독서 중 샛길교육 교육과정 연계 샛길교육	[4미02-03] 연상, 상상하거나 대상을 관찰하여 주제를 탐색할 수 있다.	이야기에 등장하는 장면을 떠올리고 상상하여 '우주 전쟁'이라는 주제에 맞게 표현하기	• 『투명한 아이』에 등장하는 우주전쟁 놀이 장면에 대해 공감 형성하기 • 우주 전쟁을 위한 우주선 만들기 계획하기 • 우주비행증과 우주선 제작하기 • 자신의 우주비행증과 우주선 소개하기 • 우주선에 탑승하여 팀을 나눠 우주 전쟁 놀이하기

샛길활동 내용 및 과정: 교실에서 우주로

엄마의 행방을 알 수 없이 혼자 남겨진 눈을 건이와 보람이가 돌보는 상황이다. 눈을 돌본다기보다는 건이와 보람이가 노는 옆에 눈이 같이 있는 것 같다. 어른의 입장에서는 어린 눈을 맡아서 데리고 있는 게 보통 일이 아닐 것이다. 그런데 이 아이들에게 어린아이는 돌봐야 하는 존재가 아니라 같이 놀 수 있는 동무다. 어쩌면 '돌본다'라는 생각은 어른이 갖고 있는 편견일지도 모른다. 아이들은 '논다'라는 행위로 자연스럽게 어울린다.

『투명한 아이』에 나오는 우주선 놀이는 식탁의자 두 개 위에 얇은 이불을 덮어 간단한 우주선을 만들고 함께 우주 여행을 떠나 외계 괴물을 만나며 우주 전쟁을 치르는 놀이다. 때마침 여름 계절학교 기간이라 각자 우주선을 만들고 운동장에 나가 물총놀이를 하는 '우주 전쟁' 샛길활동을 계획했다.

'우주 전쟁' 샛길활동은 미술교과 성취기준 [4미02-03] 연상, 상상하거나 대상을 관찰하여 주제를 탐색할 수 있다와 연결하여 학생들 스스로 『투명한 아이』에 등장하는 우주선의 이미지를 상상하여 각자 우주선을 꾸미는 활동으로 재구성했다.

우선 우주선을 만들기 위해 주변에서 쉽게 구할 수 있는 재료로는 어떤 것들이 있을지 의논했다. 그러자 많은 학생이 종이상자가 가장 쉽게 구할 수 있고, 꾸미기도 좋을 것 같다고 하여 일주일 정도 시간을 주고 종이상자와 꾸밀 재료를 각자 준비하게 했다.

『투명한 아이』에서처럼 우주선을 운전하기 위한 우주비행증도 각자 만들기로 했다. 우주에 진출하게 되면 모두가 외계인이 되기 때문에 사진도 외계인의 모습으로 그리고, 자신의 우주선이 어떤 기능과 능력을 갖고 있는지도 상상하여 기록하기로 했다. 이렇게 우주비행증을 만들고 나서 본격적으로 우주선의 전체적인 모습을 그려보았다. 일단 우주선의 몸체로 자신의 몸이 들어갈 수 있는 종이상자가 필요해서 주말을 끼고 2~3일 정도 시간을 주고 자신의 몸에 맞는 크기의 종이상자를 구해오도록 하였다. 대부분은 어느 정도 맞는 크기의 상자를 갖고 왔으나 너무 크거나 작은 상자를 갖고 온 학생들도 있었다. 준비물이 종이상자라고 하니까 학부모가 자세히 따져보지 않고 보낸 것이다. 좀 더 상세한 안내가 필요할 것 같다고 생각한 부분이었다.

이제 준비된 상자를 놓고 자신이 계획하고 구상한 모습대로 우주선을 꾸미는 일만 남았다. 우주선을 꾸미기 전에 먼저 자신이 작성한 우주비행증을 친구들에게 소개하기로 했다. 실물화상기를 통해 자신의 우주비행증을 다른 학생들 앞에 선보이고, 자기 우주선의 성능과 모습을 간단하게 소개하며 친구들의 우주선과 자신의 우주선을 비교하여 더 좋을 것 같은 부분이 있으면 계획을 수정하게 했다.

우주비행증과 우주선의 소개를 마치면 본격적으로 교실 바닥에

우주전쟁 활동하기

우주 비행사증 만들기

자리를 잡고 우주선 몸체를 가져와 우주선을 제작한다. 미리 예고된 활동이라 꾸밀 소품과 재료를 챙겨오는 학생들도 있었지만 교사가 다양한 재료를 교실 앞에 늘어놓고 언제든지 필요한 재료를 쓸 만큼 가져다 쓸 수 있도록 해주었다. 필요한 재료를 배부하고 정해진 과정과 순서에 맞게 조립하는 식의 활동에서는 학생들의 상상을 자극할 수 없으며 개성이 없는 비슷한 작품이 만들어진다. 하지만 우주선을 계획하는 것을 시작으로 다양한 재료들 속에 필요한 것을 취사선택하여 만드는 과정을 통해 학생들은 자신의 작품에 각자의 생각과 개성을 담아낼 수 있게 되어 애착과 책임감을 갖게 된다. 세상에 하나밖에 없는 우주선이 만들어지는 것이다.

우주선이 만들어지면 각자 자신의 우주선에 타고 기념 촬영을 한다. 그리고 준비한 물총을 들고 한 여름 더위를 시원하게 날려줄 물총놀이를 하기 위해 운동장으로 출발한다. 미리 편을 나누고 운동장에 물총 놀이를 위한 구역을 정해놓고 시작하면 여러 가지 사고를 예방하는 데도 도움이 되고, 교사가 학생들의 모습을 한눈에 볼 수 있어서 좋다.

내 우주선은 내가 만들고 지킨다

이번 '우주 전쟁' 샛길활동을 하면서 학생들은 처음부터 끝까지 스스로 계획을 세워 다양한 상황에서 각자 선택해가며 작품을 만들었다. 그 작품을 가지고 즐겁게 놀이하는 것으로 마무리했다. 샛길활동의 진정한 주체로 참여하는 경험은 학생들의 만족감을 상당히 높여주었다. 학생들은 어른들이 생각하는 것보다 자기주도적 학습과 활동에 적극적인 모습을 보이며, 과정과 결과에 애정과 책임감을 갖고 임할 능력이 충분히 있다는 사실을 확인할 수 있었다.

🔍 이번 샛길의 팁

| 선택의 기회를 주세요

학생들이 직접 만드는 우주선은 온전히 자신의 선택으로 이루어질 수 있도록 하는 것이 좋다. 특히 우주선을 만들 때 필요한 재료는 교실에 있는 모든 것을 동원하여 학생들이 각자 선택하도록 하여 저마다 개성이 들어간 작품을 만들도록 유도하자. 종이상자에 다른 재료를 붙이는 작업이 많기 때문에 생각보다 글루건 사용 빈도가 높다. 하나로는 부족하니 2~3개 정도는 준비하고 미리 안전 교육을 한다. 글루건 사용에 자신이 없다는 학생은 교사가 도와주도록 하자.

| 우주선은 물에 약해요

자신이 만든 우주선에 탑승하고 물총놀이를 하러 운동장으로 나가는 학생들의 표정은 기대감과 흥분, 심지어 비장하기까지 하다. 마치 큰 행사에 참여하는 퍼레이드가 연상되기도 한다. 그런데 문제는 그 우주선이 종이상자라는 점이다. 우주선에 탑승한 채로 물총놀이를 하게 되면 얼마 지나지 않아 우주선이 물에 젖고 떨어져 나가는 모습이 연출될 것이고 운동장은 물에 젖은 종이 우주선의 잔해로 청소하기 힘든 상황도 벌어진다. 운동장에 내려가서는 탑승한 우주선에서 내려 운동장 가장자리 한 편에 나란히 우주선을 내려놓고 가벼운 몸으로 물총놀이를 하는 것이 좋겠다.

작가와의 만남

슬로리딩 샛길활동 주제

샛길 유형	샛길활동 주제	내 용
독서 중 샛길교육 책을 온전히 이해하기 위한 샛길교육	『투명한 아이』의 안미란 작가와의 만남을 통해 이야기의 배경을 이해하고 소통의 시간 갖기	• 『투명한 아이』 작가님을 통해 알고 싶은 내용 이야기 나누기 • 작가님에게 하고 싶은 말이나 궁금했던 것을 정해 글로 쓰기 • 작가님을 초청하여 강연 듣기 • 작가님에게 이야기 하고 싶은 내용 전하기 • 『투명한 아이』 책에 작가 사인 받고 인사 나누기

샛길활동 내용 및 과정: 작가 초대하기

1년 동안 '투명한 아이의 친구가 되어 주세요'라는 주제로 진행한 슬로리딩 교육과정의 1학기가 마무리되어가는 시점에서 샛길활동으로 작가와의 만남을 계획했다. 『투명한 아이』의 저자인 안미란 작가님과의 만남은 3월부터 시작됐다. 『투명한 아이』로 진행하는 슬로리딩 독서 전 활동으로 책의 제목과 표지 작가님에 대해 알아보는 샛길활동을 했는데, 그때 학생들이 안미란 작가에 대해 조사하고 알아보는 과정에서 '작가에게 편지 쓰기' 샛길활동을 했던 것이다. 그리고 그 편지와 함께 안미란 작가님에게 메일을 보내 우리학교에 아이들과의 만남을 부탁드렸고, 흔쾌히 허락해주셨다.

안미란 작가님이 방문하기 전에 학생들과 함께 작가님에게 하고 싶은 말이나 질문을 미리 정했다. 즉흥적으로 질문을 하게 되면 질문 거리가 잘 생각나지 않거나 중복되는 질문을 하는 등 비효율적인 상황이 벌어질 것 같아서 이를 방지하기 위함이었다. 우선 개인적으로 하고 싶은 말이나 질문을 몇 가지 정하고, 모둠 안에서 정리하여 중복되거나 비슷한 질문을 모아 정리했다. 다음으로 모둠에서 정리한 것을 바탕으로 중복되거나 비슷한 질문을 정리하여 학급 전체의 질문거리를 만드는 과정을 거쳤다. 시간 관계상 각 학급에서 2~3명 정도를 질문할 사람으로 정하도록 하고 마지막에 추가로 질문할 것이 생기면 좀 더 시간을 할애하여 궁금한 점을 자유롭게 질문하는 시간을 갖도록 하였다.

드디어 기다리던 안미란 작가와의 만남이 시작되었다. 감사하게도 새벽 기차를 타고 부산에서 인천까지 와주셨다. 안미란 작가의 인사말이 끝이 나자 우리 학생들이 준비한 편지를 각 학급의 대표 학생이 읽고, 시간이 부족하여 다 읽지 못한 나머지 편지는 봉투에 잘 넣어 전달했다. 작가님의 강연을 통해 『투명한 아이』라는 작품이 탄생하게 된 배경과 주인공들의 설정에 대한 이야기를 알게 되었다. 이야기의 소재를 얻게 된 경위도 자세하고 재미있게 설명해주셔서 교사와 학생들 모두 시간 가는 줄 모르고 집중해서 들을 수 있었다.

이 샛길활동 통해 『투명한 아이』를 쓰게 된 작가님의 의도와 작품 배경에 대해 이해하고, 더 깊게 책을 읽을 수 있게 되었다. 학생들이 쓴 편지를 전달하고, 하고 싶었던 이야기나 궁금했던 점을 직접

작가와의 만남

질문하는 등 뜻깊은 소통의 시간이 되었다. 작가님이 4학년 학생 모두의 책에 정성이 담긴 사인을 해주신 것 또한 오래도록 남을 감동이었다.

인천도담
초등학교

가 정 통 신 문

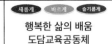
새롭게 바르게 슬기롭게
행복한 삶의 배움
도담교육공동체

학부모님께

2018. 8. 29. **인 천 도 담 초 등 학 교 4 학 년**

뜨거운 여름방학이 끝나고 새롭게 2학기를 시작합니다. 8~9월 주제는 **눈은 나를 다르게 보지 않아** 입니다. 여름 계절학교 때 배운 장애 이해 교육을 바탕으로 다양성에 대한 공부를 할 예정입니다. 9월 현장학습으로 대한민국어울림대축제에 참여하여 체험학습(9/19 수)을 할 계획입니다. 책을 통해 교육과정을 공부하는 다양한 샛길교육에 관심과 격려 부탁드립니다.

일시	샛길교육	내용
8월 5주	• 짜장밥 해먹기	• 투명한 아이 가족이 짜장밥을 해 먹는 모습의 샛길로 학교 급식을 통해 짜장밥과 면을 먹어볼 수 있도록 조치하였습니다. 짜장면을 사달라는 아이들에게는 미안합니다.
9월 1주	• 책 속의 그림책 (장수탕 선녀님)	• [4국05-05] 재미나 감동을 느끼며 작품을 즐겨 감상하는 태도를 지닌다. 성취기준과 연결하여, 고모가 외출하기 위해 목욕하는 장면을 읽고, 책 속의 책 그림책 읽기 『장수탕 선녀님』을 온 작품으로 읽어볼 예정입니다.
	• 맞춤법 골든벨 2탄	• <독서 단원> 낱말의 뜻 찾아가며 책 읽기 활동으로 『투명한 아이』의 책 속에서 맞춤법 관련 골든벨 대회 2탄을 준비했습니다. 1학기 배운 투명한 아이 내용에서 맞춤법 공부를 해보고 골든벨을 울려봅시다.
	• 책 속의 그림책 (리디아의 정원)	• [4국03-04] 읽는 이를 고려하며 자신의 마음을 표현하는 글을 쓴다. 성취기준과 연결하여 리디아의 정원 그림책을 온 작품으로 읽어보고 마음을 전하는 편지글에 대해 감상하는 활동입니다.
	• 가족사랑 편지 쓰기	• [4국03-04] 읽는 이를 고려하며 자신의 마음을 표현하는 글을 쓴다. 성취기준과 연결하여 마음을 나타내는 여러 가지 낱말을 사용해 진심을 담아 마음을 전하는 편지글을 쓰는 활동입니다. 과정형 평가입니다.
9월 2주	• 책 속의 책(그리스 신화)	• [4국05-03] 이야기의 흐름을 파악하여 이어질 내용을 상상하고 표현하기의 교육활동과 연결하여 그리스 신화를 읽어보고 이어질 내용을 써보는 작가활동 후 창작물을 바탕으로 한 역할극, 낭독극을 발표합니다.
	• 타임머신(부모님 과거 사진속으로)	• [4사04-05] 사회변화로 나타난 일상생활의 모습을 조사하고, 그 특징을 분석한다. 성취기준과 연결하여 부모님이나 조부모님의 어릴 적 사진에서 알 수 있는 변화를 찾아볼 예정입니다.
9월 3주	• 30분 토론	• [4사04-06] 우리 사회에 다양한 문화가 확산되면서 생기는 문제 및 해결 방안을 탐구하고, 다른 문화를 존중하는 태도를 기른다. 성취기준과 연결하여 9월19일 대한민국어울림대축전 체험학습을 통해 알게 된 점을 바탕으로 우리 사회에 다양한 문화가 확산되면서 생기는 편견과 차별을 해결할 방법을 토의하고 발표하는 활동입니다. 과정형 평가입니다.
	• 축사 쓰기	• [4국03-05] 쓰기에 자신감을 갖고 자신의 글을 적극적으로 나누는 태도를 지닌다. 성취기준과 연결하여 8~9월 주제샛길 행사 축사를 써보는 활동을 할 예정입니다. 반에서 한 작품씩 뽑아 행사 때 대표로 축사 낭독이 있습니다.
9월 4주	• 고구마 수확	• 봄에 샛길교육을 통해 도시농부 체험으로 심은 고구마를 수확하여 맛있게 쪄서 먹어볼 생각입니다. 고구마가 너무 작아서 실망하기 없기요~
9/28	• 눈은 나를 다르게 보지 않아 (주제샛길) - 강당행사	• 축사 낭독 • 편지 낭독 • 가족사랑 편지쓰기 내용에 따라 친구에게 상장 전달하기
	• (시는 시답게)	• 달라서 좋은 내 짝꿍 - 신경림 시 감상하기

가족사랑 편지 쓰기 대회

"내일이요? 아…… 준비할 게 좀 많은데요."

전화를 끊고 난 고모의 얼굴이 발갛게 달아올랐다. 나는 잔뜩 궁금해져서 고모만 바라봤다. 엄마는 쌀을 씻는 척했지만 자꾸 헛손질을 하는 게 분명했다.

고모가 말했다.

"내일 지역 신문에서 저한테 상을 준대요."

"상이요?"

"지난번 가족사랑 편지 쓰기 대회에서……."

그러면서 고모는 나를 보았다. 사실 고모는 이야기는 잘하지만 글을 쓰는 건 영 자신이 없다고 한다. 그래서 복지관 선생님이 고모의 이야기를 그대로 받아 적어 주었고, 고모는 그것을 다시 옮겨 적으며 다듬었다. 하지만 맞춤법이 엉망진창이라서 내가 다시 컴퓨터 문서로 만들면서 수없이 고치고 다듬어야 했다.

- 『투명한 아이』 45쪽

슬로리딩 샛길활동 주제

샛길 유형	성취기준	샛길활동 주제	내 용

독서 중
샛길교육
 	
교육과정
연계
샛길교육
	[4국05-05]
	읽는 이를
	고려하여
	자신의 마음
	을 표현하는
	글을 쓴다.
		편지글 형식
		의 그림책을
		읽고 가족에
		게 자신의
		마음을 표현
		하는 편지
		쓰기
			•『투명한 아이』에 등장하는 가족사랑
			  편지쓰기 대회에 대해 이야기 나누기
			•고모가 쓴 편지 내용 예상하기
			•편지를 써본 경험과 편지 내용에
			  대해 이야기 나누기
			•샛길활동 '책 속의 책' 『리디아의
			  편지』 소개와 낭독하기
			•『리디아의 편지』를 읽고 편지의 형식
			  을 알 수 있는 부분과 인물의 마음이
			  담긴 표현 찾아보기
			•가족에게 자신의 마음을 담은 표현
			  을 사용하여 편지 쓰기
			•친구의 편지를 경청하여 듣고 마음이
			  담긴 표현 발견해보기

샛길활동 내용 및 과정: 편지에 담긴 마음

고모가 아이들이 좋아할 것 같다며 저녁 식사 메뉴로 짜장밥을 추천한다. 눈을 데리고 있어야 하는 상황이기 때문이다. 다리가 불편한 고모는 조리대 앞에 서서 요리를 할 수는 없지만 감자껍질 벗기기, 마늘 까기처럼 앉아서 할 수 있는 일은 도맡아 한다. 그러던 중 고모의 전화기가 울린다. 용건은 지역신문사 주최로 열린 가족사랑 편지쓰기 대회에서 입상을 하여 상을 준다는 내용이었다.

이야기 속에서는 고모가 어떤 내용으로 편지를 썼는지에 대해서는 소개하고 있지 않다. 단지 지역 신문사에서 가족사랑 편지쓰기 대회라는 행사를 열었다는 사실만을 알 수 있다. 추측컨대 고모는 복지관 선생님의 추천으로 글을 쓰게 되었고, 그 과정에서 복지관 선생님과 건이의 도움으로 편지글을 완성해 기고한 것이 아닌가 한다.

이럴 땐 학생들에게 물어보는 것이 좋다. 아이들 한명 한명이 잘 돌아가는 상상 공장이기 때문이다. '고모가 어떤 내용의 편지를 썼기에 상을 받게 되었을까?', '편지를 심사하는 사람은 어떤 기준으로 편지를 심사하고 뽑았을까?'와 같이 고모의 입장에서 또는 편지를 읽는 사람의 입장에서 아이들 스스로 생각하게 한 후 서로 이야기를 나눴다. 교사는 나아가고자 하는 주제의 방향에서 이야기가 크게 벗어나지 않도록 아이들의 이야기를 귀 기울여 들으며 맞장구를 쳐주면 된다. 자연스럽게 이야기의 큰 주제로 '가족사랑'이라는 공감의 분위기가 마련되었고, 고모가 가족의 소중함을 편지로 잘 표현했을 것이라는 이야기로 마무리가 되었다.

이번 '책 속의 책' 샛길활동은 『투명한 아이』의 내용과 서로 맞물려 샛길활동으로 풀어내기에 적합한 그림책이 떠올라 재구성하여 진행했다. 교과서에서는 여러 편의 편지글을 통해 마음을 전하기 위해 사용되는 표현을 알려주고, 그런 글을 쓰는 방법을 제시하여 그대로 글을 쓰게 하는 것을 목표로 풀어가고 있다. 또 편지글의 형식에 대해 단계적이고 구체적으로 안내하고 있다. 그러나 한 편의 편지를 읽은 것으로 우리가 편지를 쓴 사람과 받는 사람의 관계를 어디까지 이해할 수 있을지, 또 그 관계 속에서 마음을 전하는 표현을 시험 문제의 답처럼 찾아내어 정해진 틀에 맞는 글을 쓰게 하는 과정이 아이들에게 교육적으로 얼마나 효과가 있을지 고민하지 않을 수 없었다.

그림책 『리디아의 정원』은 경제적인 문제로 가족과 떨어져 외삼촌댁에 머무르게 된 주인공 리디아가 가족들과 편지로 소식을 주고받는 내용인데, 3학년 국어교과서 실려 있기는 하지만 부분적으로만 제시되어 있고 질문과 답 찾기의 형식으로 다뤄지고 있다 보니 한계

『리디아의 정원』책 읽고 가족사랑 편지쓰기

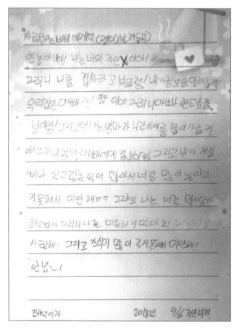

부모님에게 쓴 편지

우리 집의 귀여운 막내 연휘에게

연휘야, 안녕? 아마 너에게 편지를 쓴 사람은 내가 처음일 거야. 너도 지금은 혼자서 이 편지를 읽지 못하겠지. 왜냐하면 넌 아직 한글을 모르니까.

네가 처음으로 안경을 썼을 때, 나는 너무 속상했어. 안경을 쓰는 건 불편하거든. 다행이도 넌 잘 적응해 주었어. 네가 어리광 부릴 때, 난 네가 2살 때가 기억나. 아직 "엄마"랑 "까까"라는 말 밖에 못할 때 말이야. 저녁으로 치킨을 시켰는데, 네가 신나서 "치킨!"이라고 외쳤을 때, 너무 귀여웠어. 모두 놀랐지. 아직 "아빠"

동생에게 쓴 편지

감상 일기

가 있었다. 이러한 교과서의 한계에서 벗어나기 위해 그림책을 온전히 아이들에게 보여주기로 했다. 직접 그림책을 펼쳐 아이들에게 읽어주고, 그림책의 가장 큰 매력인 그림에 대해서도 서로 이야기 나누면서 글에서 발견하지 못한 부분이나 생략된 부분을 채워갔다. 혼자읽으라고 하면 5분도 안 되어 다 읽었다고 했을 아이들인데 글과 그림을 함께 감상하며 주인공과 주변 인물들의 마음에 관해 서로 이야기를 나누다 보니 시간이 훌쩍 지나갔다.

이렇게 글을 읽으며 질문하고 답을 찾으면서 편지의 형식과 방법뿐 아니라 편지 쓰기가 필요한 상황과 등장인물의 관계를 생각하여마음을 전하는 편지글의 표현방식을 자연스럽게 이해하도록 했다.

다시 『투명한 아이』로 돌아와서, 고모가 가족사랑을 주제로 편지를 썼듯이 『리디아의 정원』으로 편지글에 대해 이해하고 배운 것을살려 우리도 같은 주제로 편지 쓰기 샛길활동을 했다. 사실 아이들에게 글쓰기란 참으로 어려운 일이다. 글을 쓴다는 것은 남녀노소를따질 것 없이 어렵다. 이유는 간단하다. 글을 쓴 경험이 부족하기 때문이다. 경험이 부족하니 어려운 것은 당연하다. 그런데 아이들은 평소와 달리 불평을 별로 안 했다. 아마도 『리디아의 정원』이라는 그림책으로 편지글을 온전히, 충분히 보고, 느끼고, 이야기하는 과정에서 나름대로 어떤 방법으로 편지를 어떻게 써야 할지 이해했기 때문일 것이다.

함께 읽기의 무한 매력

'책 속의 책' 샛길활동은 2015개정교육과정 국어교과의 변화 중에 하나인 '한 학기 한 권 읽기'의 '온 작품 읽기' 방식을 슬로리딩 교육과정의 샛길활동으로 가져온 것이다. '책 속의 책' 샛길활동은 책에 담긴 가치와 무한히 연결되어 뻗어나가는 파생독서로 학생들을 이끄는 매개가 된다.

4학년 학생들에게 그림책은 점차 손에서 멀어져가는 책으로 취급되기 쉽다. 그러나 이번 샛길활동을 하면서 본 아이들의 반응은 오히려 그 반대였다. 그림책의 글을 읽어주고 같이 그림을 살펴보면서 그때마다 궁금한 것과 아이들의 삶과 연결된 이야기를 나누는 새로운 자극에 신기해하는 반응이었다. 그리고 어떤 이유에서인지 다시 읽어달라고 하는 학생들도 있었다. 어쩌면 지금보다 더 어렸을 때 부모님께서 책을 읽어주신 기억이 있었을 수도 있다. 그림책을 읽는 중간에 장면과 상황에 대해 서로 이야기하고, 그림을 자세히 관찰하면서 새로운 것을 발견하는 활동을 한 다음 다시 한번 쭉 읽어보고 싶은 마음이 생겼을지도 모른다는 생각이 들었다. 그래서 두 번째로 그림책을 읽을 때는 질문과 이야기 없이 죽 읽어주었다. 그러자 학생들에게서 조금 더 만족스러운 표정과 반응이 나왔다.

혹자는 그림책이 만화책처럼 글을 읽으며 자유로이 상상할 여지를 주지 않고 그림이라는 틀 속에 가둔다는 생각을 할 수도 있다. 그러나 좋은 그림책은 만화책과 달리 한 장면 안에 많은 이야기를 담고 있으며, 글로 표현하기 힘든 감정과 느낌을 솔직하게 전달하는 매력을 갖고 있음이 분명하다.

 이번 샛길의 팁

| 교사가 먼저

그림책을 아이들에게 읽어주기 전에 교사가 먼저 그림책을 충분한 시간을 두고 읽고 그림도 자세히 관찰하는 과정이 필요하다. 그 과정에서 작가가 이야기하고자 하는 것을 발견하고 아이들에게 던질 질문과 새로운 관점으로 바라볼 수 있도록 안내자 역할을 해야 한다.

| 읽기는 천천히, 질문거리는 간단히

그림책을 읽을 때 천천히 긴 호흡으로 읽도록 하고 너무 많은 질문을 하지 않도록 한다. 교사가 글을 읽는 동안 아이들은 그림을 보며 이야기와 그림과의 상관성을 인지하고 이야기의 전체적인 흐름을 기억해야 하므로 빨리 지나가지 않도록 한다. 반대로 상황마다 질문을 너무 많이 하거나 이야기를 길게 하면 전체적인 흐름이 끊어질 수 있으니 유의하자.

책 속의 책, '그리스 신화'

"한건! 이제 나와도 돼."

엄마다.

나는 문을 빠끔 열었다. 그리고 눈앞의 광경을 보고 깜짝 놀랐다. 고모가 눈을 안고 있었다!

고모는 젖은 머리를 큰 수건으로 싸서 올렸다. 내가 매번 만두 머리라고 놀리는 모양새다. 그리고 고모랑 똑같이 머리를 감싼 눈. 눈은 큰 수건으로 몸을 둘둘 말고 있었다. 그리스 신화에 나오는 사람들처럼 하얀 수건을 친친 감고 어깨를 드러낸 모습이 예뻤다.

고모의 무릎에 앉은 눈은 따뜻한 물에서 방금 나와 좋은 냄새가 났다. 고모가 눈물을 글썽였다.

-『투명한 아이』92쪽

슬로리딩 샛길활동 주제

샛길 유형	성취기준	샛길활동 주제	내용
독서 중 샛길교육 교육과정 연계 샛길교육	[4국05-03] 이야기의 흐름을 파악하여 이어질 내용을 상상하고 표현한다.	그리스 신화를 읽어보고 이어질 내용을 상상하여 다양한 방법으로 표현하기	• 『투명한 아이』에 등장하는 고모와 눈의 모습 구체화하여 이야기 나누기 • 이어질 내용으로 상상할 그리스 신화 선택하기 • 그리스 신화를 책으로 읽기 또는 영상으로 시청하기(결말 부분 제외) • 그리스 신화 이야기 바르게 이해하기(인물, 사건, 배경) • 일이 일어난 차례를 생각하며 앞 내용과 연결 짓기 • 이야기 흐름에 맞게 다양한 방법으로 표현하기(낭독극, 연극, 스토리북 등)

샛길활동 내용 및 과정: 상상하고 표현하기

지역 신문사에서 주최하는 가족사랑 편지 쓰기 대회에서 입상한 건이 고모는 상장전달식에 참석해야 한다. 고모는 몸이 불편하여 외출을 자주 할 수 없었는데 정말 오랜만에 외출을 하게 되어 목욕을 하려 한다. 그러자 옆에 있던 눈이 덩달아 목욕할 준비를 하면서 고모와 함께 목욕하게 되었고, 건이는 여자들(고모와 눈)이 목욕하러 들어가자 자기 집이 졸지에 여탕이 되었다며 부끄러운 듯 자기 방으로 들어간다. 잠시 후 고모와 눈이 목욕을 마치고 나온 모습을 본 건이가 '그리스 신화에 나오는 사람들'을 연상하는 장면이다.

2015개정교육과정 국어과 성취기준 [4국05-03] 이야기의 흐름을 파악하여 이어질 내용을 상상하고 표현한다를 그리스 신화와 연결하여 슬로리딩 샛길활동으로 재구성했다. 국어교과서에는 성취기준과 관련하여 『우리들』, 『오늘이』라는 영화와 만화영화를 소개하면서 인상 깊은 장면을 골라 이어질 장면을 상상해보게 했다. 분절된 장면과 발

『그리스 신화』 뒷 이야기 상상하여 글 쓰기

췌된 텍스트로 구성된 글은 학생들이 삶과 연결 짓는 과정과 내면화
하는 과정에 걸림돌이 된다.

그리스 신화는 4학년 학생들에게 낯설지 않은 내용이고, 많은 호
기심을 불러일으키는 소재이다. 특히 신화라는 내용의 특성상 현실
적인 제약이 줄어들어 성취기준인 '이어질 내용을 상상하여 표현하
기'에 학생들의 창의성을 충분히 불러일으킬 수 있다는 장점이 있다.
더불어 하나의 이야기 속에서 여러 주제를 이끌어낼 수 있다는 점에
서 학생들의 다양한 가치관을 의사소통의 과정을 통해 표현하게 할
수 있다.

샛길활동의 진행 과정으로 우선 그리스 신화 이야기 중에 다양한
결말로 이어질 수 있는 내용을 몇 가지 선정했다. 다음으로 그 이야
기를 책으로 성독하며 인물의 성격 그리고 사건의 흐름에 관해 의견
을 나누는 시간을 충분히 가졌다. 그런 과정을 통해 이야기 속 인물
들 간에 벌어진 사건의 흐름을 파악하여 갈등 상황을 이해하게 하되,
결말은 학생들에게 알려주지 않았다. 혹시 이야기의 결말을 이미 알
고 있는 학생이 있더라도 새로운 결말을 이끌어낼 수 있도록 유도하
는 것이 좋다.

『그리스 신화』 뒷 이야기 상상하여 글 쓰기 후 낭독극 및 다양한 표현 모습

그리스 신화의 뒷이야기를 다양한 방법으로 표현하는 것도 이번 샛길활동의 중요한 부분이다. 학급별로 조금씩 다른 방법으로 접근하고자 고민한 끝에 낭독극, 스토리북, 스톱모션의 방법으로 표현해 보기로 했다.

낭독극은 연극적인 요소에서 시간과 비용이 많이 드는 무대장치, 소품, 의상 등이 생략된 스테이지 리딩stage reading이다. 배우의 목소리만으로 연기하고, 대사를 외울 필요도 없다. 학생들이 만든 대본을 그대로 읽으면서 진행한다. 무대 연출에 부담을 느끼는 교사와 학생들이 보다 쉽게 접근할 수 있다는 장점이 있다.

스토리북은 자기가 이해하고 느낀 바를 정리해 책처럼 꾸미거나 다양한 모양으로 종이를 접어 이야기를 표현하는 방법으로, 개인 활동으로 좋은 표현 방법이다.

스톱모션은 연극적인 요소가 사용된 '사진 찍기' 방법으로, 이야기의 가장 핵심적인 장면을 정지된 인물들의 모습으로 표현하는 방법이다. 모둠별로 생각한 뒷이야기를 글로 표현을 한 뒤 가장 중요하다고 생각되는 장면을 선택하여 그 장면을 멈춘 동작으로 구성한다. 지켜보는 학생들은 그 동작이 어떤 장면을 말하는 지를 짐작해본다.

그 과정에서 뒷이야기에 대한 공감과 이해가 용이해진다. 교사가 멈춰진 인물을 건드리면 짧고 핵심적인 대사를 하게 하여 연극적인 효과를 더하는 방법도 있다.

아이들의 숨은 능력을 끌어내는 배움

국어교과 성취기준인 '이어질 내용을 상상하여 표현하기'와 『투명한 아이』의 "그리스 신화에 나오는 사람들 같았다"는 표현에서 따온 그리스 신화라는 소재는 샛길활동으로 잘 어울렸다. 사실 교과 교육과정과 샛길활동을 연결하는 일이 매번 쉽지는 않다. 더욱이 경험이 풍부하지 못한 교사 혼자의 힘만으로는 자칫 우물 안 개구리 같은 교육과정에 그칠 위험이 크다. 샛길활동은 폭 넓고 다양한 교육활동의 경험과 아이디어가 바탕이 되어야 시행착오를 줄이고 학생들의 다양한 배움을 이끌 수 있다.

이번 '그리스 신화' 샛길활동에서는 상상하여 뒷이야기를 꾸미는 과정 못지않게 다양한 방법으로 표현하는 일에 많은 신경을 썼다. 스토리북으로 표현하는 활동에서는 한 공간에 글과 그림을 적절하게 배치하여 공간을 짜임새 있게 잘 활용해 표현하는 학생과 그렇지 못한 학생, 글씨를 잘 쓰고 그림을 잘 그리는 학생과 그렇지 못한 학생과 같이 개인적인 역량 차이에 따라 결과물의 완성도에 차이가 있었다. 하지만 글씨 쓰기나 그림 그리기, 공간 구성하기를 조금 힘들어하더라도 뛰어난 상상력과 창의적인 생각으로 다른 학생들이 떠올리지 못한 이야기 전개를 보여주었던 학생도 있었다. 역시 한 가지 기준으로 학생과 학습의 성과를 판단하는 것은 바람직하지 않다는 것을 다시 한번 확인하게 되었다.

낭독극은 우연한 기회로 한 선생님의 소개를 통해 알게 된 활동인데 연극이나 뮤지컬과 비슷한 분위기와 효과를 나타낼 수 있었다. 구성과 연출에 따라 다양한 모습으로 바꿔 진행하는 것도 가능하다. 대사를 외우기 힘들어하거나 연기를 부끄러워하는 학생도 부담 없이 할 수 있다. 시간과 비용도 적게 든다.

'사진 찍기' 활동 역시 연극적인 요소로 진행되지만, 이야기의 전체적인 줄거리를 보여주는 것이 아니라 학생들이 가장 중요하다고 생각되는 부분을 선정해 그 장면을 멈춰진 동작으로 표현하는 방식이다. 하나의 장면 속에서 이야기의 흐름과 인물의 감정 상태를 담아야 하기 때문에, 이야기에 대한 깊이 있는 이해 형성이 자연스럽게 이루어진다. 실제로 학생들이 표현하는 과정에서 이야기의 흐름과 인물의 감정에 대해 서로 소통하는 모습을 많이 관찰할 수 있었으며, 책을 다시 찾아보거나 영상을 다시 보여달라는 요청을 하는 학생도 있었다. 스스로 동기가 부여된 상황에서 학생들은 탐구하려는 의지가 생겼고, 의사소통을 하며 생각 나누기에 적극적인 모습을 보였다.

| 다양한 결말이 가능하다

'이어질 내용을 상상하고 표현하기' 활동을 할 때는 학생들이 주어진 상황 속에서 창의성과 독창성을 충분히 발현할 기회를 주어야 한다. 따라서 뒷이야기가 꼭 해피엔딩이나 교훈적인 내용으로 마무리되도록 유도할 필요는 없다. 학생들에게 제시할 이야기의 선정도 중요하고 어디에서 끊어내어 학생들에게 제시할 것인지도 고민해야 한다.

| 흥미보다는 주제를 생각하며

학생들의 창의성이 많이 활용되는 활동에서는 평소 재치가 있고 재미난 이야기를 많이 하는 학생이 분위기를 주도하는 경우가 많다. 물론 다양한 생각이 다른 학생들의 고정된 사고를 유연하게 해줄 수도 있지만, 때로는 흥미 위주나 장난식으로 이야기가 흘러가게 될 수 있어 주의해야 한다. 그럴 때는 이야기의 전체적인 흐름을 다시 상기시키고, 재미를 주는 것도 좋지만 어떠한 가치를 심어주기 위함인지도 생각하여 이야기를 꾸밀 수 있도록 안내하는 것도 필요하다.

책 속의 그림책, 『장수탕 선녀님』

눈은 털썩 주저앉더니 바짓부리를 잡아당겼다. 제 딴에는 옷을 벗으려고 끙끙대는 것이다. 웃옷은 저 혼자 다 벗었다. 내복이랑 티셔츠를 한꺼번에 벗어서 두 벌이 겹으로 뒤집혀 있었다.

"엄마, 눈 좀 봐."

엄마가 그 모습을 보더니 웃었다.

"그래, 그래, 너도 씻어야지. 그런데 조금만 기다리자, 응? 고모 먼저 씻고."

나는 부끄러운 생각이 들어 내 방으로 들어갔다.

"이게 뭐야. 온 집안이 여탕이 됐네. 나 혼자 외톨이야."

나는 심통이 난 척 문을 쾅 닫았다. 고모의 웃는 소리기 들렸다. 나는 컴퓨터 전원을 눌렀다.

– 『투명한 아이』 90쪽

슬로리딩 샛길활동 주제

샛길 유형	성취기준	샛길활동 주제	내용
독서 중 샛길교육 교육과정 연계 샛길교육	[4국05-05] 재미나 감동을 느끼며 작품을 즐겨 감상하는 태도를 지닌다.	그림책 『장수탕 선녀님』을 읽고 재미와 감동을 느낀 부분을 다양한 방법으로 표현하기	• 『장수탕 선녀님』 표지의 제목과 그림 보고 이야기 나누기 • 그림책을 보면서 이야기에 등장하는 인물의 표정과 행동을 관찰하며 읽기 • 그림책을 읽고 재미있었던 장면이나 감동을 느낀 장면 이야기 나누고 목욕탕과 관련된 자신의 경험 이야기하기 • 『장수탕 선녀님』에 등장하는 인물의 표정과 행동 따라 해보며 인물의 감정 이해하기

샛길활동 내용 및 과정: 목욕을 스토리텔링하다

건이네 고모가 지역 신문사의 주관으로 열린 가족사랑 편지쓰기 대회에서 입상하여 상을 받게 된다. 정말로 오랜만에 외출을 하는 상황이 벌어진 것이다. 그래서 고모는 목욕을 하고 싶어 한다. 그리고 그 일은 건이의 집을 한 바탕 소란스럽게 만든다. 목욕이 이토록 소란스러운 까닭은 고모의 다리가 불편하기 때문이다. 겨울이기 때문에 일단 보일러를 틀어 집안 전체를 데워야 한다. 고모가 자칫 감기라도 걸리면 안 되기 때문이다. 그리고 욕조 바닥에 수건을 깔아 두는 등 목욕 전후로 챙겨야 할 것들이 많다.

그런데 여기서 재미있는 것은 그것을 본 눈이 자기도 목욕을 하고 싶은지 덩달아 끙끙대며 웃옷을 벗고 준비를 하는 모습이다. 그 상황을 본 건이는 평소에는 느끼지 못한 낯선 상황을 맞이하게 된다. 그 공간에서 남자는 자기 혼자라는 것이다. 그래서 "온 집안이 여탕이 됐네. 나 혼자 외톨이야"라고 말하며 심통이 난 척 자리를 피해서 자기 방으로 가 컴퓨터의 전원을 켜는 장면이다.

어린 시절 목욕탕에서의 추억은 다들 있을 것이다. 그런데 요즘은 목욕탕이라는 표현을 많이 사용하지 않는 것 같다. 무슨 스파라든가 찜질방이라는 표현이 더 익숙해졌고, 시설의 규모 또한 예전 목욕탕과는 비교가 안 될 만큼 커졌으며, 다양한 부대시설이 있어 목욕뿐만이 아니라 그 안에서 먹고 자고 즐기는 등 하루를 충분히 즐길 수 있는 곳으로 변화하였다.

『투명한 아이』의 이 장면에 딱 맞아떨어지는 그림책이 한 권 생각났다. 바로 백희나 작가의 『장수탕 선녀님』이라는 그림책이다. 그림책은 작가가 독자에게 하고 싶은 바를 전달하는 매개체로 때로는 글보다 그림이 주된 역할을 하는 경우도 있다. 『장수탕 선녀님』이 그러한 경우이다. 책의 주인공인 덕지는 엄마에게 이끌려 큰길가에 새로 생긴 스파랜드가 아닌 아주아주 오래된 목욕탕에 간다. 오래된 목욕탕에 가는 것이 마음에 들지는 않지만 그래도 울지 않고 때를 밀면 엄마가 사주시는 요구르트를 먹을 수 있어 참는다. 그리고 그곳에서 장수탕 선녀님(선녀님이 너무 오래 사셔서 할머니가 되었지만)을 만난다. 물론 여탕이다.

국어교과의 성취기준인 **[4국05-05] 재미나 감동을 느끼며 작품을 즐겨 감상하는 태도를 지닌다**를 바탕으로 교육과정 재구성을 진행했다. 『장수탕 선녀님』은 목욕탕이 주 배경이다. 목욕탕을 아이들의 삶과 가까우면서도 다양한 경험을 함께 나눌 수 있는 아주 좋은 소재이다. 국어교과 성취기준을 고려한 샛길활동으로 연결하는 일은 그다지 어렵지 않았다.

그림책 『리디아의 정원』과 마찬가지로 아이들과 함께 책을 낭독하면서 책의 내용 면에서 발견할 수 있는 질문과 그림 속에 숨겨진,

『장수탕 선녀님』을 읽고 재미와 감동을 느낀 부분 이야기 나누기

『장수탕 선녀님』 책 표지 따라 해보기

또는 작가의 의도를 찾는 과정을 통해 깊이 있게 천천히 책 읽기를 진행하였다. 이번 '책 속의 책' 샛길활동에서 다른 작품과는 차별된 부분이 있다면 아이들이 목욕탕과 관련된 경험담을 상당히 많이 이야기하고 싶어 했다는 점이다. 아이들의 삶 속에 녹아 있던 각자의 경험들이 하나의 소재를 통해 한 공간에서 공유되었다. 그 상황에서 교사의 역할은 이야기에 목마른 아이들에게 이야기할 수 있는 기회를 제공하는 것으로 충분하다.

『장수탕 선녀님』을 낭독하며 서로 이야기를 주고받고 나니 한 아이가 『장수탕 선녀님』의 표지에 담긴 표정을 따라해보자는 의견을 제시하였다. 이야기 속에 나오는 장수탕 선녀는 목욕탕의 사람들이 정말 맛있게 먹는 '요구르트'의 맛을 상당히 궁금해했는데, 주인공인 덕지가 울지 않고 참으며 때를 밀고 얻어낸 바로 그 요구르트를 주어서 선녀가 처음으로 맛을 보게 된 장면의 그 표정이다. 아이들은 어떤 표정을 지어야 할지 이미 알고 있는 눈치였다. 아이들은 '세상에 이런 맛이?'라는 상상을 하며 자신의 표정을 정말 실감나게 표현하였다. 이보다 얼마나 더 즐겁게 작품 감상을 할 수 있을지 모르겠다. 국어교과의 성취기준은 이미 아이들의 표정과 함께 달성되었다.

생활의 발견

'책 속의 그림책' 샛길활동은 여러 가지로 유용하다. 우선 읽어주고 듣기에 교사나 학생들이나 그리 부담스럽지 않다. 때문에 책에 쉽게 빠져들게 된다. 더욱이 그림이 주는 매력에 빠지면서 드러나는 다양한 이야기는 굳이 아이들의 삶과 연결시키려 노력하지 않아도 자연스럽게 아이들의 생각과 느낌 속에 살아 숨 쉬게 된다.

이번 샛길활동을 하면서 수업의 소재를 아이들의 삶 속에서 발견하는 것만큼 좋은 것은 없다는 것을 새삼스럽게 깨닫게 되었다. 아이들은 대부분 자신의 이야기를 하는 것을 좋아한다. 그렇기에 때로는 다른 친구들의 이야기를 귀 기울여 듣는 태도가 부족해지는 경우가 많아 경청 훈련이 필요하기도 하다. 하지만 이번 샛길활동에서는 경청이 어렵지 않았다. 서로 비슷하면서도 다른 경험을 나누면서 친구들과 자신의 경험과 느낌을 비교하며 들었던 것이 그 이유가 아닐까 생각한다. 모든 수업 상황을 아이들의 삶과 연결하려는 것은 때로는 억지스러울 수도 있으며, 오히려 힘든 길로 들어서는 일이 될 수도 있다. 그래도 우리의 교육은 항상 아이들의 삶에 가까이 다가가고자 하는 노력을 게을리해서는 안 될 것이다.

| 교사의 삶, 아이들의 삶이 최고의 수업자료

교과 수업을 하다가 문득 관련된 내용으로 선생님의 옛날 경험을 이야기하려고 할 때 아이들의 눈이 갑자기 초롱초롱해지고 선생님의 말소리에 귀를 기울인다. 교사가 먼저 목욕탕에 관한 경험담을 학생들에게 이야기해보도록 하자. 목욕탕 문화는 우리나라 사람 대부분이 공유한 독특한 문화라서 아이들도 자연스럽게 공감하게 된다.

| 학생의 끼를 마음껏 펼치도록

『장수탕 선녀님』그림책에 등장하는 인물의 표정과 동작을 자세히 보면 상당히 익살스럽고 과장되어 표현되었다. 아무리 할머니라지만 보편적인 선녀의 이미지는 찾아보기 힘들다. 그런 점이 학생들에게는 오히려 현실적으로, 친근한 이미지로 느껴질 수 있다. 그림책에 등장하는 인물의 표정과 행동을 자세히 관찰하고 따라 해보는 활동은 인물의 감정과 이야기의 흐름을 이해하는 데 많은 도움을 준다.

축사 쓰기

복지관 관장님의 지루한 인사말이 있고 나서 점잖아 보이는 어른 몇 명이 축사를 했다.

그런 다음 축사 마지막 순서로 양복을 잘 차려입은 한 아저씨가 단상으로 올라갔다. 아저씨는 왼쪽 가슴에 빨간 꽃을 달고 있어서 딱 봐도 중요한 사람으로 보였다. 빨간 꽃 아저씨는 사람들에게 인사를 하고 마이크를 잡았다.

"여러분, 이 지역이 많이 낙후되었지만 결코 좌절하거나 낙담하지 마십시오. 비록 이 동네가 빈민 지역으로서 생활에 불편함이 많지만……."

나는 그 사람의 말이 어려워서 다 알아듣기가 힘들었다. 그런데 고모 옆에 앉은 아주머니가 언짢은 듯 중얼거렸다.

"나 참, 우리 동네가 후졌다는 거여, 뭐여. 그래서 대체 자기들이 뭘 어떻게 해주겠다는 건데?" 나는 고모에게 물었다.

"저 사람 누구야?"

"정치인. 다음 선거를 준비하고 있대."

– 『투명한 아이』 97쪽

슬로리딩 샛길활동 주제

샛길 유형	성취기준	샛길활동 주제	내 용
독서 중 샛길교육 교육과정 연계 샛길교육	[4미03-03] 쓰기에 자신 감을 갖고 자신의 글을 적극적으로 나누는 태도 를 지닌다.	행사를 축하 하는 내용이 담긴 축사를 쓰고 여러 사람 앞에서 자신 있게 읽기	• 『투명한 아이』에 등장하는 축사를 하 는 장면에 대해 이야기 나누기 • 축사를 들었던 상황이나 내용과 관련 된 경험에 대해 이야기 나누기 • 축하할 행사의 성격과 대상을 알아보 고 축하하는 마음을 담아 글로 쓰기 • 자신이 쓴 축사를 친구들 앞에서 자신감 있게 발표하기 • 축하하는 글의 내용이 행사의 성격과 듣는 사람의 공감을 얻을 수 있는 내용이었는지 판단하고 평가하기

샛길활동 내용 및 과정: 진심으로 축하한다는 말의 의미

편지쓰기 대회에서 입상한 건이의 고모는 상장 전달식에 참석하 는데, 식순에 의해 여러 관련 기관 및 지역 인사들의 축사가 먼저 진 행되었다. 마지막으로 단상에 오른, 가슴에 꽃을 단 아저씨가 자세히 소개된다. 그는 건이의 가족이 살고 있는 지역의 다음 선거를 준비하 는 정치인인데, '낙후된 지역', '빈민가'라는 표현을 사용해 오히려 표 를 깎아먹는 분위기가 된다. 축사를 하러 온 자리인지 자신을 다음 선거에 뽑아달라는 이야기를 하러 온 자리인지 구분 못 하는 정치인 아저씨의 모습이 안쓰럽기까지 하다.

학생들도 축사를 들은 기억이 몇 번은 있을 것이다. 유치원이나 학 교 행사에서 앞서 늘 누군가가 자리를 빛내주기 위해 참석하기 때문 이다. 물론 학생들은 단상 앞에서 이야기하는 분이 '축사'라는 것을 하고 있었다는 것을 인지하지 못했을 수도 있다. 그래서 축사의 의미 부터 알아보기로 했다. 가장 좋은 방법은 역시 축사를 직접 써보는 것이다.

'축사 쓰기' 샛길활동은 국어교과 성취기준인 **[4국03-05] 쓰기에 자신감을 갖고 자신의 글을 적극적으로 나누는 태도를 지닌다**와 연계하여 재구성하였다. 학생들은 글 쓰는 것을 어려워한다. 글쓰기가 어렵다는 것은 써야 할 주제에 대한 충분한 공감대와 왜 써야 하는지에 대한 동기가 마련되어 있지 않아 쓸 내용이 쉽게 생각나지 않기 때문이다. 글을 쓸 때 그 주제가 자신의 삶과 관련이 없거나, 글 쓰기가 아닌 글 짓기를 해야 할 때는 글에 생명이 없어 공감을 받지 못하게 된다.

글의 주제에 대한 공감대를 형성시키기 위해 학생들과 축사를 들었던 경험을 나눴다. 어떤 상황에서 축사를 들었는지, 그중에 기억에 남는 말은 있었는지, 축사를 들었을 때 느낌은 어땠는지 등에 대한 기억을 떠올려봤다. 대부분 축사와 관련해 특별한 기억이 나지 않는다고 했다. 기억이 난다는 학생도 내용은 잘 모르겠고 지루했다고 대답했다. 그래서 이렇게 기억에 남지도 않고 지루한 축사가 되지 않기 위해서는 어떠한 것에 초점을 맞춰야 할지 생각해보기로 했다.

이렇게 9월 주제 샛길활동으로는 행사의 성격과 듣는 대상을 고려하여 축사를 직접 써보고, 마음을 담은 축사를 학생들 앞에서 낭독하는 자리를 갖기로 했다. 축사를 듣는 학생들은 축사의 내용이 행사의 성격에 맞는지, 청중의 공감을 얻을 수 있는지, 읽는 태도나 목소리 크기는 적절한지 등을 판단하여 평가하게 했다. 이렇게 모아진 동료 평가표의 점수를 합산하여 9월 주제 샛길활동인 '눈은 나를 다르게 보지 않아'의 축사 낭독하기에 나갈 학급 대표를 선정했다.

『투명한 아이』를 통해 학생들은 어떤 상황에서 축사라는 것을 하게 되는지, 청중의 공감을 얻지 못하는 축사가 어떤지를 간접적으로

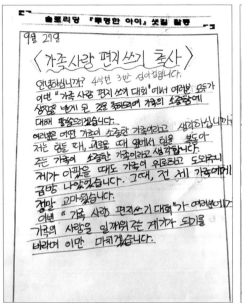

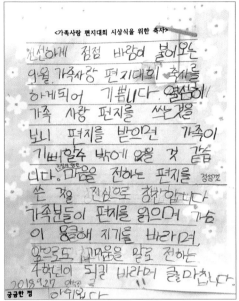

축사 쓰기

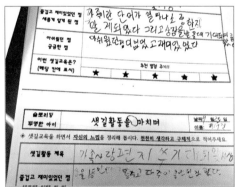

샛길활동 소감 나누기

경험했다. 그리고 학생들은 스스로 주제 샛길활동의 성격과 청중의
상황을 판단하여 축사를 준비하고 친구들 앞에서 자신의 이야기를
펼쳐보는 과정을 통해 이 활동을 왜 하는지, 어떻게 해야 하는지 고
민했다.

즐겁고 유익한 퇴고의 시간

아이들이 글쓰기는 어려워하지만 일기는 많은 부담을 느끼지 않고 길게 써 내려가는 모습을 볼 때가 많다. 이유는 간단하다. 내 이야기라서 그렇다. 내가 겪은 상황에 내가 느낀 감정이며, 내가 한 행동과 말이기 때문이다. 글을 억지스럽게 지어내는 것이 아니라 말 그대로 '글쓰기'를 했기 때문이다.

다행히 『투명한 아이』를 읽고 이야기 속에 등장하는 축사의 상황과 내용을 어떻게 정할지, 서로 이야기하는 과정에서 축사를 어떻게 써야 할지 가닥을 잡을 수 있었다. 처음부터 완벽한 글을 쓰려고 하지 않고 어떠한 행사인지부터 파악하고 듣는 사람들에게 전하고 싶은 마음을 글로 표현하는 것에만 집중했다.

축하하는 마음을 담아 글로 쓴 것을 소리 내어 읽어보고 고쳐보는 과정도 글을 다듬는 것에 큰 도움이 되었다. 축사는 여러 사람 앞에서 읽어야 하는 것이라 성독으로 몇 번 읽다 보면 끊어 읽기와 문맥의 완성도가 높아진다. 실제로 자신이 쓴 축사를 고쳐보는 활동에서 눈으로 읽었을 때보다 소리를 내어 읽었을 때 스스로 점검하고 수정하려는 시도가 많이 관찰되었다.

학생들의 소감 중에 처음에는 어떻게 시작을 해야 할지 몰랐는데 써야 할 내용에 대해 서로 이야기해보고 다른 학생이 쓴 축사를 읽어보는 과정에서 많은 도움을 얻었다는 이야기가 있었다. 실제로 친구들 앞에서 낭독할 생각에 긴장되는 와중에도 잘 써보려고 노력했다는 이야기도 나왔다. 이처럼 학생들에게 주어지는 여러 활동을 큰 맥락에서 하나의 흐름으로 진행되도록 구성하면 학생들의 성취 의욕도 높아진다.

🔍 이번 샛길의 팁

| 실제로 축사하는 현장의 모습으로

축사를 썼으면 축사하는 현장의 경험도 하게 해주어야 한다. 그래야 학생들의 살아 있는 경험에 방점이 찍힐 수 있는 것이다. 그래서 우리는 같은 학년 학생들이 강당에 모두 앉아 있는 가운데 자신이 쓴 축사를 낭독할 수 있는 자리를 마련했다. 그냥 글로만 쓰게 할 때와 실제로 현장에서 낭독을 해야 한다고 했을 때 글을 쓰는 학생의 태도는 분명히 달라질 것이다.

이번 주제 샛길활동 '가족사랑 편지쓰기' 행사에도 교장 선생님이 4학년 학생들을 위해 직접 축사를 해주셨다. 아이들은 교장 선생님이 들려주시는 축사에 여느 때보다 집중하여 듣는 모습을 보였다.

타임머신 '부모님의 과거 사진 속으로'

축하 공연까지 끝나고 기념촬영을 한다고 했다. 참가한 모든 사람이 한데 모여 사진을 찍는데, 고모와 몇몇 친구들은 앞쪽 줄에 자리를 잡았다.

"자, 전차 부대는 앞으로 갑시다."

우스갯소리를 잘하는 한 아저씨가 말했다. 그 아저씨도 우리 고모처럼 다리가 불편했다. 고모와 우스개 아저씨, 다른 두 대의 전동 휠체어가 앞줄을 차지했다.

– 중략 –

그런데 축사를 했던 빨간 꽃 아저씨가 불쑥 끼어들었다. 아저씨는 이미 기념사진 촬영을 위해 대열의 한가운데를 차지하고 있었다.

－『투명한 아이』 45쪽

슬로리딩 샛길활동 주제

샛길 유형	성취기준	샛길활동 주제	내용
독서 중 샛길교육 교육과정 연계 샛길교육	[4사04-05] 사회변화(저출산, 고령화, 정보화, 세계화 등)로 나타난 일상생활의 모습을 조사하고, 그 특징을 분석한다.	부모님 또는 할아버지 할머니의 옛 사진을 통해 사회변화의 모습 발견하기	• 이야기 내용 공감하기 • 사회변화 모습을 찾아볼 방법에 대해 이야기하기 • 부모님 또는 할아버지, 할머니의 옛 모습 중에 사회 모습의 변화를 발견할 수 있는 사진 찾기 • 사진과 관련된 이야기나 시절의 배경 이야기 듣고 간단히 기록하기 • 사진을 보며 사회변화 모습을 발견하고 기록해온 사진 속 이야기 펼치기 • 과거의 모습과 현재의 모습을 비교하고 앞으로의 사회 모습 예상하기

샛길활동 내용 및 과정: 오래된 사진으로 오늘을 읽기

고모의 상장 전달식을 포함한 여러 행사가 마무리되고 기념촬영을 하는 장면이다. 사진을 찍는다는 것은 여러 가지 의미를 담고 있는 행위겠지만 가장 큰 의미는 내 삶의 현재 모습의 흔적을 남기기 위한 행위라는 것이며, 오래된 것일수록 추억의 깊이는 더해질 것이다. 이렇게 사진은 내가 살아온 삶의 짧은 순간을 통해 추억을 선물해 주는 타임머신과도 같은 역할을 한다.

사회교과의 성취기준인 [4사04-05] 사회변화(저출산, 고령화, 정보화, 세계화 등)로 나타난 일상생활의 모습을 조사하고, 그 특징을 분석한다에 도달하기 위해 '부모님 또는 할아버지 할머니의 옛 사진을 통해 사회변화의 모습 발견하기'라는 샛길활동 주제를 설정하고 진행하게 되었다.

이번 샛길활동을 계획하면서 약간 우려한 것 중 하나는 학생들이 가지고 오는 사진에서 사회변화를 얼마나 발견할 수 있을까 하는 점이었다. 따라서 학생들은 물론 학부모님들께 이 샛길활동의 이유와 의미를 충분히 안내하여 수업자료로써 활용 가치가 높은 사진을 선정하게 할 필요가 있다. 또 다른 우려는 사회변화를 몸으로 느끼기에는 학생들이 살아온 시간이 너무 짧다는 점이었다. 학생들은 저출산과 고령화, 정보화와 세계화가 이미 진행 중일 때 태어나 그러한 변화를 몸으로 겪은 우리 세대와는 변화를 받아들이는 정도가 다를 수밖에 없으며, 그러한 차이는 무엇으로도 좁힐 수 없다. 그래서 최대한 학생들과 가까운 곳에서 자료를 선정하고 활용하기 위해 고심 끝에 사진이라는 답을 찾은 것이다. 부모님이나 할아버지, 할머니의 모습이 담긴 사진이라면 자연스럽게 그 시절의 이야기를 직접 살아온 주인공에게 들을 수 있는 기회가 생기는 것이니 사회변화의 모습이 현장감 있게 전해질 것이라 생각했다.

샛길활동을 진행하는 이유와 의미에 대해 학부모님과 학생들에게 충분한 안내를 한 후 적어도 3~4일의 기간을 주어 수업자료로 가치를 지닌 사진을 선정해 올 수 있도록 해야 한다. 자료를 찾을 수 있는 시간을 길게 준다고 무조건 좋은 자료가 발견되는 것은 아니지만 사진을 선정하면서 관련된 이야기를 나누고 기록하는 과정도 고려하여 적절한 기간을 정하는 것이 좋다.

사진을 제출하기 전에 어떤 사회변화를 확인할 수 있는 사진인지를 구체적으로 설명하게 하면 교사가 사진을 분류하거나 소개하는 데 드는 시간을 절약할 수 있다. 그리고 다시 사진을 꼼꼼하게 살펴봐야 한다. 숨은 그림을 찾듯이 살펴본다면 학생의 시선에서는 발견하지 못한 사회변화의 요소들을 생각보다 많이 발견할 수 있다.

이렇게 정리된 사진들을 놓고 실물화상기로 확대하여 학생들에게 보여주고 사회적 변화를 엿볼 수 있는 부분을 함께 찾아보는 시간을 가졌다. 학생들 스스로 요즘에 볼 수 없는 물건이나 배경과 장면을 발견하면서 궁금한 점을 이야기하게 한다. 이때 사진의 주인이 우선적으로 자신이 아는 바를 설명한다. 그런 후 교사의 입장에서 설명을 덧붙이거나 관련한 추가 자료를 통해 학생들의 이해를 돕는다. 시간이 허락된다면 미래의 모습을 상상해보는 시간을 갖는 것도 사회변화의 연속된 흐름 속에서 학생의 사고력을 높일 수 있는 좋은 샛길 활동이다.

삶과 앎을 연결하자

학습자는 어떨 때 학습 효과가 크게 일어났다고 이야기할까? 아마도 학습하는 과정에서 무엇인가 자기에게 의미가 있다고 느꼈을 때가 아닐까 싶다. 학생들이 "이거 배워서 어디에 써먹어요?"라는 질문을 하는 경우가 있다. 교사의 입장에서 당황스러울 수 있는 질문인데, 이런 질문을 하는 학생이 있다는 것은 오히려 반가워해야 할 일이다. 우리는 그동안 왜 배워야 하는지 모르고 배웠지만, 그런 방식을 지금 자라나는 아이들에게 강요할 수는 없다. 학교에서 배우는 것이 자신의 미래와 어떠한 관련이 있는지 이해하지 못하면 학생의 학업 동기는 약해질 수밖에 없다.

이번 샛길활동을 통해 학생들은 할아버지, 할머니와 부모님 그리고 나까지 이어지는 삶의 연속성 속에 나타나는 사회변화의 모습을 아주 가까이에서 살펴보고 이야기 나누며 의미를 발견하는 경험을 했다. 인터넷에 떠다니는 사진과 동영상 학습 자료를 사용했다면 이러한 동기 유발은 별로 기대할 수 없었을 것이다. 왜 이러한 학습주제를 공부하는지를 알게 하고 학생 스스로 동기가 부여될 만한 활동을 선정하여 이러한 학습 과정으로 삶과 앎이 나뉘지 않도록 돕는 것이 교사의 역할이다.

🔍 이번 샛길의 팁

| 인물보다는 배경에서

사회변화를 찾아보기 위한 사진을 준비해오라고 할 때 학생들과 학부모님에게 이러한 샛길활동을 하는 이유와 의미를 자세히 안내되어야 한다. 그렇지 않으면 학생들은 단순히 부모님의 옛 모습이 담긴 인물사진을 가지고 오는 경우가 많다. 부모님께서는 나름 고르고 골라서 예쁘게 나온 사진을 보냈을 텐데 빛을 보지 못하는 경우가 발생하지 않도록 인물사진보다는 배경에 신경을 써서 사진을 선택해 올 수 있게 안내하자.

| 사진 속에 담긴 이야기

이번 샛길활동에서 가장 큰 역할을 하는 것은 학생들이 가지고 온 사진이다. 그런데 사진 속 물건이나 건물 등을 통해 일상생활 속에서의 사회변화 모습을 발견할수도 있지만 그 사진에 담긴 이야기가 있다면 사회변화 모습을 한층 더 깊고 풍부하게 이해할 수 있게 된다. 그래서 사진 뒤쪽에 메모나 붙임종이를 이용해서 그 사진과 관련된 이야기가 있다면 간단히 기록해 올 수 있도록 안내해주는 것이 좋다.

- -

'눈은 나를 다르게 보지 않아'

전화를 끊고 난 고모의 얼굴이 발갛게 달아올랐다. 나는 잔뜩 궁금해져서 고모만 바라봤다. 엄마는 쌀을 씻는 척했지만 자꾸 헛손질을 하는 게 분명했다.

고모가 말했다.

"내일 지역 신문에서 저한테 상을 준대요."

"상이요?"

"지난번 '가족사랑 편지 쓰기 대회'에서……."

- 『투명한 아이』 89쪽

나는 조금 실망했다. 고모가 오늘의 주인공이 아니기 때문이다. 내가 고모에게 물었다.

"애갸, 이게 뭐야? 고모가 상 탄다며?"

고모는 아무렇지 않게 말했다.

"우리 동네 복지관이 우수 활동 기관으로 뽑혀서 오늘 행사를 치른대,

그중 하나로 상장 전달식이 있는 거야.

-『투명한 아이』97쪽

복지관 관장님의 지루한 인사말이 있고 나서 점잖아 보이는 어른 몇 명
이 축사를 했다.

그런 다음 축사 마지막 순서로 양복을 잘 차려입은 한 아저씨가 단상으
로 올라갔다. 아저씨는 왼쪽 가슴에 빨간 꽃을 달고 있어서 딱 봐도 중
요한 사람으로 보였다.

-『투명한 아이』97쪽

슬로리딩 샛길활동 주제

샛길 유형	샛길활동 주제	내용
독서 중 샛길교육 월별 주제 샛길교육	가족사랑 편지 쓰기 상장 전달행사를 통해 축사와 편지 낭독하기	• 학급별로 읽는 이를 고려하여 자신의 마음을 표현하는 가족사랑 편지 쓰기 활동하기 • 상장전달식을 축하하는 축사를 쓰고 친구들 앞에서 낭독하기 • 가족사랑 편지 쓰기와 축사 내용을 듣고 동료평가를 통해 행사 때 대표로 낭독할 작품 선정하기 • 가족사랑 편지, 축사, 상장전달식이 포함된 학년 행사 치르기

샛길활동 내용 및 과정: 간접 경험을 직접 경험으로

8~9월의 샛길활동 주제는 '눈은 나를 다르게 보지 않아'이다.

주제 샛길활동은 『투명한 아이』에서 선정된 매 달의 주제와 관련
된 마무리 성격의 샛길활동으로 이루어진다. 그동안 경험한 여러 샛
길활동이 하나의 큰 주제를 바탕으로 연결되어 흘러왔음을 체득하

교장선생님의 축사

친구들의 축사

편지글 낭독

상장 전달식

가족 사랑 편지 쓰기 시상식 단체 사진

도록 하는 것이 이번 주제 샛길활동의 목적이다.

우리는 『투명한 아이』에서 진행된 여러 가지 샛길활동의 과정을
실제로 학생들이 경험해볼 수 있도록 계획했다. 건이의 고모가 그랬
던 것처럼 가족사랑 편지 쓰기 대회를 열었고, 상장전달식을 통해 4

학년 학생 모두가 행사 무대에 올라와 상장을 받아보게 했다. 그리고 교장선생님을 초청하여 상장 전달식 행사를 축하하는 축사를 직접 들어보고, 각 학급의 학생들이 좋은 축사로 선정한 친구의 축사도 들어보았다.

학생들은 『투명한 아이』에 등장하는 여러 가지 상황과 장면을 머릿속으로 흐름을 파악하여 간접적으로 이해할 수는 있을 것이다. 이런 간접 경험은 사실 상상으로 만들어진 것이다. 하지만 고모가 가족사랑 편지쓰기를 통해 어떤 마음을 편지에 담아 표현을 했는지, 고모가 상장 전달식에서 상장을 받는 기분은 어땠을지, 여러 사람 앞에서 축사를 하는 사람은 축사를 어떻게 준비하고 축사를 할 때의 기분은 어떨지 등을 학생들이 직접 경험하면서 느끼는 감정은 하나하나가 살아 있는 감정이고 경험이다. 그 과정에서 학생들이 느끼는 감정과 기분은 비슷할 수는 있어도 똑같지는 않은 각자 독립적이고 개별적인 것이다.

자기 이름이 불리고 무대 위로 올라가 친구들의 박수를 받으며 상장을 받을 때 표정과 걸음걸이, 상장을 받으러 다가가는 모습도 학생마다 개성이 드러났다. 당당한 모습으로 성큼성큼 걷는 학생, 쭈뼛거리며 부끄러워하는 학생, 친구들을 향해 작은 퍼포먼스를 선보이는 학생, 심지어 옆 돌기를 하며 등장하는 학생 등 각자의 개성을 한껏 뽐내는 자리가 되었다. 다른 사람의 잔치에 손님으로 가서 구경만 하는 행사가 아니라 4학년 학생 모두가 주인공이 되어 주체적으로 참여하고 축하하는, 살아 있는 슬로리딩 샛길교육으로 마무리된 것에 학생들은 물론 교사들 역시 큰 보람을 느꼈다.

시는 시답게, 「달라서 좋은 내 짝꿍」

슬로리딩 샛길활동 주제

샛길 유형	성취기준	샛길활동 주제	내용
독서 중 샛길교육 교육과정 연계 샛길교육	[4국05-05] 재미나 감동을 느끼며 작품을 즐겨 감상하는 태도를 지닌다.	다문화와 관련된 시를 읽고 시의 내용과 장면에서 떠오르는 생각과 느낌 표현하기	• 「달라서 좋은 내 짝꿍」 시 낭송하기 • 시를 다시 읽고 떠오르는 생각 이야기 나누기 • 시에 등장하는 인물들의 상황에 대한 생각 나누기 • 시를 통해 새롭게 알게 된 점과 궁금한 점에 대해 자신의 의견을 적고 친구들과 함께 공유하기

샛길활동 내용 및 과정: 시는 자유다

시는 어린이들의 순수한 마음을 드러나게 하는 좋은 학습주제이다. 동시를 짓는 활동뿐만 아니라 감상에서도 학생들의 상상력과 진솔한 마음, 동심을 느낄 수 있다. 그러나 시를 공부하는 과정에서 특정 가치를 강요하거나 교사가 지향하는 방향으로 억지로 끌고 가려 한다면 학생들은 금세 지루해하고 솔직한 마음을 드러내려 하지 않

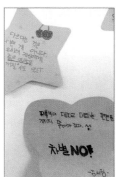

'시는 시답게' 전시　　　　느낀 점 포스트잇에 쓰고 붙이기

을 것이다. 그래서 우리는 매달 샛길 주제와 관련된 시를 감상하고 느낀 점을 붙임종이에 자유롭게 적어 붙이는 '시는 시답게' 샛길활동을 구성하였다.

　이 활동을 준비하는 데 있어 가장 중요한 것은 우리가 의도한 '수업주제'에 맞는 적당한 시를 찾는 것이었다. 동시의 제재^{題材}는 상당히 한정적이어서 우리가 원하는 시를 찾기가 쉽지 않았다. 다양한 작가의 시집을 여러 권씩 읽으며 교사 자신이 많은 시를 접해보는 것이 우선이라는 생각이 들었다.

　이번 달의 주제와 관련해 찾은 시는 신경림 시인의 「달라서 좋은 내 짝꿍」이다. 제목에서도 알 수 있듯이 작가는 다른 것은 틀린 것이 아니라 이해하고 인정해야 하는 대상이라는 생각을 우리에게 전하고 있다. 학생들이 읽고 어렵지 않게 공감할 수 있는 내용으로 쓰여 있어 서로의 생각을 주고받는 활동이 활발하게 이루어졌다.

 인천도담
초등학교

가 정 통 신 문

 행복한 삶의 배움
도담교육공동체

학부모님께

2018. 9. 28. **인천도담초등학교 4학년**

가을의 시작입니다. 독서의 계절인 만큼 아이들이 슬로리딩에서 파생되는 독서의 즐거움을 만끽하는 달이 되길 바랍니다. 10월 주제는 **얼음 바닥 아래 물고기**라는 주제입니다. 1년의 주제와는 좀 벗어난 주제이지만 스마트폰에 의존하는 우리 아이들의 모습을 돌아보고 인터넷 상의 개인정보에 대한 관심을 가질 수 있는 교육을 실시할 예정입니다. 책을 통해 교육과정을 공부하는 다양한 샛길교육에 관심과 격려 부탁드립니다.

일시	샛길교육	내용
10월 8일	• 고구마 수확	• 봄에 샛길교육을 통해 도시농부 체험으로 심은 고구마를 수확하여 맛있게 쪄서 먹어볼 생각입니다. 고구마가 너무 작아서 실망하기 없기요~
10월 1주	• 책 속의 그림책 (알사탕)	• [4국02-05] 읽기 경험과 느낌을 다른 사람과 나누는 태도를 지닌다. 성취기준과 연결하여, 책 속에서 전단지에 끼워주는 알사탕 장면에서 책 속의 책 그림책 읽기『알사탕』을 온 작품으로 읽어보는 활동을 할 예정입니다.
10월 1~2주	• 작가로의 여행	• <독서 단원> 장수탕 선녀, 알사탕 등 온 작품으로 읽은 그림책 백희나 작가에 대해 알아보고 백희나 작가의 다른 작품을 온전히 감상하는 시간을 가져봅니다.
10월 1주	• 비싼 색연필	• [4미02-04] 표현 방법과 과정에 관심을 가지고 계획할 수 있다. 성취기준과 연결하여 책 속의 비싼 색연필을 실제 사용하여 그림문자를 디자인해보고 10월 주제를 표현한 캠페인 행사에 활용할 예정입니다.
10월 2주	• 얼음 바닥 아래 물고기 (개인정보 보호, 사생활 침해, 인권)	• 창의적 체험활동 시간으로 개인정보보호, 인터넷 사용습관지도에 대하여 공부합니다. • 인권에 대해 다양한 책을 통해 공부합니다.
10월 1~2주	• 위인전 도서관 만들기	• 국어 6단원 본받고 싶은 인물을 찾아봐요 단원 [4국02-03] 글에서 낱말의 의미나 생략된 내용을 짐작한다. 성취기준과 연결하여 본받고 싶은 인물을 책을 통해 알아보는 주간입니다. 집에 있는 위인전을 가져와서 학급 도서관을 운영합니다.
10월 3주	• 위인전 읽고 본받고 싶은 인물 되어보기	• 국어 6단원 본받고 싶은 인물을 찾아봐요 단원 [4국02-03] 글에서 낱말의 의미나 생략된 내용을 짐작한다. 성취기준과 연결하여, 본받고 싶은 인물에 대해 책을 통해 선정하고 인물에 대해 집중 탐구할 예정입니다.
	• 위인전 인물 취재, 인터뷰하기	• 국어 6단원 본받고 싶은 인물을 찾아봐요 단원 [4국02-03] 글에서 낱말의 의미나 생략된 내용을 짐작한다. 성취기준과 연결하여 다른 위인들에 대하여 취재 및 인터뷰를 진행하고 신문 만들기를 합니다.
10월 4주	• 얼음바닥 아래 물고기 (주제샛길)- 캠페인 행사	• [4국04-05] 한글을 소중히 여기는 태도를 지닌다. [4미02-04] 표현 방법과 과정에 관심을 가지고 계획할 수 있다. 우리가 만드는 도덕 수업과 연결하여 10월 주제샛길 행사로 개인정보보호, 사생활 침해, 아동인권의 주제로 캠페인 행사를 할 예정입니다.
	• 시는 시답게	• 문현식 시인의 「놀다 가자」라는 동시를 감상하고 아동인권의 놀권리에 대해 이야기 해보겠습니다.

고구마 수확하기

보람이 할머니에게 6·25 전쟁 때 폭탄에 부모를 잃고 홀로 살아남은 고
아 귀신이 씌었다고 했다. 굶어 죽은 어린아이, 즉 동자신을 모시기 때
문에 할머니는 어린애처럼 달콤하고 고소한 걸 좋아한다고 했다.

내가 물었다.

"고구마도?"

"물론."

고구마 냄새 때문에 우리 집을 찾아온 것인지도 모른다. 아니면 진짜
우리 할아버지가 어릴 적 친구에게 고구마가 있는 집을 가르쳐 준 걸지
도 모르고.

- 『투명한 아이』 34쪽

슬로리딩 샛길활동 주제

샛길 유형	성취기준	샛길활동 주제	내용
독서 중 샛길교육 교육과정 연계 샛길교육	[4과13-01] 씨가 싹이 트거나 자라는데 필요한 조건을 설명할 수 있다. [4과05-02] 식물의 생김새와 생활방식이 환경과 관련이 있음을 설명할 수 있다.	식물을 직접 재배하는 경험을 통해 식물의 한살이를 몸으로 체험하고 수확의 보람을 느낀다.	• 『투명한 아이』에 등장하는 '고구마' 장면에 대해 공감 형성하기 • 다양한 환경에서 고구마 순 심기 • 심은 고구마가 자라는 과정을 관찰하고 생명의 연속성 알기 • 심은 고구마를 직접 수확해보고 식물이 자라는 환경과 어떤 관련이 있었는지 생각하기 • 수확한 고구마를 함께 맛보고 소감 나누기

샛길활동 내용 및 과정: 고구마의 생애

보람이네 할머니는 무속인이다. 그래서 때때로 어린아이 목소리를 내면서 마치 동자신이 할머니 몸에 쓴 듯 행동한다. 6.25전쟁 때 부모를 잃어 굶어 죽은 어린아이가 귀신이 되어 할머니 몸에 들어와 그런 말투와 행동이 나온다고, 그래서 할머니가 달콤한 것을 좋아하는 거라고 보람이가 설명하는 장면이다.

처음에 샛길활동으로 '고구마'라는 소재를 떠올렸을 때는 간단하게 고구마를 삶아서 먹는 정도로 이야기를 했었다. 그런데 욕심이 조금 생겨서 고구마를 직접 심고 길러서 수확해 맛보는 것도 의미 있는 활동이 될 거라고 생각을 했고, 학생들도 더 재미있게 참여할 수 있을 것 같았다.

이번 고구마 수확 샛길활동은 과학교과의 성취기준 [4과13-01] 씨가 싹이 트거나 자라는데 필요한 조건을 설명할 수 있다와 [4과05-02] 식물의 생김새와 생활방식이 환경과 관련이 있음을 설명할 수 있다를 연계하여 재구성했다. 교과서에는 콩을 심어 싹을 틔우고 길러, 다시 열매인 콩을 얻는 것으로 한해살이 식물의 일생을 살펴보는 활동이 제시돼 있는데, 우리는 콩의 한해살이 과정과 함께 슬로리딩 교육과정의 샛길활동의 일환으로 고구마도 키워보기로 했다.

문제는 우리 학교에 텃밭이 있긴 해도 규모가 작아서 우리 4학년이 사용할 수 있는 공간이 충분하지 않다는 점이었다. 그러다가 한 선생님께서 예전에 TV프로그램에서 쌀가마니에 흙을 채워 넣고 구멍을 뚫어 고구마 순을 찔러 넣고 고구마를 재배한 것을 본 적이 있다고 하셨다. 우리는 그 프로그램을 다시 찾아 보고, 큰 텃밭이 필요 없고 공간도 많이 차지하지 않는 좋은 방법이라 판단하여 실행에 옮겼다.

학교 근처 농원에 연락하여 고구마 순과 흙이 채워진 쌀가마니를 주문했다. 농원 사장님께 고구마 순을 심는 시기와 수확 시기를 확인하고 날짜를 정해 배달을 부탁했다. 농원에서 고구마 순과 배양토, 쌀가마니가 도착하던 날, 선생님 몇 분이 나가서 쌀가마니에 흙을 채워 넣었다. 다른 선생님들은 각 학급의 고구마 팻말을 만들어 쌀가마니 위에 꽂았다.

다음 날 4학년 학생들이 모두 나와 '고구마 순 심기' 샛길활동을 시작했다. 학생들은 자신의 학급 표시가 된 쌀가마니에 하나씩 고구마 순을 찔러 넣었다. 고구마 순을 처음 본다는 학생들이 대부분이었다. 이렇게 심은 고구마 순에서 고구마가 정말 열릴지 의심과 기대가 섞인 진지한 표정으로 고구마 순을 심고, 남은 고구마 순은 텃밭의 남은 공간에 마저 심어두었다. 서로 다른 환경에서 자란 식물의 모습을 확인해보기 위해서다.

학생들 스스로 고구마 순을 심는 시기, 심는 방법, 고구마가 잘 자

고구마 수확하기

라는 환경 등의 정보를 조사하고, 학급별로 고구마를 잘 키우기 위한 계획을 세우고 당번을 정해서 직접 관리하도록 하였다. 학생들은 계획에 따라 물도 주고 중간 놀이시간이나 점심시간에 운동장에 나가서 놀다가도 가끔 고구마가 잘 자라고 있는지 관심을 두고 살펴보곤 했다.

문제는 여름방학이었다. 방학 동안에도 학생들끼리 모둠을 만들어 당번을 정해 물을 주기로 했지만 개학 후 살펴보니 고구마 줄기가 여기저기 말라 있었다. 학생들은 안타까워하며 시무룩한 표정을 지었지만, 이 또한 살아 있는 교육이다. 만약 누군가가 학생들을 대신하여 돌봐주고 살펴주어 기대 이상의 수확을 했더라면 어땠을까? 내가 책임지고 잘 가꾸지 않아도 수확을 할 수 있다는 상황은 교육적으로 옳지 않다. 이러한 상황을 겪으며 자신이 노력한 만큼 대가가 돌아온다는 사실을 학생들이 배웠으면 하고 바랐다.

드디어 수확 날. 4학년 학생들은 기대에 찬 표정으로 플라스틱 상자와 모종삽을 들고 고구마를 심은 곳에 모였다. 학급별로 한 모둠씩 나와 고구마 순을 심었던 쌀가마니를 헤치면서 고구마를 찾기 시작했다. 학생들의 기대와 달리 대부분 크기가 작았다. 그래도 학생들은 고구마가 열렸다는 사실에 환호했고, 가끔 자신의 주먹보다 큰 고구

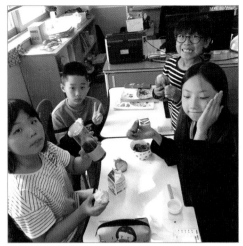

수확한 고구마 시식

마를 발견한 학생은 좋아서 어쩔 줄 몰라 했다. 크기가 작은데다 많이 열리지도 않아서 학생들이 실망할 것이라 예상했던 선생님들은 작은 수확물에도 이렇게 큰 기쁨을 표현하는 학생들의 모습을 보고 약간 부끄러운 마음이 들었고, 학생들의 순수한 마음에 감동하기도 했다.

이번에는 텃밭에 심은 고구마 쪽을 살펴보러 갔다. 쌀가마니에 심은 고구마와는 차원이 다른 커다란 고구마가 발견되었다. 역시 식물은 땅에서 키워야 한다는 사실을 깨달았다. 학생들은 그렇게 수확한 고구마의 흙을 털고 수돗가로 가져가서 간단히 씻은 뒤 상자에 넣어 교실로 가져왔다. 그런 뒤 학교 급식실에 부탁해 우리가 수확한 고구마를 쪄서 맛을 보았다. 사실 고구마는 수확한지 4~5일 정도 숙성을 시켜서 먹는 것이 좋지만, 샛길활동의 의미를 바로 전달해주기 위해 곧장 맛을 보기로 했다.

따끈하게 잘 익은 고구마를 교실에 가지고 들어오는 순간, 학생들의 밝은 표정과 환호가 아직도 생생하다. 모두가 배부르게 먹을 양은 아니었지만 수개월에 걸쳐 심고 길러 수확한 고구마를 따끈하게 쪄서 맛본 경험은 학생들의 삶에 소중한 추억으로 남을 것이다.

비싼 색연필

"어거 꼭 엄마 갖다 드려. 이 전단지도 같이."

과자나 사탕이 아니라서 실망한 아이들도 있었다.

나는 과자도 사탕도 비닐 팩도 별로 관심이 없었다. 그런데 어떤 미술 학원에서 색연필을 두 자루나 나눠 주는 것이 보였다. 그 색연필은 물을 칠하면 수채화처럼 번지는, 좀 비싼 색연필이었다. 그런데 종이에 이름 이랑 전화번호를 적어야 준다는 것이다. 나는 그 색연필이 정말 탐났다. 내 딴에는 머리를 쓴다고 집 전화 대신 신문 보급소 전화번호를 적었다.

– 『투명한 아이』 45쪽

슬로리딩 샛길활동 주제

샛길 유형	성취기준	샛길활동 주제	내용
독서 중 샛길교육 교육과정 연계 샛길교육	[4미02-04] 표현 방법과 과정에 관심을 가지고 계획할 수 있다.	『투명한 아이』에 등장하는 재료의 특징을 살려 그림 문자를 디자인하기	• 『투명한 아이』 이야기 공감하기 • 『투명한 아이』에 등장하는 미술 도구 (수채 색연필)의 특징을 이해하고 표현해보기 • 그림문자로 디자인하는 방법에 대해 알아보기 • 자신이 이야기하고 싶은 내용을 그림 문자로 나타내기 • 수채 색연필을 이용해 다양한 표현방법을 활용하여 그림문자 디자인하기

샛길활동 내용 및 과정: 수채 색연필로 그려보기

건이 아빠가 운영하는 신문 보급소에 자녀를 영어학원에 보내라는 광고 전화가 온다. 건이 아빠는 건이에게 혹시 학교 근처에서 영어학원 사람들에게 전화번호 가르쳐주지 않았는지 물어보는데 건이는 아니라고 대답한다. 건이가 보급소 전화번호를 알려준 곳은 영어학원이 아닌 미술학원이었기 때문이다. 건이는 선물 욕심에 전화번호를 알려주었다. 물을 칠하면 수채화처럼 번지는 좀 비싼 색연필을 나눠줬기 때문이다. 자기 딴에는 머리를 써서 집 전화번호가 아닌 보급소 전화번호로 알려주었다.

사실 이 대목에 등장하는 수채 색연필이 어떤 것인지 잘 몰랐다. 그런데 4학년 자녀를 두고 있는 한 선생님께서 이 색연필의 정체를 밝혀주셨다. 학급 학생들에게 이러한 효과를 낼 수 있는 색연필에 대해 물어봤더니 역시나 알고 있는 학생들이 여럿 있었다. 모르는 것이 있으면 일단 학생들에게 먼저 물어보는 것도 방법이 될 수 있다는 것을 또 한번 느끼게 되었다.

비싼 색연필로 디자인하기 샛길교육

이번 샛길활동은 [4미02-04] 표현 방법과 과정에 관심을 가지고 계획할 수 있다라는 미술교과 성취기준을 슬로리딩 교육과정의 샛길활동 주제로 재구성했다.

『투명한 아이』에 등장하는 수채 색연필에 대해 이미 알고 있는 학생도 있긴 했지만, 효과적으로 수채 색연필을 사용하는 방법과 다양한 표현 기법을 스스로 터득할 기회를 만들어보기로 했다. 수채 색연필은 얇은 A4 종이에 일반 색연필과 같이 그릴 수도 있으나 그러면 수채용 붓으로 물을 묻혀 색을 번지게 하듯이 칠을 할 때 종이가 벗겨지거나 구멍이 날 수도 있어서 두께가 있는 스케치북이나 도화지에 그리는 것이 더 좋다.

수채 색연필을 이용한 그림을 그려보고 색칠도 해보면서 수채 색연필의 효과와 표현법 등을 몸으로 익히는 과정이 끝나면 경험한 내용을 바탕으로 서로 이 재료의 장점과 나타낼 수 있는 효과에 대해 이야기 나누는 시간을 가졌다. 경험을 통해 알게 된 새로운 사실에 대한 확인과 점검의 기회다. 미술 재료를 여러 학생이 다양한 방법으로 사용하다 보면 우연히 새로운 효과가 발견되는 경우도 일어날 수 있기 때문에 학생들에게 방법적인 측면에서 미리 정해진 틀을 제시하지 않는 편이 좋다.

수채 색연필을 처음으로 사용해보는 친구들은 약간 머뭇거리기도 하고 익숙하지 않은지 어색해하기도 했지만 주변 친구들이 사용하는 것을 보거나 직접 연습해보며 금방 적응하기 시작했다. 이렇게 새로운 재료에 적응할 수 있는 시간을 준 다음 계획한 대로 그림문자 꾸미기를 했다. 말 그대로 문자를 그림으로 표현하는 활동이다.

문자그림의 주제는 10월의 주제 샛길활동인 '어린이 인권 캠페인'이다. 어린이 인권에 대한 책 몇 권을 선정하여 읽어보고 그중에서 각자 마음에 드는 문구를 선정하게 했다. 나중에는 학생들이 수채 색연필 이외에 다른 재료를 사용해도 되냐고 물어서 그래도 좋다고 했더니 시각적으로 캠페인 활동에 좀 더 적합한 작품들이 나왔다. 사실 수채 색연필은 시각적으로 또렷하고 강조되는 느낌을 주기에는 부족함이 있었다. 학생들이 캠페인이라는 목적을 고려하여 좀 더 효과적인 방법을 찾아보려고 한 것이 대견했다.

위인 취재 및 인터뷰하기

기자가 눈을 반짝이며 물었다.

"따님이 예쁘네요?"

아빠는 놀란 듯 물었다.

"네? 딸이라니요? 동생은 아직 결혼하지 않았어요."

하지만 기자는 다 안다는 듯이 고개를 끄덕이며 말했다.

"이해합니다, 저희도."

무얼 이해한다는 것인지 애매했다. 고모가 아직 결혼하지 않은 것을 이해한다는 말인지, 눈이 딸이 아니라는 것을 이해한다는 말인지 갈피를 잡을 수 없었다.

고모가 말했다.

"그러니까 지금 저를 취재하시겠다는 건가요? 저는 들려드릴 이야기가 없어요."

- 『투명한 아이』 111쪽

슬로리딩 샛길활동 주제

샛길 유형	성취기준	샛길활동 주제	내 용
독서 중 샛길교육 교육과정 연계 샛길교육	[4국02-03] 글에서 낱말의 의미나 생략된 내용을 짐작한다.	본받고 싶은 인물의 말과 행동을 통해 인물의 가치관을 이해하고 취재 및 인터뷰 활동하기	• 『투명한 아이』에 등장하는 기자와 건이 가족의 대화 장면에 대해 이야기 나누기 • 취재할 위인을 선정하기 위한 교실 위인 도서관 만들기 • 위인전을 읽고 취재할 위인 선정하기 • 선정된 위인의 말과 행동, 업적 등 삶의 태도와 모습 조사하기 • 질문 내용을 정하기 위한 취재 활동하기 • 위인의 역할과 기자의 역할을 나눠 인터뷰 활동하기

샛길활동 내용 및 과정: 기자처럼 묻고, 위인처럼 답하라

신문 보급소에 낯선 남자 한 명이 들어와 건이 고모인 김창숙 씨를 찾는다. 고모는 몸이 불편해 외출을 거의 하지 못하고 지내온 터라 아는 사람이 많지 않다. 고모가 아는 사람은 대부분 건이 가족들도 아는 사람이다. 그런데 건이 아빠가 처음 보는 사람이 고모의 이름을 부르며 들어오자 건이, 건이 아빠, 고모 모두가 의아해한다. 낯선 남자는 지역 신문사의 기자라고 밝히고 건이 고모를 취재하고 싶다고 한다. 고모의 과거 일을 물어보고 심지어 고모 옆에 있는 눈을 보고 따님이 예쁘다며 무언가를 알고 있다는 듯 추궁하는 장면이 나온다. 이러한 기자의 무례함에 고모와 건이 아빠는 불쾌함을 드러내고 고모는 취재에 응하지 않겠다는 말을 한다.

이번 샛길활동은 국어교과의 성취기준인 [4국02-03] 글에서 낱말의 의미나 생략된 내용을 짐작한다를 재구성했다. 국어교과 4학년 2학기 6단원에서는 이러한 성취기준을 도달하기 위해 실제 인물의 일상과 일화를 다룬 전기문을 읽고 인물의 삶을 이해하는 것을 단원 목표로 두고 있다. 전기문에 등장하는 다양한 인물의 말과 행동을 통해 인물의 가치관을 짐작해보는 활동으로 성취기준에 도달하고자 했다.

교과서에서는 김만덕, 정약용, 헬렌 켈러의 전기문을 소재로 다루고 있다. 누가 봐도 훌륭한 인물로 손꼽히는 인물이며, 남성과 여성의 성비와 사회적 소수자를 골고루 다뤘다는 점에서도 적절하다. 그런데 과연 내가 가르치는 학생들이 본받고 싶어 할 만한 인물상을 이 세 인물에 모두 담아낼 수 있을지 의구심이 들었다. 또한 교과서 단원 목표에서는 '전기문을 읽고 인물의 삶을 이해할 수 있다'라고 설정해놓고 각 차시의 정리 단계에서는 전기문의 특성 알아보기, 내용 요약하기, 본받을 점 찾기 활동으로 마무리한다. 교과서 속 인물의 업적을 폄하하거나 교과서가 지니고 있는 문제점을 드러내기 위해 이러한 이야기를 하려는 것은 아니다. 단지 공평하고 공정하게 무리 없는 소재를 찾아 넣어야 하는 교과서에는 어쩔 수 없는 한계가 있다는 것이다. 그래서 학생을 가르칠 때는 교과서를 전부가 아닌 참고자료로 활용해야 하며, 이 또한 재구성이 필요하다.

국어교과의 성취기준에 도달하기 위해 '본받고 싶은 인물의 말과 행동을 통해 인물의 가치관을 이해하고 취재 활동하기'라는 샛길활동 주제를 설정하고 슬로리딩 교육과정으로 재구성해서 진행했다. 우리는 인물의 가치관을 이해하는 것과 취재 활동에 비중을 두고 재구성을 논의했다.

먼저 학생들에게 본받고 싶은 인물 선택의 폭을 넓혀주고자 교실의 한 칸을 '작은 도서관'으로 만들기로 하고, 집에 있는 위인전이나 다양한 인물의 삶을 주제로 한 책을 한시적으로 기증받았다. 필요한

취재하고 싶은 위인 선정하기

위인전 도서관 만들기

경우 교사나 학생이 학교 도서관을 활용하여 관련 책을 대출하는 방법도 좋다. 며칠 사이 정말 많은 책이 모여 교실 서랍장 한 칸을 채우게 되었다.

다음으로 『투명한 아이』에 등장하는 기자처럼 취재를 위해 인물을 선정할 예정임을 안내하고, 4~5일 정도의 시간을 주어 학생들에게 책을 읽어보고 자신이 본받고 싶은 부분을 찾아보라고 한다. 각자 읽은 경험을 바탕으로 자신이 취재하고 싶은 인물과 그 까닭을 서로 이야기해보는 시간을 갖고, 모둠 수에 맞게 인물을 선정했다. 선정된 인물들을 각 모둠이 나눠 맡아 관련 자료를 서적이나 인터넷을 활용

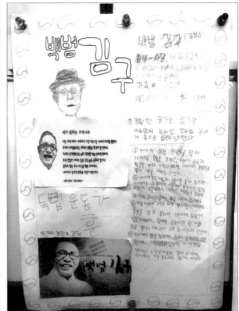

자료 조사하기

인터뷰, 취재하기

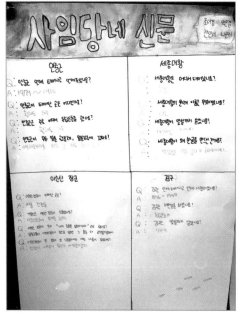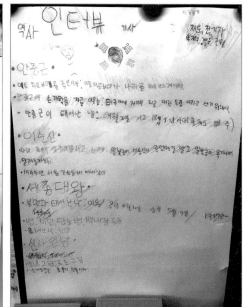

취재 내용 신문 만들기

하여 조사했다.

　조사를 마친 학생들은 그 인물이 되어 인터뷰하고, 나머지 학생들은 기자 역할을 맡아 다양한 방법으로 취재 활동을 했다. 예를 들면 취재를 맡은 학생들은 그 당시의 시대적 상황이나 인물이 한 행동과 말의 이유, 그 상황에서 어떤 기분이나 감정을 느꼈었는지 등과 같은 질문을 만들기 위해 다양한 방법으로 자료를 찾아보는 활동을 하는 것이다.

　인터뷰 활동에서 인물을 맡은 학생들은 사실관계를 묻는 질문에는 조사를 통해 알고 있는 사실에 근거하여 대답하고, 인물이 느꼈을 감정과 관련된 질문에는 각자가 인물의 입장이 되어 짐작되는 감정을 솔직하게 대답하는 방법으로 진행했다. 이때 기자 역할을 하는 학생들은 인터뷰 학습지에 자신이 한 질문을 적고 인터뷰한 내용을 간단하게 기록하도록 한다. 만약 자신이 하려고 했던 질문과 비슷한 질문이 이미 나왔을 경우에는 질문을 한 것으로 간주하고 대답을 기록한다.

인터뷰 활동이 끝나면 모둠별로 취재한 내용과 인터뷰 활동을 통해 새롭게 알게 되었거나 관심이 생긴 부분을 바탕으로 인물 신문을 만든다. 그 신문을 전시해놓고 학생들이 감상하면서 스스로 샛길활동을 정리할 수 있게 했다.

좀 더 기다려주자

학생들이 많이 참여하는 학습활동일수록 서로 간에 의사소통도 많아질 수밖에 없어 의견충돌도 많이 일어난다. 인물을 선정할 때 자신의 의견이 반영되지 못한 경우 실망하기도 하고, 서로 영역을 나눠 인물을 조사하는 과정에서 역할의 분담이 적절하게 이루어지지 않아 갈등이 생기기도 했으며, 인터뷰 활동에서 적절한 질문을 하거나 질문에 충분한 답변을 하는 일에 어려움을 느낀 학생도 있었다. 이런 상황은 활동의 흐름을 끊어지게 한다. 교사 입장에서도 어느 정도까지 개입해야 할지 고민스러울 수 있다. 하지만 조금 여유를 갖고 한 발 물러나서 바라볼 필요가 있다. 활동을 멈추는 상황이 일어났다는 것은 학생 입장에서 보면 배움이 일어날 수 있는 순간이 온 것과도 같다. 이러한 시행착오와 갈등 상황이 생략된 채로 취재 활동, 인터뷰, 신문 만들기 활동이 순조롭게 진행되었다고 한들 학생에게 진정한 배움이 있을지 의문이다.

인터뷰 활동에서 학생들이 질문하고 대답하는 모습을 관찰해보니 평소에 역사나 인물에 대해 관심도 많고 지식이 있는 학생은 기자 역할을 하는 학생의 질문에 자신의 지식적 역량을 충분히 드러냈다.

반면 그렇지 않은 학생의 경우 인터뷰에 소극적으로 응대하고 자신 있게 답을 하는 학생에게 발언권을 미루는 현상이 나타났다.

물론 역사적 사실에 근거해 답할 수 있는 질문의 경우 자세히 알고 있는 학생이 대답을 하는 것은 질문한 학생의 입장에서는 도움이 될 수 있다. 그렇지만 인터뷰 활동이 몇몇 학생에게만 집중되는 현상에 대해서는 고민을 하지 않을 수 없다. 역사적인 사실과 인물에 대한 관심과 지식이 부족하여 대답을 주저하는 학생에게는 인물의 입장에서 그 상황에 대한 자신의 감정과 기분을 묻거나, 인물이 겪은 상황을 두고 어떠한 생각으로 그러한 말과 행동을 했는지 묻는 질문으로 유도하면 부담을 줄일 수 있다.

이번 샛길활동은 교과서에서도 한 단원에 해당하는 분량이라 슬로리딩 수업으로 재구성하는 것이 간단하지는 않았다. 게다가 처음부터 끝까지 학생들이 직접 체험하는 활동으로 이루어졌다. 교실의 작은 도서관 만들기, 취재할 인물 선정하기, 인물 조사하기, 인터뷰 질문과 대답을 위한 취재하기, 인터뷰하기, 마지막으로 인물의 삶을 주제로 한 신문 만들기까지 교사보다는 학생 역할이 훨씬 컸다. 학생 스스로 배움의 씨앗을 찾고 활동을 만들어내는 교육이야말로 우리가 추구해야 할 교육의 방향이라 생각한다.

🔍 이번 샛길의 팁

| 구체적인 안내가 필요해요

인물을 맡은 학생과 기자 역할을 맡은 학생이 질문을 주고받기에 앞서 교사가 구체적으로 안내해줄 필요가 있다. 비슷한 질문을 하는 학생이나 지나치게 구체적인 사실을 묻는 질문, 활동 주제에서 벗어난 질문에는 교사가 적절하게 개입하여 인터뷰 진행을 도와야 한다.

| 다양한 생각과 감정을 들어봐요

한 모둠의 학생들(4~5명)이 한 인물의 역할로 인터뷰에 임하는 활동이기 때문에 책을 꼼꼼하게 읽거나 역사에 관심이 많아 사전지식이 많은 학생이 인터뷰를 주도하여 대답하는 상황이 발생할 수 있다. 구체적인 사실을 자세히 알고 있는 학생이 대답하는 것은 좋으나, 감정이나 기분을 묻는 질문에는 모둠 학생 모두가 각자의 감정과 기분을 이야기하도록 유도하는 것이 좋다.

책 속의 그림책, 『알사탕』

간신히 전화를 끊은 아빠가 나를 불렀다.

"건아, 너 혹시 학교 앞에서 광고하는 사람들한테 전화번호 적어 줬니?"

나는 속으로 뜨끔했다.

방학식날 학교 앞에는 온갖 전단지를 나눠 주는 사람들이 진을 쳤다. 그냥 전단지만 주면 아이들이 받아 가지 않으니까 알사탕을 한 개씩 붙여 놓기도 하고, 공책을 나눠 주기도 했다. 물휴지나 비닐 팩 같은 살림에 필요한 물건을 주는 사람도 있었다. 그걸 나눠 주는 사람들은 이렇게 말했다.

"이거 꼭 엄마 갖다 드려. 이 전단지도 같이."

과자나 사탕이 아니라서 실망한 아이들도 있었다.

-『투명한 아이』 108쪽

슬로리딩 샛길활동 주제

샛길 유형	성취기준	샛길활동 주제	내 용
독서 중 샛길교육 교육과정 연계 샛길교육	[4국02-05] 읽기 경험과 느낌을 다른 사람과 나누는 태도를 지닌다.	그림책 『알사탕』을 읽고 이야기 속에 등장하는 인물의 감정을 살펴보고 자신의 느낌을 이야기해보기	• 『투명한 아이』에 등장하는 '알사탕' 장면에 대해 이야기 나누기 • 『알사탕』 그림책의 제목과 표지 그림에 대한 자신의 경험과 떠오르는 생각 나누기 • 『알사탕』 그림책 읽기 • 인상 깊은 장면에 대해 소감 나누기 • 인상 깊은 장면을 그림으로 그려 소개하고 전시하기

샛길활동 내용 및 과정: 알사탕의 맛, 그림책의 맛

건이 아빠가 운영하는 신문 보급소에 학원을 홍보하는 전화가 온다. 건이 아빠는 건이가 혹시 학교 앞에서 아이들을 상대로 학원을 홍보하는 사람들에게 신문 보급소 전화번호를 알려준 것이 아닌지 묻는다. 건이는 미술학원을 홍보하는 사람들에게 비싼 색연필을 몇 자루 받고 알려준 적은 있지만 전화를 걸어온 영어학원에는 알려준 적이 없어 약간은 의아해하는 상황이다.

사업 홍보를 목적으로 선물을 주면서 수집한 개인정보가 여기저기에서 사용되고 있는 것이 현실이다. 이제는 개인정보가 더는 개인의 정보가 아닌 것이 되었으며 얼마나 허술하게 운영되고, 악용되고 있는지를 알 수 있는 장면이기도 하다.

국어교과의 성취기준 [4국02-05] 읽기 경험과 느낌을 다른 사람과 나누는 태도를 지닌다와 연결, 백희나 작가의 그림책『알사탕』을 골라 '책 속의 그림책' 수업을 진행하였다.

『알사탕』은 온 작품 수업을 하는 교사나 그림책에 관심이 있는 사람이라면 모를 수가 없을 정도로 잘 알려진 그림책이다. 주인공이 구슬을 사려고 문방구에 갔다가 모양이 비슷한 알사탕을 사면서 진행되는 이야기인데, 아이들 일상의 모습으로 쉽고 친숙하게 다가가 흥미와 호기심을 자극하는 이야기 전개 덕분에 학생들 대부분이 집중하여 이야기를 들었다.

그림책을 읽어줄 때는 처음부터 끝까지 모두 맛을 봐야 한다. 그래서 책의 표지를 먼저 살피는 것이 중요하다. 그림책의 제목인 알사탕에 관한 학생들의 경험부터 들어보았다. 알사탕이라는 낱말을 생소해하는 학생들도 있었지만, 이야기를 나누다 보니 알사탕을 안 먹어본 학생은 없었다. 이렇게 제목과 표지 그림에 관한 이야기를 나누면 본격적으로 이야기를 시작하기 전에 학생들을 집중시키고 흥미를 불러일으킬 수 있다.

그림책을 읽어줄 때의 자리 배치는 책의 유형이나 내용 등에 따라 다를 수 있지만 학생들을 부채꼴로 앉히고 교사가 의자에 앉아 책을 한 장씩 넘기면서 읽어주는 것이 학생들의 집중을 이끌어내기 좋다. 이야기보다 그림 비중이 더 크다고 판단되는 경우 실물화상기를 이용하거나 스캔하여 TV화면으로 보여준다. 학생들이 다양한 시선으로 새로운 발견을 할 여지를 줄 수 있어 좋다.

그림책을 읽고 난 후에 학생들과 함께 소감을 이야기해보았다. 이야기를 듣고 서로의 감정과 생각을 나누는 것이 샛길활동의 주제인만큼 많은 이야기가 나올 수 있도록 분위기를 조성할 필요가 있다. 만약 학생들이 너무 단편적인 내용에 대해서만 소감을 이야기하는 경우, 교사가 직접 등장인물의 마음이나 작가의 의도가 포함된 내용에 관해 간단하게 소감을 이야기하여 학생들의 좀더 깊은 이해를 이끌어낼 필요가 있다.

학생 중에는 자신의 감정과 생각을 이야기로 표현하는 것이 익숙

책 속의 그림책 『알사탕』

한 학생도 있지만 그렇지 않은 학생도 있다는 것을 잊으면 안 된다. 장황하게 늘어놓는 말보다는 그림으로 한 번에 보여주는 것이 자기 감정이나 생각을 표현하는 데에는 오히려 효과적일 수 있다. 그래서 이번에는 『알사탕』을 읽고 그림을 보면서 느꼈던 감정과 하고 싶은 이야기를 삽화로 표현하도록 했다. 가장 인상 깊었던 장면을 따라 그려 보거나 자기 생각을 담아 새롭게 표현하도록 했다. 그런 후 친구들에게 자신이 그린 그림을 간단히 소개하고 교실에 전시하여 학생들이 시간을 두고 감상하는 것으로 마무리했다.

　'책 속의 그림책' 샛길활동을 하면서 세상에는 좋은 그림책이 참 많다는 걸 새삼 느꼈다. 그런 만큼 어떤 그림책을 선택해야 하는지에 대한 고민도 깊어지기는 하지만, 슬로리딩 교육과정에서는 가르치려는 주제와 기준이 마련되어 있기 때문에 고민의 범위를 좁힐 수 있다. 한 권의 책을 통해 다른 책을 경험할 수 있는 활동을 연결하는 것이 가능하다는 점이 슬로리딩 교육과정의 매력이다.

작가로의 여행

슬로리딩 샛길활동 주제

샛길 유형	성취기준	샛길활동 주제	내 용
독서 중 샛길교육 교육과정 연계 샛길교육	[4국05-05] 재미나 감동을 느끼며 작품을 즐겨 감상하는 태도를 지닌다.	작가의 다양한 작품을 읽어 보고 재미나 감동을 주는 장면에 대해 이야기하기	• 백희나 작가에 대한 다양한 자료 찾기(작품, 약력, 인터뷰 내용 등) • 백희나 작가의 대표 작품을 선정하여 모둠별로 읽어보고 공통점과 차이점 발견하기 • 책을 읽고 재미와 감동을 느낀 장면 발견하기 • 책을 통해 느낀 재미와 감동의 장면을 간단한 근거와 함께 친구들에게 소개하기

샛길활동 내용 및 과정: 찾아 읽는 즐거움

작가로의 여행은 한 작가를 선정하여 그 작가의 다양한 작품을 모둠별로 읽어주며 인상 깊었던 장면을 찾아 친구들과 그 까닭을 이야기하는 활동이다. 책을 읽는 즐거움을 맛보게 해주는 동시에 작가의 또 다른 작품을 찾아 읽어보고 싶다는 마음을 불러일으켜 파생

독서의 실천과 독서의욕을 높이는 것이 그 목적이다.

국어교과의 핵심 성취기준 [4국05-05] 재미나 감동을 느끼며 작품을 즐겨 감상하는 태도를 지닌다를 샛길활동 주제 '작가의 다양한 작품을 읽어보고 재미나 감동을 주는 장면에 대해 이야기하기'로 재구성했다. 재미나 감동을 주는 장면이란 인상 깊은 장면을 이야기한다. 인상 깊은 장면은 기억에 오래 남는 장면과 크게 다르지 않다. 그렇다면 어떤 장면이 기억에 오래 남는 장면일까? 아마도 자신이 직접 경험한 일이 그러할 것이며, 이것이 슬로리딩 교육과정에서 중요하게 생각하는 샛길활동의 가치이다.

본 활동에서 백희나 작가를 선정한 이유는 앞선 '책 속의 그림책' 샛길활동에서 『알사탕』, 『장수탕 선녀님』과 같은 작품을 통해 학생들에게 익숙한 작가이기도 하고, 그림책의 삽화가 독특하게 표현되어 있어 학생들이 독서에 흥미를 갖게 하기에 적합하다고 판단되었기 때문인데, 물론 다른 작가의 작품으로 진행해도 된다.

먼저 활동 모둠을 정하고 학교 컴퓨터실에 가서 작가에 대한 자료를 찾아보기로 했다. 자료를 찾아 정리할 때는 내용별로 구분할 수 있도록 하는 것이 좋다. 작가 개인에 대한 약력, 작가의 작품, 작가를 소개하고 있는 글, 작가의 의도나 생각을 발견할 수 있는 인터뷰 내용 정도로 구분하여 정리하도록 하였다.

백희나 작가에 대해 찾은 자료를 바탕으로 『구름빵』, 『달 샤벳트』, 『이상한 손님』, 『장수탕 선녀님』, 『이상한 엄마』의 다섯 권을 선정했다. 작가의 이름은 기억하지 못해도 제목을 듣고는 대부분의 학생이 서로 읽어봤다면서 알은체했다.

글과 함께 그림을 통해 알 수 있는 의미와 작가가 전달하고 싶은 것들을 파악하기 위해 다섯 권의 그림책을 모둠별로 한 명씩 돌아가

책 제목: 인상 깊었던 장면: _____ _____ _____ 인상 깊었던 까닭은 무엇일까요? _____ _____ _____	책 제목: 인상 깊었던 장면: _____ _____ _____ 인상 깊었던 까닭은 무엇일까요? _____ _____ _____

백희나 작가로의 여행

면서 읽기로 했다. 그리고 한 작품을 읽은 후에는 가장 인상 깊었던 장면을 정해 그 까닭과 함께 정리하고 다음 그림책으로 넘어갔다.

이렇게 학생들 스스로 작가를 조사하고, 작가의 다양한 그림책을 읽고 알게 된 새로운 내용과 떠오른 생각을 바탕으로 백희나 작가를 좀 더 깊게 이해하는 활동을 했다. 백희나 작가의 작품과 다른 그림 책들의 공통점과 차이점을 발견해 이야기를 나눴다. 그림책을 주로 만드는 작가다, 그림책에 나오는 그림이 주로 종이 인형과 같은 모습 이다, 신기한 이야기가 많다, 가족 이야기를 다룬 그림책이 많다 등의 의견을 내며 작가가 그림책을 통해 전하고 싶은 내용이 무엇인지 알 아갔다. 이번 샛길활동은 책 속에서 다른 책으로 여행을 떠나는 또 다른 파생독서의 방법을 발견하는 기회가 되었다.

'얼음 바닥 아래 물고기'

아빠는 고모의 어깨를 툭툭 쳤다.

"그러게 말이다. 인터넷이 아무리 발달했기로서니⋯⋯. 사람들의 개인 정보를 보호하는 것도 인권 문제인데 그걸 생각하지 않는 게지."

학교에서 인터넷 세상을 보이지 않는 거대한 그물망이라고 배웠다. 나는 우리가 보이지 않는 거대한 그물망에 갇혀 있다고 상상해 봤다. 어쩌면 투명한 얼음 아래 갇혀서, 호수 밖으로는 절대 도망칠 수도 없는 물고기 신세가 아닐까. 자유도 없고, 사생활 보호도 없는 물고기 신세 ⋯⋯. 빙어 낚시터에 모인 무수한 사람들이 저벅저벅 발소리를 내며 얼음 위를 왔다 갔다 할 때 물고기들은 어떤 기분이 들까? 자유를 향한 출구가 낚싯줄을 드리운 구멍이라는 걸 알면 얼마나 무서울까.

－『투명한 아이』 117쪽

슬로리딩 샛길활동 주제

샛길 유형	샛길활동 주제	내용
독서 중 샛길교육 월별 주제 샛길교육	어린이 인권에 대한 다양한 자료를 조사하고 어린이 인권을 주제로 한 캠페인 활동하기	• 인권의 의미와 인권의 중요성에 대해 공감하기 • 어린이 인권에 대해 조사하고 다양한 어린이의 권리 알아보기 • 어린이가 누려야 할 다양한 권리 중에 한 가지를 선정하여 캠페인 문구 만들기 • 어린이 인권 캠페인 문구 피켓을 제작하여 캠페인 활동하기

샛길활동 내용 및 과정: 우리들의 인권을 말하다

어느 날 건이 고모를 찾는 남자가 신문 보급소에 찾아온다. 그 남자는 자신을 기자라고 소개하며 건이 고모의 사연을 다루는 기사를 쓰기 위해 취재하러 온 것이라 한다. 기자는 건이 고모의 사연을 통해 사람들에게 용기와 희망을 주고자 한다면서 건이 고모가 말하고 싶어 하지 않는 사생활에 대해 많은 것을 알고 있는 것처럼 말하며, 추측성 이야기를 마치 사실인 것처럼 이야기한다. 건이 아빠와 고모가 기자에게 불쾌감을 보이자 그 정도의 사실은 인터넷 기록을 조금만 검색해도 알 수 있다고 이야기한다.

인터넷의 발달로 내가 알고 있는 나의 모습과는 또 다른 내가 인터넷 세상에 버젓이 존재하게 되었다. 이러한 문제는 알 권리와 개인의 사생활로서 지켜져야 할 권리 사이에서 오락가락하고 있다. 어쩌면 건 투명한 얼음 하늘 아래 갇혀 사는 물고기 신세라고 한 건이의 말이 우리의 현실을 정확히 표현하는 것일지도 모른다.

『투명한 아이』 10월의 주제 샛길활동은 '얼음바닥 아래 물고기'로, 우선 학생들과 함께 인권의 의미와 중요성에 대해 공감하는 활동을 했다. 먼저 '책 속의 책' 샛길활동으로 『우리가 꿈꾸는 자유』라는 책

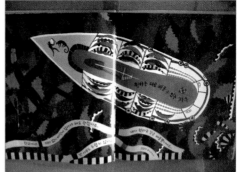

책 속의 책 『우리가 꿈꾸는 자유』 온 작품 읽기

을 통해 '인권이란 인간으로서 태어나면서 누구나 당연하게 갖고 있는 권리'라는 의미를 구체적인 실제 생활과 연결하여 의견을 나누는 활동을 했다. 그러면서 그러한 인권이 지켜지지 않는 상황을 『투명한 아이』 속에서 찾아보고, 실제 학생들의 경험 속에서도 찾아보며 이야기를 해보았다. 우리 삶 속에 존재하는 다양한 편견과 차별 그리고 사생활 침해와 같은 것들이 모두 정당한 인권을 방해하는 요소임을 이해하기 위한 활동이었다. 이러한 일이 남의 이야기가 아닌 바로 나의 일이 될 수 있다는 것, 인권이 지켜지지 않았을 때 벌어질 수 있는 일들을 생각하는 과정을 통해 인권의 중요성과 필요성을 자연스럽게 알게 되었다.

인권에서 약간 폭을 좁혀 학생 입장에서 이해하기 쉽도록 어린이 인권으로 주제를 정하고, 어린이가 누려야 할 권리를 다루는 책을 선정하여 읽어보았다. 그리고 책 속에 등장하는 어린이의 다양한 권리 중에서 자신이 가장 중요하고 가치 있다고 생각하는 권리를 선정하여 인권 캠페인 문구를 만들고 캠페인 피켓으로 꾸미는 활동도 해보았다.

학생들은 어린이가 누려야 할 권리가 이렇게 다양할 것이라고는

비싼 색연필 샛길활동으로 캠페인 활동 문자 디자인하기

캠페인 활동으로 마무리

캠페인 활동으로 마무리

생각하지 못했다는 반응이었다. 안전할 권리, 평등할 권리, 나답게 살 권리, 꿈을 꿀 권리, 억압받지 않을 권리 등의 권리와 자유가 우리 모두에게 있음을 삶의 의미로 새롭게 새기는 기회가 되었다. 물론 이러한 권리와 자유는 마음대로 행사할 수 있거나 무한한 것이 아니라는 것 또한 이해하도록 안내해야 한다. 권리와 자유에는 항상 책임이 따르며, 나의 권리와 자유가 중요한 것처럼 다른 사람의 권리와 자유도 중요하다는 것 말이다.

학급별로 날짜를 정해 각자 선정한 어린이의 권리와 누려야 할 자유에 관한 캠페인 문구가 새겨진 피켓을 들고 등교 시간에 맞춰 캠페인 행사를 하였다. 등교하는 학생들 양쪽에 길게 늘어서서 자신이 만든 피켓을 들고 어린이 인권에 대해 알리고 이해를 돕는 활동이었다. 캠페인 활동은 학급마다 개성 있게 진행됐다. 조용히 피켓을 들고 홍보하기도 하고, 한 명씩 앞에 나와 어린이 인권과 관련된 문구를 외치는가 하면, 쉬는 시간과 점심시간에 복도를 돌아다니며 캠페인 활동을 하기도 했다.

이번 주제 샛길활동을 통해 개인적으로 느낀 점이 있다면 자기 권리를 소리 내어 표현하지 않으면 그 누구의 관심도 받기 어렵다는 것이다. 물론 학생 모두가 이러한 깨달음을 얻지는 못했을 수도 있지만 자기 이야기를 다른 사람들에게 직접 알리고 표현했던 경험은 나중에 우리 사회를 이끌어갈 위치에 섰을 때 민주시민으로서의 자질을 깨닫고 실천하는 일에 망설이거나 두려워하지 않을 힘이 될 것이라 믿는다.

시는 시답게, 「놀다 가자」

슬로리딩 샛길활동 주제

샛길 유형	성취기준	샛길활동 주제	내 용
독서 중 샛길교육 교육과정 연계 샛길교육	[4국05-05] 재미나 감동을 느끼며 작품을 즐겨 감상하는 태도를 지닌다.	어린이 인권과 관련된 시를 읽고 시의 내용과 장면에서 떠오르는 생각과 느낌 표현하기	• 「놀다 가자」 시 낭송하기 • 시를 다시 읽고 떠오르는 생각 이야기 나누기 • 시에 등장하는 인물들의 상황에 대한 생각 나누기 • 시를 통해 새롭게 알게 된 점과 궁금한 점에 대해 자신의 의견을 적고 친구들과 함께 공유하기

샛길활동 내용 및 과정: 내 마음 읽어주는 시

이번 달의 주제는 '얼음바닥 아래 물고기'로 개인정보 및 저작권 침해 그리고 인권에 대한 내용이다. 주제가 학생들에게는 다소 무겁고 어렵게 느껴질 수 있지만 학생들의 경험과 관련된 이야기로 풀어나가면서 주제에 대한 이해와 공감대가 서서히 만들어졌다.

「놀다 가자」라는 시는 아이들의 '놀 권리'와 관련된 시이다. 매일

'시는 시답게' 전시

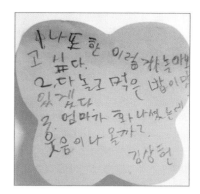

느낀 점 포스트잇에 쓰고 붙이기

학원이나 방과 후로 바쁜 우리 아이들은 아이라는 이유만으로도 놀 권리가 있다. 물론 환경오염, 기후 변화, 범죄 등의 문제로 야외 활동이나 놀이에 현실적 제약이 있기는 하지만 마음속에는 모두 아무 걱정 없이 놀고 싶다는 마음이 한 켠에 숨어 있다. 이 시는 이렇게 학생이라면 누구나 갖고 있을 법한 소망을 이야기한다. 그러나 학생들은 시에서처럼 마음껏 놀지 못하는 현실에 오히려 더 큰 상실감을 느끼는 것 같았다.

학생들은 이 시를 읽고 느낀 점을 대부분 '부럽다', '나도 시에 나오는 주인공처럼 놀고 싶다'와 같이 적었다. 이러한 학생들의 짧은 의견 한마디, 한마디가 안쓰럽고, 그렇게 해주지 못하는 현실이 안타까웠다. 놀이라는 것이 인간관계, 규칙준수, 협동심 등을 두루 배울 수 있는 최고의 활동이라고 생각하는 입장에서 보면 더욱 아쉬움이 크다. 학교 안팎으로 아이들의 '놀 권리'가 보장되는 사회가 되었으면 하는 바람이다.

인천도담
초등학교

가 정 통 신 문

학부모님께

2018. 10. 23. **인천도담초등학교4학년**

어느덧 차가운 바람이 솔솔 불어옵니다. 이제 4학년 아이들과 함께하는 슬로리딩 교육과정도 이제 거의 마무리되고 있습니다. 11월의 주제는 **엄마는 아무나 하나, 아버지의 나라**라는 주제로 투명한 아이 책 2장을 공부합니다. 가족의 소중함과, 다양한 가족의 형태를 사회과와 연결하여 공부할 예정이며, 다문화 박물관 체험학습을 통해 세계의 다양한 문화에 대한 이해를 통해 세계민주시민으로의 교육과정 철학을 실현하는 달입니다. 또한 샛길교육으로 사회과와 연결한 경제교육을 기획 중입니다. 아이들이 부모님의 입장이 되어보는 시간을 통해 서로의 마음을 이해하고 사랑이 더 깊어지는 한 달이 되었으면 좋겠습니다. 책을 통해 교육과정을 공부하는 다양한 샛길교육에 관심과 격려 부탁드립니다.

일시	샛길교육	내용
11월 1주	• 나도 엄마가 될 수 있어 • 책 속의 그림책 (돼지책)	• [4국04-03] 기본적인 문장의 짜임을 이해하고 사용한다. • [4사02-06] 현대의 여러 가지 가족 형태를 조사하여 가족의 다양한 삶의 모습을 존중하는 태도를 기른다. 사회책 175~177쪽. 성취기준과 연결하여 『돼지책』 그림책을 온 작품으로 감상하고 문장의 짜임을 공부한 후 가족의 역할에 대한 나의 생각을 글쓰기를 통해 표현해봅니다. • 과정형 상시평가 [4국04-03] 『투명한 아이』 118-124쪽을 읽고, 이야기의 흐름을 생각하며 문장의 짜임에 맞게 문장을 쓸 수 있다.
	• 책 속의 책 (주제 : 가족)	• [4사02-06] 현대의 여러 가지 가족 형태를 조사하여 가족의 다양한 삶의 모습을 존중하는 태도를 기른다. 성취기준과 연결하여, 가족이라는 주제의 다양한 온 작품 읽기로 파생독서를 실천합니다.
11월 2주	• 잿빛 하늘	• 미술 11. 먹 향기를 담은 수묵 담채화 - 수묵담채의 다양한 표현 방법을 익히고, 느낌을 살려 표현하기 [4미02-04] 표현 방법과 과정에 관심을 가지고 계획할 수 있다. 성취기준과 연결하여 투명한 아이 책에 나오는 잿빛 하늘을 수묵 담채화로 표현 해봅니다.
	• 책 속의 책 (단편소설) 할아버지의 손 냄새	• [4국03-03] 관심 있는 주제에 대해 자신의 의견이 드러나게 글을 쓴다. 성취기준과 연결하여 책 속의 책 온 작품 읽기 이유정 작가의 『할아버지 숙제』를 읽어보고 직접 할아버지 숙제를 해봅니다.
11월 3주	• 쿨해서 좋다	• [4도03-02] 다문화 사회에서 다양성을 수용해야 하는 이유를 탐구하고, 올바른 의사 결정 과정을 통해 다른 사람과 문화를 공정하게 대하는 태도를 지닌다. 성취기준과 연결하여 내 성격에 대한 간단한 검사를 통해 나를 이해하고 타인을 이해하는 마음을 기르는 공부를 해봅니다.
11월 4주	• 정당하게 일한 대가 (주제샛길)	• 사회 2. 필요한 것의 생산과 교환 [4사04-03] 자원의 희소성으로 경제활동에서 선택의 문제가 발생함을 파악하고, 시장을 중심으로 이루어지 경제활동을 설명한다. 성취기준과 연결하여, 아이들 수준에 맞는 경제활동 미션을 만들고 있습니다. 학교나 집에서 할 수 있는 아르바이트를 통해 경제교육을 실천하고, 바자회를 열어 건강한 생산과 소비를 체험으로 공부합니다. • 과정형 상시평가 : [4사04-03] 선택의 문제가 발생하는 상황에서 현명한 선택을 하는 방법을 알고 선택할 수 있다.
	• 책 속의 책(시는 시답게)	• 비밀번호 - 문현식 동시집 『팝콘교실』 시 감상하기

잿빛 하늘

"눈 알지? 위층 사는 눈, 눈은 가족이 없잖아. 우리 집에서 할머니랑 나랑 같이 살아. 응?"

"눈 엄마는 오늘 온다."

할머니는 당연하다는 듯 툭 뱉었다.

"오늘 온다고요?"

내가 되물었다.

할머니는 창문 너머 뿌연 잿빛 하늘을 쳐다보았다.

"서쪽에서 기운이 보여. 오늘 중에는 소식이 올 거야."

보람이가 떼를 썼다.

"거짓말 마. 할머니 점괘는 다 엉터리야. 눈이 엄마는 오늘 안 와. 올 거면 벌써 왔어야지 연락도 안 되다가 왜 오늘 갑자기 나타나는데?"

- 『투명한 아이』 130쪽

슬로리딩 샛길활동 주제

샛길 유형	성취기준	샛길활동 주제	내용
독서 중 샛길교육 교육과정 연계 샛길교육	[4미02-04] 표현 방법과 과정에 관심을 가지고 계획할 수 있다.	먹의 농담이 주는 효과를 이해하고 먹의 농담을 사용해 주제에 맞게 표현하기	• 『투명한 아이』에 등장하는 '잿빛 하늘' 모습 상상하여 떠오르는 느낌 이야기 나누기 • 잿빛 하늘을 표현할 수 있는 방법에 대해 생각하기 • 먹의 농담을 달리하여 선 그리기 • 먹의 농담이 주는 효과와 느낌에 대해 이야기 나누기 • 먹의 농담을 이용하여 그림으로 표현하기

샛길활동 내용 및 과정: 잿빛을 찾아서

보람이가 건이네 집에서 잠시 지내고 있는 눈을 자기 동생으로 삼고 싶다고 할머니에게 떼를 쓴다. 그러자 보람이 할머니가 창밖의 뿌연 잿빛 하늘을 바라보며 눈의 엄마와 관련된 어떤 기별이 올 것이라는, 알 수 없는 이야기를 하는 장면이다.

학생들에게 잿빛이라는 낱말은 생소하다. 국어사전을 찾아보고 나서야 회색빛과 비슷한 말이라는 것을 알게 되었다. 회색은 흰색도 검은색도 아닌 그 중간 정도에 해당하는 색이다. 밝음과 어둠의 어디쯤인 것이다. 가끔 이럴 때가 있다. 말로 설명하기가 힘든 상황이다. 명확하게 떠오르는 이미지가 없이 설명만 장황해지는 상황이 벌어졌다. 그래서 인터넷 이미지 자료를 찾아 보여주었다. 역시 백문불여일견百聞不如一見 학생들은 대부분 알겠다는 뜻으로 고개를 끄덕였다.

이러한 잿빛 하늘의 표현을 미술 교과의 먹 향기를 담은 수묵 담채화-수묵담채의 다양한 표현 방법을 익히고, 느낌을 살려 표현하기, 성취기준 [4미02-04] 표현 방법과 과정에 관심을 가지고 계획할 수

원본 사진(출처: 네이버블로그)

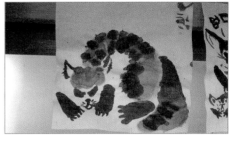

수묵담채화 모사하기

수묵담채화 모사하기

원본 사진(출처: 네이버블로그)

잿빛 하늘 수묵담채화 그리기

잿빛 하늘 수묵담채화 그리기

있다와 연계하여 샛길활동으로 재구성했다. 학생들이 그림을 채색할 때 주로 사용하는 수채용 도구가 아닌 먹과 서예용 붓 등의 재료를 사용하고 먹의 농담을 이해하여 효과적으로 표현해보는 활동이다. 흰색 물감과 검은색 물감이 섞여서 만들어진 회색이 아닌 먹물에 물을 섞어 농담을 달리해 표현하는 방법으로 잿빛을 만들기로 했다.

먼저 학생들에게 먹의 농담이 무엇인지, 어떠한 방법으로 진하기를 조절할 수 있는지에 대해 질문과 대답을 통해 알아가게 했다. 접시에 먹물을 담아 붓을 이용하여 한 줄 그려보고, 이후 물을 조금씩 섞으면서 점점 흐려지는 먹의 특성을 살펴보았다. 물을 사용하여 점점 흐려지는 농담의 차이를 확인하고, 반대의 과정으로도 농담을 표현할 수 있다는 걸 경험하게 했다.

다음으로 먹의 농담을 이용하여 그림을 모사했다. 다양한 수묵담채화 사진을 보여주고, 이를 바탕으로 모사(따라 그리기)를 하며 먹의 농담이 주는 효과를 이해해갔다. 학생들과 함께 먹의 농담이 주는 느낌과 분위기가 어떠한지 말하면서 각자가 느끼고 떠오르는 생각을 나누는 시간도 필요하다.

마지막으로 『투명한 아이』의 잿빛 하늘과 연결하여 다양한 모습의 잿빛 하늘 이미지를 보여주고 먹의 농담을 이용해 떠오르는 느낌을 화선지에 표현하게 했다. 화선지에 먹물로 그림을 그릴 때 먹물이 화선지에 스며드는 모습, 붓의 위치와 누르는 정도에 따라 선이 다르게 나타나는 현상을 보며 학생들은 신기해했다. 일반 도화지에 물감을 이용해 그림을 그리고 색칠하는 것과는 다른 느낌을 경험했다.

책 속의 책, 『돼지책』

"눈은 다른 사람하고 달라. 나를 다르게 보지 않아."

고모 목소리였다.

"도대체 이런 말도 안 되는 소리를 하면 어쩌자는 거니?"

뒤이어 아빠 목소리.

나는 오줌이 마려웠지만 밖으로 나가지 못하고 숨을 죽였다. 어른들은 눈 때문에 심각하게 싸우는 중이었다.

고모의 목소리가 높아졌다.

"엄마는 뭐 특별한 거라도 돼? 아무나 못하는 거야? 나도 엄마가 될 수 있다고."

엄마가 고모를 말렸다. 엄마는 조곤조곤 고모를 타이르듯이 말했다.

"아가씨, 저도 아가씨 마음 모르는 거 아니에요. 눈이 아가씨를 잘 따르고 아가씨도 눈을 예뻐하긴 하죠. 하지만……."

- 『투명한 아이』 119쪽

슬로리딩 샛길활동 주제

샛길 유형	성취기준	샛길활동 주제	내 용
독서 중 샛길교육 교육과정 연계 샛길교육	[4사02-05] 옛날과 오늘날의 혼인 풍습과 가족 구성을 비교하고, 시대별 가족의 모습과 가족 구성원의 역할 변화를 탐색한다. [4국04-03] 기본적인 문장의 짜임을 이해하고 사용한다.	『돼지책』을 읽고 바람직한 가족의 역할에 대해 이해하고 문장의 짜임에 맞게 글쓰기	• 『투명한 아이』에 등장하는 '엄마의 역할'에 대해 이야기 나누기 • 문장이 주어부와 서술어부로 나뉘어져 있음을 이해하기 • 『돼지책』을 읽고 바람직한 가족 구성원의 역할에 대해 생각하기 • 『돼지책』에 대한 소감이나 바람직한 가족 구성원의 역할에 대한 글을 문장의 짜임에 맞게 글쓰기 • 친구들이 쓴 소감문을 듣고 문장에 짜임에 맞는 표현 찾아보기

샛길활동 내용 및 과정: 가족이 된다는 것은

다리가 불편한 건이 고모는 바깥 활동을 거의 하지 못한다. 외출을 해도 자신을 바라보는 다른 사람들의 시선이 편치 않다. 장애인을 불쌍한 사람, 무조건 도와줘야 하는 대상으로 치부하는 편견의 시선은 고모를 더욱 불편하게 하고 바깥 활동을 힘들게 한다. 그런데 건이네 집에 맡겨진 눈은 고모를 그런 시선으로 보지 않는다. 고모는 그런 눈에게 많은 애착을 보이고, 눈의 엄마가 나타나지 않는 상황에서 눈을 입양하려는 마음까지 갖는다. 자신도 엄마가 될 수 있다고 주장하는 고모와 그런 고모에게 반대하는 건이네 부모님 사이에 갈등이 일어나는 장면이다.

이번 샛길활동은 사회교과의 성취기준 [4사02-05] 옛날과 오늘날의 혼인 풍습과 가족 구성을 비교하고, 시대별 가족의 모습과 가족 구성원의 역할 변화를 탐색한다와 연계하여 재구성했다. 가족 간 역할갈등을 문제 상황으로 제시하고자 하였고, 이를 위해 '책 속의 책' 활동으로

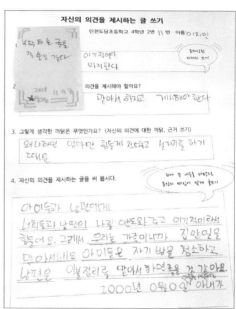

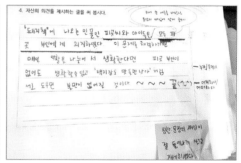

책 속의 그림책 『돼지책』 샛길활동

『돼지책』을 활용했다.

또한 국어교과의 성취기준인 [4국04-03] 기본적인 문장의 짜임을 이해하고 사용한다와 연계하여 문장의 짜임을 이해하고 『돼지책』을 읽고 떠오른 가족 역할의 갈등 상황에 대한 자신의 생각을 문장의 짜임에 맞게 표현하는 샛길활동으로 재구성했다. 『돼지책』에 나오는 피곳 씨 가족의 문제 상황을 읽고 이를 해결하기 위한 자신의 의견을 문장의 짜임에 맞게 서술하는 것이다. 다 쓰고 난 후에는 돌려 읽으며 서로의 글에 칭찬과 조언의 한마디를 쓰게 하였다.

문장의 짜임에 맞게 글을 쓰려면 주어부와 서술어부를 구분하는 것이 중요하다. 교과서에서는 '누가/무엇이' 부분과 '어떠하다/어찌하다' 부분으로 문장을 나누어보는 연습을 반복하고, 그 다음에 문제를 해결하기 위한 자신의 의견을 문장의 짜임에 맞게 쓰는 응용활동이 제시된다.

'쓰기'라는 다소 어려운 활동과 '문제해결'이라는 복잡한 목적이 만나면 아이들은 급격하게 흥미를 잃는다. 하지만 '책 속의 책' 활동을 통해 이러한 분위기를 조금은 바꿀 수 있다. 『돼지책』은 아이들이 한 번쯤은 읽어본 익숙한 책이다. 그래서 문제가 되는 상황이 무엇인지, 해결법이 무엇인지 어렴풋하게 알고 있는 책이므로 어렵지 않다. 다만 문장의 짜임에 맞추어 글을 쓰는 것이 다소 어려운데, 문장을 길게 나열하듯 쓰지 않고 짧고 간단하게 쓰게 한다. 한 문장을 정해 주어부와 서술어부를 나누어 밑줄을 쳐보는 등의 활동으로 난이도를 낮출 수도 있다. 마지막으로 서로 돌려 읽으며 칭찬과 보충의 말을 쓰게 함으로써 타인의 글을 읽고 기준에 맞게 평가하는 활동까지 해보았다.

일시	11.07(수) 13:00~13:40	대상	4-1	수업자	김 원 겸

샛길활동 주제	엄마는 아무나 하나

성독	『투명한 아이』 118~120p

관련 성취기준	사회 4-2 다양한 가족이 살아가는 모습	[4사02-06] 현대의 여러 가지 가족 형태를 조사하여 가족의 다양한 삶의 모습을 존중하는 태도를 기른다.

수업 흐름	단계	슬로리딩	슬로리딩 속 샛길교육	교육과정 속 샛길교육	배움 정리하기

	활동
	내용
		•성독하기
		 - 모르는
		  단어 찾아
		  정리하기
		 - 읽은 내용
		  온전히 이해
		  하기 활동
		•오늘의 작가
		 활동
			•샛길교육 발견하기
			•책 속의 책 (온 작품
			 읽기)
			 -『돼지책』
			 -『돼지책』을 읽고
			  서로의 감상
			  나누기
				•사회책 176p
				 - 피곳 가족의 문제
				  를 면담 활동을
				  통해 해결책 찾아
				  보기
				 - 피곳 가족 구성원
				  의 역할이 어떻게
				  변화하는 것이 좋
				  을지 정리하기
					•모둠별 정리 내용
					 발표하기
					 - 다른 모둠의 발표
					  를 듣고 우리 모둠
					  의 해결책 점검 및
					  수정하기
					•차시 예고
					 - 엄마가 되어보기,
					  경제활동 공부

	학습 형태	전체 → 개별	전체	모둠-전체	전체
	시간	15분	10분	10분	5분
	자료	『투명한 아이』, 국어사전	배움공책	사회책	모둠 보드판

수업 준비	**수업에서 가르칠 주요 학습 내용** 『투명한 아이』 샛길교육 '엄마는 아무나 하나' 주제를 가지고 사회과와 연결하여 가족의 다양한 삶의 모습을 존중하는 태도를 기른다. **수업자의 전략/의도** 4학년 슬로리딩 교육과정은 『투명한 아이』 책과 함께하고 있다. 책을 읽고 그 속에서 다양한 인물과 만나고 그 인물들이 펼쳐가는 삶의 모습에서 우리 아이들은 다양한 가치와 깨달음을 얻을 수 있다고 생각했다. 우리는 이야기 속에서 샛길교육을 발견하고 교육과정의 성취기준과 연계하여 성취기준을 도달할 수 있는 활동으로 교육과정 재구성하고자 노력했다. 11월은 '엄마는 아무나 하나'라는 대주제로 장애를 가진 고모를 다르게 보지 않는 눈이를 입양하고 싶은 고모와 이를 말리는 가족의 대화 중 "엄마는 뭐 특별한 거라도 돼? 아무나 못하는 거야?"라는 고모의 대사 속에서 주제를 설정해보았다. 이러한 샛길교육은 사회 4-2 다양한 가족이 살아가는 모습(175~177)의 교육과정과 연계하여 『돼지책』을 온 작품으로 읽어보고 가족의 역할에 대한 문제점을 파악하고 해결책을 찾아보는 시간을 통해 가족의 다양한 삶의 모습을 존중하는 태도를 기르는 데 목적이 있다.

수업 준비	**수업의 절차** 수업은 『투명한 아이』 책을 성독하는 것으로 시작한다. 성독은 단순한 읽기 방법이 아니라 '말하기' 능력을 기르는 유용한 방법이다. 성독을 통해 궁금한 단어를 함께 찾고 내용 속에서 자연스럽게 샛길로 빠진다. 성독을 하다 모르는 단어에 멈춰 그 단어의 뜻을 찾아보고 '선잠'이라는 단어에서는 관련된 노래도 감상한다. 이러한 온전한 이해를 바탕으로 찾은 단어들을 가지고 짧은 글을 짓는 오늘의 작가 활동을 한다. 슬로리딩 수업에서 가장 중요한 것은 표현이다. 내 생각을 끊임없이 표현하는 기회를 만들어주기 위한 활동이다. 작가 활동 후 샛길 주제를 발견하고 샛길로 빠진다. 이번 샛길은 책 속의 그림책(온 작품 읽기)으로, 『돼지책』이라는 그림책을 읽어주고 사회과 성취기준과 연결하여 가족의 역할에 대한 문제점과 해결책을 찾아보며 가족의 다양한 삶의 모습을 존중하는 태도를 생각해보는 수업이 될 것이다.

일시	11.09(금) 13:40~14:20	대상	4-2	수업자	조 찬 미

관련 성취기준	국어 5. 의견이 드러나게 글을 써요	[4국03-03] 관심 있는 주제에 대해 자신의 의견이 드러나게 글을 쓴다			

<table>
<tr><th rowspan="6">수업
흐름</th><th>단계</th><th>전시학습상기
동기유발</th><th>슬로리딩 속 샛길교육</th><th>교육과정 속 샛길교육</th><th>배움 정리하기</th></tr>
<tr><td>활
동
내
용</td><td>• 동기유발
- 빈칸에 알맞
은 단어를 넣
어 문장의 짜
임에 맞게 이
야기하기</td><td>• 책 속의 책
(온 작품 읽기)
- 『돼지책』을 읽고
서로의 감상
나누기</td><td>• 문장의 짜임에 맞게
자신의 의견 글쓰기
- 피곳 가족의 문제
를 해결할 수 있는
의견 제시하기
- 자신이 쓴 글 발표
하기</td><td>• 모둠별로 글 돌려
읽고 칭찬하기
- 친구의 글을 읽고
칭찬 포스트잇
붙이기</td></tr>
<tr><td>학습
형태</td><td>전체</td><td>전체</td><td>개인</td><td>모둠</td></tr>
<tr><td>시간</td><td>5분</td><td>10분</td><td>15분</td><td>10분</td></tr>
<tr><td>자료</td><td>PPT</td><td>돼지책 PPT</td><td>활동지</td><td>포스트잇</td></tr>
</table>

수업에서 가르칠 주요 학습 내용

『돼지책』에 등장하는 가족의 문제점을 확인하고 이를 해결할 수 있는 자신의 의견을 문장의 짜임에 맞게 쓸 수 있다.

수업자의 전략/의도

본 수업은 학생들이 의견을 제시하는 글을 쓸 때 문장의 짜임에 맞게 쓰는 것이 필요함을 학습하는 것이 목표이다. 전시학습에서 학생들은 '누가/무엇이'와 '무엇이다/어찌하다/어떠하다(서술어부)'를 바꾸며 문장을 확장하는 활동을 하고 문장의 짜임을 자연스럽게 익혔다. 이런 활동을 바탕으로 이번 수업에서는 『돼지책』을 읽고 책에 나오는 가족의 문제점을 해결하기 위한 자신의 생각을 문장의 짜임에 맞게 글로 쓴다. 이렇게 자료나 정보를 활용해 문제 상황과 관련지어 까닭을 넣어 의견을 제시하는 글을 씀으로써 글로 자신의 주변과 소통하고 글을 쓰는 의미도 찾을 수 있도록 했다.

수업의 절차

수업은 교사가 주어부와 서술어부를 빈칸으로 남겨둔 미완성 문장을 제시하고, 학생들이 문장의 짜임에 맞는 단어를 넣어 완성하여 발표하는 것으로 시작한다.

첫 번째 활동으로는 『돼지책』을 읽고 감상을 나누는데, 이 때 학생들은 문제 상황을 파악하고 해결방법을 생각하게 된다. 생각한 문제와 해결방법을 글로 간단하게 정리한 다음 문장의 짜임에 맞게 자신의 의견을 글로 제시한다. 이때 글 속에 표현의 유창성과 논리성을 갖추도록 지도하는 것이 중요하다. 글쓰기가 마무리되면 모둠 내 친구들과 돌려 읽으며 친구의 글을 칭찬하고 자신의 글에 부족한 부분을 고쳐 쓴다. 이와 같은 활동을 통해 짜임새 있는 문장을 쓰고 자신의 생각을 논리적으로 표현하는 능력을 기르도록 한다.

(수업 준비 — 좌측 라벨)

책 속의 책,『할아버지 숙제』

보람이는 놀라서 할머니를 흔들었다. 나도 놀라서 후다닥 할머니 옆으로 달려갔다. 할머니는 우리 할아버지처럼 나이가 많다. 나는 할아버지가 돌아가시던 날, 그냥 손님들이 많이 왔고 먹을 게 많았다는 생각만 난다. 하지만 그 생각을 하면 자꾸 눈물이 나고 마른풀 같던 할아버지 손 냄새가 떠오른다.

"할머니, 죽지 마세요."

보람이는 엉엉 울었다. 덜컥 겁이 난 나는 아빠를 부르러 집으로 뛰어갔다. 아빠는 막 잠이 들려다 내가 부르는 소리에 놀라서 뛰어 내려왔다.

- 『투명한 아이』 131쪽

슬로리딩 샛길활동 주제

샛길 유형	성취기준	샛길활동 주제	내 용
독서 중 샛길교육 교육과정 연계 샛길교육	[4국03-03] 관심 있는 주제에 대해 자신의 의견이 드러나게 글을 쓴다.	『할아버지 숙제』 이야기를 읽고 나의 할아버지를 주제로 의견이 드러나게 글쓰기	• 『투명한 아이』에 등장하는 '할아버지 손 냄새'의 의미 나누기 • 자신의 할아버지나 할머니에 대한 기억 떠올려 이야기하기 • 『할아버지 숙제』 읽기 • 자신의 할아버지나 할머니를 소개하는 글쓰기 • 자신이 쓴 할아버지(할머니) 소개 글 발표하기

샛길활동 내용 및 과정: 우리 할아버지를 소개합니다

보람이가 할머니께 눈을 동생으로 만들어달라고 떼를 쓰자 할머니께서 화를 내다 쓰러지신다. 그 모습을 본 건이는 할아버지가 돌아가시던 때를 떠올리면서 할아버지를 그리워한다.

이 장면을 통해 구상한 샛길활동은 국어교과의 성취기준 **[4국03-03] 관심 있는 주제에 대해 자신의 의견이 드러나게 글을 쓴다**와 연계하여 '할아버지 숙제'라는 주제에 대해 학생이 조사하고 자신의 감정과 의견이 드러나도록 글을 쓰는 활동으로 재구성했다.

학생들이 할아버지 숙제를 해결하기 위해서는 부모님과 대화하는 시간을 확보해야 한다. '책 속의 책' 활동과 연계하여 의견이 드러나는 글쓰기의 방법을 익히게 하려는 의도도 담겨 있다.

먼저 각자 자기 할아버지나 할머니와 관련된 특별한 기억이나 자랑스럽게 생각하는 점에 대해 이야기를 나누었다. 물론 여기서 할아버지, 할머니는 친가와 외가 모두를 포함한다. 이 과정에서 학생들은 어릴 적에 자신을 돌봐주셨다거나 근처에 살아 왕래가 잦았다는 등의 추억을 주로 이야기했다. 개중에는 조부모와의 특별한 기억을 떠

할아버지 숙제 발표

올리지 못하는 학생들도 있었다.

　이런 학생들이 숙제를 어떻게 해야 할지 몰라 고민할 때 유은실 작가의 창작 단편동화인 『멀쩡한 이유정』에 실린 '할아버지 숙제'를 샛길활동 '책 속의 책' 활동으로 읽어주었다. 이야기 속의 주인공이 할아버지를 소개하는 숙제를 해결하기 위해 할아버지에 대해 알아보는 과정을 긴장감 있고 재미있게 풀어낸 이야기이다. 이 이야기를 읽어주자 학생들은 재미있어하면서 자신도 책 속의 주인공처럼 할아버지나 할머니에 대해 알아보려는 마음이 생긴 듯했다.

　이 숙제에는 어른의 도움이 필요하다. 두 분 모두 돌아가신 경우에는 부모님의 도움을 받을 수밖에 없을 것이다. 그래서 이 숙제는 적어도 3~5일 정도의 시간을 두고 천천히 제출토록 하는 것이 좋다.

　'할아버지 숙제'가 모두 완성이 되면 친구들 앞에서 자신의 숙제를 발표한다. 한 학생은 할아버지와 할머니의 사진까지 준비해 발표해서 생생한 모습을 보여주었다. 이렇게 할아버지 숙제를 듣다 보면 자연스럽게 할아버지와 할머니께서 사셨던 시절의 이야기가 등장한다. 학생들에게는 두 세대를 뛰어넘어 그 시절 생활의 모습과 시대적 사건들을 간접적으로나마 체험하는 의미 있는 활동이었다.

책 속의 책, 『이웃집에는 어떤 가족이 살까?』

엄마가 고모를 말렸다. 엄마는 조곤조곤 고모를 타이르듯이 말했다.

"아가씨, 저도 아가씨 마음 모르는 거 아니에요. 눈이 아가씨를 잘 따르고 아가씨도 눈을 예뻐하긴 하죠. 하지만……."

"그러니까 제가 눈을 입양하면 만사 오케이라니까요. 눈의 엄마를 찾을 가망성은 거의 없잖아요."

– 『투명한 아이』 120쪽

"고모가 왜 삐쳤는데?"

나는 아빠처럼 한숨을 쉬었다.

"눈의 엄마가 되고 싶대."

보람이는 나처럼 심각한 얼굴이 되었다.

"아빠가 없잖아."

보람이 말로는 고모가 눈의 부모가 되면 자동으로 '한 부모 가정'이 되는 거라고 했다.

– 『투명한 아이』 127쪽

"기가 막혀서, 원. 네 어미는 딸년이라고 10년 만에 나타나 너 하나 달랑 남겨 놓고 떠났다. 늙은 어미 마음고생 몸 고생은 눈에 보이지도 않는지……. 어디 가서 코빼기도 안 보이는데, 내가 혼자 이날 이때까지 너 하나 키우느라 눈물 콧물 안 짜낸 게 없는데, 뭐라고? 어느 핏줄인지도 모르는 얼굴 까만 애까지 늙은 나더러 떠맡으라고?"

- 『투명한 아이』 130쪽

슬로리딩 샛길활동 주제

샛길 유형	성취기준	샛길활동 주제	내 용
독서 중 샛길교육 교육과정 연계 샛길교육	[4사02-06] 현대의 여러 가지 가족 형태를 조사하여 가족의 다양한 삶의 모습을 존중하는 태도를 기른다.	가족의 다양한 삶의 모습을 이해하고 존중하는 태도 기르기	• 『투명한 아이』에 등장하는 다양한 가족의 모습 발견하기 • 책 속의 책 『이웃집에는 어떤 가족이 살까?』 읽기 • 책 속에 등장하는 다양한 가족의 모습을 찾아보고 특징 이야기하기 • 책의 주인공 미오의 입장이 되어 어떤 가족과 함께 살고 싶은지 근거와 함께 이야기하기 • 우리 집 가족의 형태를 정리하고 가족 구성원의 역할 정하기

샛길활동 내용 및 과정: 함께 살며 서로 아끼는, 가족

『투명한 아이』는 사회적 약자, 소수자의 조금은 어둡고 무거운 현실의 이야기를 어린이의 시선으로 쉽고 재미있게 풀어서 이야기한다. 건이에게는 다리가 불편한 고모가 있고, 보람이는 부모님 없이 할머니와 둘이 살고 있으며, 눈은 외국인 어머니와 함께 살고 있지만 출생신고를 하지 않아 국적을 갖지 못했다. 또한 고모가 눈을 입양하려는 의지를 보이는 장면이 나오는 등, 한 부모 가족, 입양가족, 조부모가족, 외국인 가족의 모습을 살펴볼 수 있다.

이번 샛길활동은 사회교과의 성취기준 [4사02-06] 현대의 여러 가지 가족 형태를 조사하여 가족의 다양한 삶의 모습을 존중하는 태도를 기른다와 연계하여 다양한 가족의 모습을 찾아 이해하고 존중하는 태도를 기르는 것에 초점을 두었다.

그렇게 다양한 가족의 모습을 그려낸 그림책을 찾는 과정에서 『이웃집에는 어떤 가족이 살까?』를 발견하게 되었고, 주제와 잘 맞아 그대로 '책 속의 책' 샛길활동으로 선정하게 되었다. 이 책의 주인공은 미오라는 고양이인데, 자신을 잘 돌봐줄 수 있고 편안하게 지낼 수 있는 가족을 찾아 마을로 내려간다. 미오는 마을에서 다양한 형태의 가족을 살펴보면서 각각의 특징과 삶의 모습을 이야기하고, 마지막에는 자신에게 가장 잘 어울리는 가족을 선택한다. 현대사회에서 나타나는 다양한 가족의 형태와 삶의 모습을 쉽고 재미있게 풀어서 설명하고 있어서 학생들의 이해를 도울 수 있었다.

이번 '책 속의 책' 샛길활동은 조금 다른 방법으로 수업에 적용해 봤다. 먼저 이야기의 앞부분은 확대된 화면으로 학생들에게 교사가 직접 읽어주었다. 그러다가 가족의 형태가 등장하기 시작하는 부분에서 멈추고, 각 가족의 모습이 그려진 장면을 따로 인쇄하여 서로 다른 부분을 모둠별로 나누어주었다. 모둠별로 한 사람씩 돌아가면서 이야기를 읽고 해당하는 가족의 특징에 대해 정리한 후에 다음 모둠으로 이야기 자료를 전달하는 식으로 진행했다.

그렇게 모든 가족의 형태에 대해 모둠별로 읽어보고 정리하는 과정이 끝나면 『이웃집에는 어떤 가족이 살까?』의 주인공인 고양이 미오의 입장이 되어 어떤 가족과 함께 살면 좋을지 간단한 근거와 함께 각자의 생각을 나누었다. 아직 미오가 어떤 가족과 함께 살 것을 선택했는지 모르는 상태여서 그런지 학생들의 개성이 드러났고, 나름의 근거를 바탕으로 다양한 의견이 나왔다.

마지막으로 '책 속의 책' 샛길활동을 통해 살펴본 가족의 형태를 바탕으로 학생 각자의 가족 형태를 확인하고, 가족 구성원과 삶의 모습을 정리했다. 우리가 살아가는 세상에는 다양한 가족의 형태가 있지만 결국 '가족은 모두 가족이다'라는 깨달음을 통해 모습은 달라도 서로 아끼는 마음과 사랑하는 마음은 다르지 않다는 사실을 마음에 새기는 계기가 되었다.

활동 관련 자료

일시	11.14(수) 13:00~13:40	대상	4-3	수업자	이 형 석

샛길활동 주제	가족은 모두 가족이야!
성독	『투명한 아이』 127~128p
관련 성취기준	사회 4-2 다양한 가족이 살아가는 모습	[4사02-06] 현대의 여러 가지 가족 형태를 조사하여 가족의 다양한 삶의 모습을 존중하는 태도를 기른다.

	단계	슬로리딩	슬로리딩 속 샛길교육	교육과정 속 샛길교육	배움 정리하기
수업 흐름	활동 내용	• 성독하기 - 모르는 단어 찾아 정리하기 - 읽은 내용 온전히 이해하기 활동 • 오늘의 작가 활동	• 샛길교육 발견하기 • 책 속의 책(온 작품 읽기) - 『이웃집에는 어떤 가족이 살까?』 • 작품을 듣고 서로의 감상 나누기	• 사회책 158-159p - 미오의 입장이 되어 나는 어떤 가족과 같이 살고 싶은지 이야기 나누기 - 우리가족 탐구 활동하기	• 모둠별 정리 내용 발표하기 - 우리가족 탐구 활동의 결과를 서로 공유하기 • 차시 예고 - 할아버지 손 냄새 샛길활동
	학습 형태	전체 → 개별	전체	모둠-전체	전체
	시간	10분	20분	5분	5분
	자료	『투명한 아이』 국어사전	배움공책	탐구 학습지	모둠 보드판

수업에서 가르칠 주요 학습 내용

『투명한 아이』 11월 주제인 '아버지의 나라'의 샛길교육으로 사회교과와 연결하여 가족의 다양한 삶의 모습을 이해하고 존중하는 태도를 기른다.

수업자의 전략/의도

11월은 '아버지의 나라'라는 주제로 이야기 속에는 입양가족과 조부모가족 등 다양한 가족의 모습이 등장한다. 샛길교육은 4학년 2학기 사회 교과의 '다양한 가족이 살아가는 모습' 단원의 성취기준을 재구성하여 『이웃집에는 어떤 가족이 살까?』를 온 작품으로 읽어본다. 가족의 다양한 삶의 모습을 존중하는 태도를 기르는 데 그 목적이 있다.

수업의 절차

샛길은 사회교과 교육과정을 재구성하였으며, 이번 샛길은 책 속의 책(온 작품 읽기) 활동이다. 『이웃집에는 어떤 가족이 살까?』라는 그림책을 읽어주고 사회과 성취기준과 연결하여 다양한 가족형태를 알아보며 가족의 다양한 삶의 모습을 존중하는 태도를 갖고, 우리 가족 구성원의 각자의 위치에서 어떠한 역할을 할 수 있을지 생각해보는 수업이 될 것이다.

일시	11.16(금) 13:40~14:20	대상	4-4	수업자	유 명 화

샛길활동 주제	가족은 모두 가족이야!
성독	『투명한 아이』 127~128p

관련 성취기준	사회 4-2 다양한 가족이 살아가는 모습	[4사02-06] 현대의 여러 가지 가족 형태를 조사하여 가족의 다양한 삶의 모습을 존중하는 태도를 기른다.

수업 흐름	단계	슬로리딩	슬로리딩 속 샛길교육	교육과정 속 샛길교육	배움 정리하기

	활동
	내용
		• 성독하기
		 - 모르는
		  단어 찾아 정
		  리하기
		 - 읽은 내용 온
		  전히 이해하
		  기 활동
		• 오늘의 작가
		  활동
			• 샛길교육 발견하기
			• 책 속의 책(온 작품 읽기)
			 - 우리가족입니다.
			 - 뒷집준범이
			 - 이모의 결혼식
			 - 따로따로행복하게
			 - 특별한손님
			 - 그렇게 네가 왔고....
				• 사회책 158-160p
				• 모둠별 정리 내용
				  발표하기
				 - 모둠별 발표내용과
				  교과서 삽화 내용
				  을 연결해보는 활
				  동을 통해 다양한
				  형태의 가족 알기
				 - 예) 한부모가족,
				  재혼가족, 입양가족,
				  조손가족
					• 다양한 가족형태를
					  존중하는 마음 갖기
					 - 다른 형태의 가족
					  소개를 듣고 알게
					  된점 또는 느낀 점
					  이야기하기
					• 차시 예고

	학습 형태	전체 → 개별	전체	모둠-전체	전체
	시간	10분	15분	12분	3분
	자료	『투명한 아이』 국어사전	배움공책	사회책, 모둠 보드판	붙임자료, 활동자료9

수업에서 가르칠 주요 학습 내용

『투명한 아이』샛길교육 '책 속의 책- 가족'사회과와 연결하여 가족의 다양한 삶의 모습을 존중하는 태도를 기른다.

수업자의 전략/의도

본 수업은 건이가 친구 보람이에게 눈을 입양하고 싶어 하는 고모의 마음을 알려주는 상황 속 지문 "보람이 말로는 고모가 눈의 부모가 되면 자동으로'한 부모 가정'이 되는 거라고 했다"에서 주제를 설정했다. 고모가 눈을 입양할 경우 고모와 눈은 입양가정인 동시에 한 부모 가정이 된다. 보람이네는 조손가정이다. 4-2 다양한 가족이 살아가는 모습(158~164p)의 교육과정과 연계하여, 모둠별로 각기 다른 형태의 가족 이야기를 담고 있는 책을 읽고 서로 내용을 공유하는 과정을 통해, 현대의 여러 가지 가족 형태를 알고 가족의 다양한 삶의 모습을 존중하는 태도를 기르고자 한다.

수업의 절차

이번 샛길은 책 속의 책(온 작품 읽기) '가족'이라는 주제로 모둠별로 각기 다른 형태의 가족을 다룬 책을 읽고, 이야기한다. 이 활동을 통해 오늘날에는 가족 형태가 매우 다양하며, 형태는 다르지만 다양한 가족들이 어우러져 생활하는 곳이 우리 사회임을 깨닫게 될 것이다.

'정당하게 일한 대가'

"제가 언제 아가씨를 어린애 취급했다는 거예요. 좀 서운하네요. 솔직히 아가씨가 건이 아빠 아니면 취직이나 했겠어요? 동생이 안쓰러워서 오빠 딴에는 최선을 다해서 챙겨 주는 건데 그런 마음도 모르고 서운해 하다니 너무해요. 돌아가신 아버님께서 이 집을 유산으로 주실 때 당부한 말씀이 있어요. 우리 건이 아빠더러 하나뿐인 여동생을 책임지라고 하셨죠."

고모는 엄마의 말에 충격을 받은 듯 잠시 멍하니 있었다.

"그럼 이때까지 제 월급이 제가 정당하게 일한 대가가 아니었다는 거네요."

고모는 자존심에 상처를 입었다. 자기가 애써 일한 대가로 월급을 받는 것이라고 생각했지, 불쌍한 자신을 오빠가 챙겨 주는 것이라고는 한 번도 생각해보지 않았던 것이다.

– 『투명한 아이』 45쪽

슬로리딩 샛길활동 주제

샛길 유형	성취기준	샛길활동 주제	내 용
독서 중 샛길교육 월별 주제 샛길교육	[4사04-03] 자원의 희소성으로 경제활동에서 선택의 문제가 발생함을 파악하고, 시장을 중심으로 이루어지는 생산, 소비 등 경제활동을 설명한다.	가정에서 할 수 있는 다양한 집안일을 하고 정당하게 일한 대가를 통해 성취감과 보람 느끼기	• 『투명한 아이』에 나오는 '정당하게 일한 대가'에 대해 이야기 나누기 • 우리가 집안에서 할 수 있는 일의 종류 분류해 정리하기 • 자신이 할 수 있는 집안일을 계획하여 실천하고 확인증 받아 선생님께 제출하기 • 실천한 집안일에 따라 정당한 대가 (샛길화폐) 받기 • 자신이 정당하게 일해 번 샛길화폐로 현명한 소비계획 짜기 • 자신의 현명한 소비계획에 맞게 소비활동하기

샛길활동 내용 및 과정: 집안일 아르바이트

다리가 불편한 건이 고모는 비장애인과 같은 직업을 갖는 것이 어렵기 때문에 건이 아빠가 운영하는 신문 보급소 일을 도와주고 많지는 않아도 보수를 받고 있다. 그런데 정당하게 일을 하고 받은 대가인 줄 알았던 것이 부모님께서 돌아가시기 전 유언 때문이었다는 말을 듣고 고모가 당혹감과 불쾌감을 표현하는 장면이다.

우선 학생들과 고모가 말한 '정당하게 일한 대가'에 대해서 이야기해보았다. 어떠한 일을 하면 그에 맞는 대가가 주어져야 하는 것은 당연한 일이다. 반대로 그만큼의 노력 또는 일을 하지 않았는데 어떠한 보상과 대가가 주어진다면 그것을 정당하다고 할 수는 없는 것이다. 모든 일에 반드시 대가가 따른다고는 할 수 없지만 정당하게 일한 경우에 주어지는 대가는 말 그대로 정당한 결과이다.

이번 11월의 주제 샛길활동을 계획하면서 지난해 6학년 아이들과 슬로리딩 샛길활동으로 '도담 아르바이트'를 계획해 활동했던 기억이 떠올랐다. 6학년 학생들이라서 활동 영역과 범위가 넓어 다양한 아르바이트를 구상할 수 있었고, 학생들이 실천 가능한 일도 많았다. 그때 구상한 아르바이트의 영역은 교실 아르바이트(1인1역으로 진행했던 역할들), 집안일 아르바이트, 학교 아르바이트, 아르바이트 창업 등으로 다양했다. 그런데 4학년 학생들에게 똑같이 적용하기에는 한계가 있다고 판단하여 집안일 아르바이트로 축소하여 실행하기로 하고, 가정통신문과 협조 안내장을 보냈다.

학생들에게 이 샛길활동에 대해 충분히 설명을 해주고, 궁금한 것들에 대해 자세히 이야기를 나누어야 적극적인 참여를 유도할 수 있다. 교사가 준비해야 할 것은 학생들이 집안일을 하고 확인증을 받아오면 바로 지급해줄 화폐를 만드는 것이다. 가상의 화폐지만 실제로 우리가 사용하는 화폐 디자인을 사용하기로 했다. 다만 화폐의 인물 얼굴을 각 학급 선생님 얼굴로 바꿔 재미를 더했다.

화폐가 준비되었으면 다음으로 학생들이 정당하게 일한 대가로 받은 화폐를 사용할 장터를 구상해야 한다. 학교마다 사용할 수 있는 예산이 다르고 집행할 수 있는 품목도 다르겠지만, 우리 학교의 경우 행복배움학교로 지정되어 운용할 수 있는 예산에 약간 여유가 있어 이러한 샛길활동을 추진하는 데 많은 도움이 되었다.

다음 페이지의 표는 학생들이 모은 돈으로 소비활동을 할 수 있는 메뉴판이다. 현명한 소비 생활을 위해 사회 교과의 경제단원과 관련지어 메뉴를 구성해보았다. 학생들의 합리적인 소비를 위해 선택지를 많이 부여하려고 노력했다. 가령, 떡볶이의 경우 가격을 다르게 판매하고 다양한 종류의 물건을 만들어 자신이 보유한 한정된 재화를 합리적으로 소비할 수 있도록 했다.

[정당하게 일한 대가 메뉴판]

♥떡볶이
1. 세상에서 가장 맛난 떡볶이 ·················· 5,000원
2. 그냥 떡볶이 ·················· 3,000원

♥핫도그
3. 말랑말랑 치즈핫도그 ·················· 10,000원 (선착순 12개)
4. 바삭바삭 크리스피 핫도그 ·················· 7,000원 (선착순 12개)

(※핫도그가 너무 먹고 싶은데 내 앞에서 품절이~! 핫도그 쿠폰 교환권으로 드립니다.)

♥각종 쿠폰
5. 짝꿍선택권, 모둠구성권, 체육종목선택권, 1시간자유선택권 ·········· 장당 5,000원
6. 그 외 좋은 쿠폰(영화관람권, 숙제·청소·반성문 면제권) ·········· 장당 3,000원

♥기타 간식 및 문구류
7. 뼈 속까지 시원한 카프리썬 ·················· 2,000원
8. 축하할 일이 있을 때만 먹을 수 있는 귀하고 귀한 몽쉘통통 ·················· 3,000원
9. 몽쉘통통의 친구 부드러움의 강자 초코파이 ·················· 3,000원 (12개 한정!)
10. 심심함을 달래줄 달콤이들(아이스크림맛 사탕,딱딱한 엿,미니초코바, 동글동글미니초코렛)
·················· 각 2,000원

간식 종류 이외에도 학생들이 좀더 다양한 선택을 할 수 있도록 학급에서 사용할 수 있는 여러가지 쿠폰도 만들어 판매했다. 예를 들어 짝꿍선택권을 사용하기 위해서는 나뿐만이 아니라 내가 짝하고 싶은 친구도 쿠폰을 사서 함께 내야 짝꿍이 될 수 있다. 그리고 모둠구성권은 4장, 체육종목선택권은 7장, 영화 관람권은 10장이 있어야 효력이 생기도록 하여 친구들끼리 사전에 의논하여 쿠폰을 구입하게 했다. 이처럼 함께 누릴 수 있는 소비의 여지가 마련되자 돈을 조금 더 가진 친구가 더 많이 구입해 학급의 친구들을 위해 기꺼이

아르바이트 확인증

정당하게 일한 대가

선생님 얼굴을 활용한 아르바이트 월급

재료 듬뿍 맛있는 비싼 떡볶이 가게

맛은 없지만 싸고 양 많은 떡볶이 가게

쿠폰 가게

핫도그가게

여러 가지 간식 및 문구류

나누는 모습도 보였다. 실제로 대부분의 학급에서 이러한 모습이 나타나 쿠폰을 구매한 아이들뿐 아니라 동시에 혜택을 받는 친구들 모두 환호하며 기뻐했다.

이번 샛길활동을 하면서 학생, 학부모의 성향과 가정환경에 따라 크고 작은 차이가 나타났다. 이러한 샛길활동의 취지와 목적을 제대로 이해하지 못한 가정의 경우에는 소극적인 참여로 결국 다른 학생에 비해 알찬 소비를 할 수 없었다. 또한 맞벌이 가정의 경우 부모님께서 늦게 들어오셔서 집안일을 많이 못 한 경우도 있고, 가족동반체험학습을 떠나는 바람에 못 한 학생도 있었다. 하지만 자신이 처한 상황 속에서 스스로 집안일을 찾아 실천하려는 노력의 흔적은 교실에서 학생들 각자 집안일에 대해 이야기하는 과정 속에서 충분히 발견할 수 있었다.

학생들은 정당하게 일한 대가로 받아 매일매일 차곡차곡 모은 샛길화폐에 만족감과 보람을 느꼈다. 매 활동마다 쏟아지는 부모님의 칭찬 메시지도 큰 활력소가 되어주었다. 그동안 하찮게 여겼던 집안일이 얼마나 힘들고 어려운지 체험하며 가족의 구성원으로 집안일은서 마땅히 함께해야 한다는 데 깊이 공감했을 것이다.

인천도담
초등학교

가 정 통 신 문

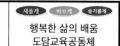

새롭게 바르게 슬기롭게
행복한 삶의 배움
도담교육공동체

[투명한 아이] 샛길교육 정당하게 일한 대가 경제교육 안내

학부모님 안녕하십니까? 본교 4학년의 『투명한 아이』 슬로리딩 11월 샛길교육으로 '정당하게 일한 대가'를 진행하고자 합니다. 이번 샛길교육의 목적은 고모가 신문사에서 일한 대가에 대한 이야기에서 샛길이 출발합니다. 11월 엄마는 아무나 하나의 주제와 연관하여 가정에서 할 수 있는 일을 통해 대가를 받고 사회과 2단원. 필요한 것의 생산과 교환([4사04-03] 자원의 희소성으로 경제활동에서 선택의 문제가 발생함을 파악하고, 시장을 중심으로 이루어지는 생산, 소비 등 경제활동을 설명한다)을 공부한 후 성취기준과 연결하여, 아이들 수준에 맞는 경제활동을 실천하고, 바자회를 열어 건강한 생산과 합리적인 소비를 체험으로 공부합니다.

이 샛길활동을 통해 부모님의 역할을 체험하고 부모님에 대한 감사의 마음과, 올바른 노동의 가치인식을 심어주고 현실적인 생활경제를 몸으로 익힐 수 있는 기회를 제공함으로써 자신이 정직하게 노력한 만큼 성과를 쌓을 수 있으며, 합리적인 소비의 중요성을 몸소 체험할 수 있는 배움의 장을 만들어줄 수 있도록 아래 내용을 참고하시어 학부모님께서도 관심을 갖고 이번 샛길교육에 많은 격려와 협조 부탁드립니다.

- [투명한 아이] 샛길교육 정당하게 일한 대가 경제교육 운영 내용 및 과정 -

우리집 아르바이트(학부모님 협조사항)

본 활동은 가정 연계 활동으로 아래의 사항을 확인해 주시고 자녀에게 정직한 노동의 가치를 심어주시는 일에 학부모님의 관심과 협조 부탁드리겠습니다.

1. 우리 집 아르바이트는 최대 일 2회로 한정합니다.

2. 보수는 고용주(집안 어른)의 만족도 및 일의 경중에 따라 선생님들이 협의하여 다르게 주어질 수도 있습니다.

3. 우리 집 아르바이트를 수행한 학생은 고용주(집안 어른)에게 확인증을 받아 선생님에게 제출한 후 일정 보수를 받을 수 있습니다.

4. 보수로 받은 가상 화폐를 합리적인 소비의 체험을 할 수 있도록 11월 30일 장터를 열 계획입니다.

[투명한 아이] 샛길교육 정당하게 일한 대가 경제교육 우리집 아르바이트 확인증			
아르바이트 분야			
일 시	11월 일		
내 용 (근로자가 구체적으로)			
고용주 만족도 (냉정하게 평가하기)	최선을 다해 성실히 했으며 꼼꼼한 마무리까지! 만족합니다.	나름 성실하게 노력하는 모습이 대견스러워요.	하긴 했는데 성실하게 하려는 태도가 조금 아쉽네요.
	( )	( )	( )
확인란		근로자 이름 (서명) 고용자 이름 (서명)	

시는 시답게, 「어떡하지?」

슬로리딩 샛길활동 주제

샛길 유형	성취기준	샛길활동 주제	내 용
독서 중 샛길교육 교육과정 연계 샛길교육	[4국05-05] 재미나 감동을 느끼며 작품을 즐겨 감상하는 태도를 지닌다.	가족의 소중함과 관련된 시를 읽고 시의 내용과 장면에서 떠오르는 생각과 느낌 표현하기	• 『어떡하지?』 시 낭송하기 • 시를 다시 읽고 떠오르는 생각 이야기 나누기 • 시에 등장하는 인물들의 상황에 대한 생각 나누기 • 시를 통해 새롭게 알게 된 점과 궁금한 점에 대해 자신의 의견을 적고 친구들과 함께 공유하기

샛길활동 내용 및 과정: 물음표 속의 느낌표

11월의 주제는 '엄마는 아무나 하나'이다. 먼저 '가족'과 '엄마'라는 주제로 시를 선정했다. 이와 관련하여 엄마에 대한 사랑을 다룬 정호승 시인의 「어떡하지?」 라는 시를 감상했다.

아이들이 가족에 대해 느끼는 감정은 특별하다. 아이들뿐 아니라 많은 사람들이 가족을 삶을 지탱하는 요소로 생각하며, 나의 행동

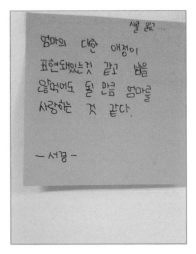

'시는 시답게' 전시   느낀 점 포스트잇에 쓰고 붙이기

과 가치관의 기본이라고 생각한다. 국어과, 미술과 등 여러 과목에서 '가족'을 주제로 다양한 활동을 진행할 수 있지만 아이들이 시를 감상하고 느낀 점을 적어보는 활동을 통해 가족에 대한 솔직한 마음을 부담 없이 드러낼 수 있게 했다.

'가족'과 '엄마'와 관련 있는 시를 찾으려고 도서관을 찾았을 때만 해도 굉장히 쉽고 빠르게 찾을 수 있을 것이라 예상했다. 그러나 예상과는 다르게 적절한 분량, 수준 등을 고려하다 보니 쉽게 결정할 수 없었고, 결국 정호승 시인의 동시집에서 선정하게 되었다. '눈, 코, 입이 없어서 엄마를 느낄 수 없으면 어떡하지?'라고 걱정하는 부분이 인상적이었다.

'가족'과 '엄마'라는 주제가 어렵지 않고 아이들이 함축적 의미를 많이 표현할 수 있어서 직접 시를 써보는 활동까지 적용할 수 있겠다는 생각이 들었다.

인천도담
초등학교

가 정 통 신 문

행복한 삶의 배움
도담교육공동체

학부모님께

2018. 11. 30. **인천도담초등학교4학년**

『투명한 아이』라는 책으로 일 년 동안 슬로리딩 교육과정을 운영하였습니다. 어느덧 책의 마지막 **우주시민증** 한 장만 남았습니다. 나와 너, 편 가르기보다 지구촌이라는 커다란 울타리 안에 함께 사는 이웃, 인간으로서의 존엄과 평등권을 가진 이웃으로 『투명한 아이』의 눈을 보듬어 안아주는 아이들로 성장하였기를 기대합니다. 12월은 일 년 동안의 배움을 표현해내는 활동으로 4학년 졸업공연 및 졸업식을 준비하고 있습니다. 꼭 참석하셔서 아이들에게 격려와 응원 부탁드립니다.

일시	샛길교육	내 용
12월 1주 ~ 3주	• 낭독극	• [4국05-02] 인물, 사건, 배경에 주목하며 작품을 이해한다. • [4국02-02] 글의 유형을 고려하여 대강의 내용을 간추린다. • [4국03-05] 쓰기에 자신감을 갖고 자신의 글을 적극적으로 나누는 태도를 지닌다. • [4국02-05] 읽기 경험과 느낌을 다른 사람과 나누는 태도를 지닌다. • [4국05-04] 작품을 듣거나 읽거나 보고 떠오른 느낌과 생각을 다양하게 표현한다. 성취기준과 연결하여 1년간의 슬로리딩 『투명한 아이』 작품을 낭독극으로 표현합니다. • [투명한 아이] 샛길교육 : 낭독극 공부 내용 - 이야기에는 구성요소(인물, 사건, 배경)가 있음을 알고 이를 이해한다. - 이야기에 담긴 인물, 사건, 배경을 생각하며 인상 깊은 구절과 장면을 찾는다. - 이야기 속에서 발견한 인상 깊은 구절 및 장면을 필사한다. - 작품과 관련된 시를 발견하여 필사하거나 감동받은 부분을 시로 쓴다. - 이야기의 흐름을 생각하며 인상 깊은 장면을 스토리북 형식으로 정리한다. - 인상 깊은 장면을 이야기의 흐름과 관련지어 낭독극 대본으로 구성한다. - 낭독극을 위한 배역을 정하고 인물의 성격을 짐작하여 대본을 읽을 수 있다. - 낭독극을 통해 작품에 대한 자신의 생각이나 느낌을 시와 그림으로 표현하고 다른 사람과 나눈다. • 과정평가 [4국02-05] 읽기 경험과 느낌을 다른 사람과 나누는 태도를 지닌다. - 평가영역: 읽기 - 평가방법: 관찰평가 - 작품을 읽고 작품에 대한 생각이나 느낌을 여러 가지 방법으로 표현한다. - 작품을 읽으면서 떠오르는 서로 다른 생각과 느낌을 나누어 작품에 대한 이해를 확장한다.

일시	샛길교육	내 용
12월 1주 ~ 2주	• 스토리북 만들기	• [4미02-04] 표현 방법과 과정에 관심을 가지고 계획할 수 있다. • [4미03-03] 미술 작품에 대한 자신의 느낌과 생각을 발표하고, 그 이유를 설명할 수 있다. 성취기준과 연결하여 1년간의 [투명한 아이] 작품 속 10장면을 뽑아 스토리 북으로 표현하는 활동을 합니다. • 과정평가 -평가코드 [4미03-03] - 평가내용: 이야기의 흐름에 맞게 다양한 방법으로 스토리북을 만들고 다른 사람의 작품을 감상하면서 작품의 의미 파악하기 - 평가영역: 감상 - 평가방법: 자기평가·상호평가
12월 2주	• 행운의 부적 만들기	• [4수02-12] 주어진 도형을 이용하여 여러 가지 모양을 만들거나 채울 수 있다. 성취기준과 연결하여 도형을 이용한 예쁜 행운의 부적을 만들고 마니또에게 졸업식날 선물해 주는 행사를 합니다.
1월 3일	• 학년 졸업식 및 우주 시민증 수여식	• 4학년 1년 동안 함께 천천히 그리고 깊이 슬로리딩 교육과정으로 공부한 아이들의 마지막 샛길교육입니다. 어떤 장벽도 넘을 수 있는, 놀 권리, 배울 권리가 보장되는 우주 시민증을 마지막으로 만들어 보고 4학년 졸업식에 수여식을 합니다. 참석하셔서 아이들의 마지막 샛길교육에 함께해주세요.

낭독극 「투명한 아이」

슬로리딩 샛길활동 주제

샛길 유형	성취기준	샛길활동 주제	내 용
독서 후 샛길교육 교육과정 연계 샛길교육	[4국02-05] 읽기 경험과 느낌을 다른 사람과 나누는 태도를 지닌다. [4국05-04] 작품을 듣거나 읽거나 보고 떠오른 느낌과 생각을 다양하게 표현한다.	『투명한 아이』의 장면을 자신의 생각과 느낌을 담아 낭독극으로 표현하기	• 『투명한 아이』의 내용을 모둠별로 장면으로 나누기 • 이야기를 낭독극 대본으로 바꾸고 모둠 인원수에 맞게 등장인물 구성하기 • 낭독극 대본 연습을 통해 내용 수정하기 • 낭독극 배경으로 사용할 그림과 음악 선정하기 • 낭독극 장면에 맞는 시화 쓰기 • 학급별로 무대에 올라 낭독극 연습하기 • 『투명한 아이』 낭독극 감상하기

샛길활동 내용 및 과정: 졸업식을 낭독극으로

낭독극 샛길활동은 1년 동안 운영한 『투명한 아이』 슬로리딩 교육과정의 마지막 샛길활동임과 동시에 4학년 졸업식의 의미도 지닌다.

2017학년도 6학년의 『괭이부리말 아이들』의 마지막 샛길활동은 졸업 뮤지컬이었다. 1년 동안의 슬로리딩 교육과정을 종합적인 예술로 표현하는 데 연극이나 뮤지컬만큼 효과적인 것이 없을 것이라 생각하고 추진하게 되었다. 6학년 학생들과 『괭이부리말 아이들』에 등장하는 아이들이 함께하는 졸업식이라는 의미를 담아 구성하였다. 연극에 대한 기본적인 지식과 발성 및 연기의 기초가 없는 학생들을 데리고 졸업 작품으로 뮤지컬을 하려고 한 것은 사실 대단한 모험이었다. 그러나 학생들 모두 어른들로 가득 찬 강당의 무대 위에 서서 훌륭하게 해냈다. 교사와 학생들 모두의 기억에 평생 잊지 못할 초등학교 졸업식으로 남을 것이라 믿는다.

올해 4학년 아이들과 마지막 샛길활동을 무엇으로 만들까 고민하다가 '온 작품 읽기'에 관심이 많은 같은 학교의 선생님의 소개로 전국 국어교사 연구회 '강마을 산마을' 하계 연수에서 낭독극 연수를 받게 되었다.

만약 낭독극을 알지 못했다면 4학년 학생들과 슬로리딩 교육과정을 마무리하는 의미로 연극이나 뮤지컬과 같은 무대를 꾸미는 것은 실천하지 못했을 것이다. 6학년 때에는 연극 강사 섭외 및 필요한 소품들을 학교 예산으로 진행했기에 가능했다. 학년 말 교육과정을 마무리하며 정신없는 가운데 큰 행사를 운영하는 것은 선생님들에게 많은 부담과 스트레스가 될 수 있다. 아무리 교육적으로 효과가 있고 학생들에게 좋은 추억이 되는 행사라 하더라도 교사에게 보람과 과정의 즐거움이 주어지지 않는다면 의미의 절반은 사라진 것이다. 교사는 두 번 다시 그 활동을 하지 않을 테니까 말이다.

그러한 점에서 낭독극은 정말 '신의 한 수'였다. 낭독극은 읽을 대본만 있으면 절반 이상 완성된 것이나 마찬가지이다. 게다가 대본을

낭독극 대본 작업

외울 필요가 없다. 그냥 읽으면 된다. 비용과 시간이 많이 드는 무대 장치나 의상, 연극적 움직임이 없어도 가능하다. 그리고 어떻게 방향을 잡고 구성을 하느냐에 따라서 정말 간단하게도 할 수 있고, 교사와 학생의 다양한 의견을 바로 반영하는 것도 가능하다. 아이들이 직접 대본을 쓰고, 무대 배경이 되는 스토리 그림을 그리고, 막과 막 사

낭독극

이에 시화 낭독을 하며, 배경음악을 선정한다. 무엇보다 모든 아이가 무대에 선다는 점이 큰 장점이다.

우선 낭독극을 위해 『투명한 아이』의 전체 내용을 학급별로 비슷한 분량으로 나눴다. 그리고 해당 부분을 학급의 모둠 수에 맞게 다시 나누고, 각 모둠에서 맡은 이야기를 대본으로 구성하는 활동을 하였다. 일단 모든 학생이 낭독극에 참여할 수 있도록, 장면에 나오는 등장인물이 모둠 구성원보다 적을 경우 인물을 추가하여 대본을 구성하도록 하였다. 또, 책의 내용과 많이 달라지지 않는 선에서 모둠 구성원의 의견에 따라 내용을 각색하는 것도 허용했다.

어느 정도 대본으로 만들어지면 모둠끼리 둘러앉아 연습하고, 대본을 읽을 때 어색하거나 보충이 필요한 경우 바로 그 자리에서 수정하며 점차적으로 대본을 완성해나갔다. 만약 의견이 서로 다른 경우 교사와 함께 의논하여 『투명한 아이』가 전달하려고 하는 의미와 가치가 전체적인 방향이 일관되게 진행되는 방향으로 협의하였다.

낭독극에는 무대 배경이나 장치 대신에 배경 그림과 약간의 음악이 필요하다. 배경 그림은 학생들이 맡은 장면과 관련이 있는 내용으로 각자 한 장의 그림으로 표현한 것을 사용했다. 배경 음악 또한 학생들이 어울리는 음악을 찾아 배경 그림과 같이 넣어 구성하였다. 긴장감이 느껴지는 음악, 잔잔한 분위기의 음악, 밝은 느낌을 주는 음악 등 학생들은 각자의 개성과 이야기 분위기에 맞는 배경음악에 심지어 효과음까지 찾아왔다.

마지막으로 한 모둠의 낭독극이 끝나고 다음 모둠으로 전환될 때 학생들의 시를 낭송하는 부분을 넣었다. 각자 자신이 맡은 장면과 어울리는 주제로 시화를 만들고 모둠에서 가장 어울리는 시화를 선정하여 낭독극 사이사이에 시 낭송을 하는 것이다. 다소 밋밋하고 단조로울 수 있는 흐름에서 분위기를 전환하는 효과도 있었고, 낭독극을 마친 학생들과 다음 낭독극을 준비하는 학생들이 교체되는 어수선함이 자연스럽게 사라지는 효과도 기대할 수 있다.

드디어 학급별로 낭독극 마지막 연습까지 끝을 내고 안내장으로 학부모님을 초대하여 '슬로리딩 『투명한 아이』 낭독극 및 4학년 졸업식'을 무대에 올렸다. 학생들끼리 연습할 때는 장난도 치고 여유가 넘치는 모습이었는데 정식 무대와 마이크, 조명 그리고 1년 동안의 슬로리딩 교육과정을 마무리하고 4학년의 졸업을 축하해주기 위해 찾아와주신 부모님들 앞에 서니 교사와 학생 모두 다소 긴장된 모습이었다. 그러나 막상 낭독극이 시작되자 모두들 그동안 연습한 것을 너무나 훌륭하게 표현했고 다른 학급 친구들과 학부모의 환호와 뜨거운 박수에 큰 기쁨을 느꼈다.

4학년 모든 학생이 참여한 1년 동안의 『투명한 아이』 슬로리딩 교육과정은 늘 우리 주위에 있지만 우리와 동등한 위치에서 함께 살아가지 못하는 사회적 소수자가 있음을 깨닫고 그들의 삶과 이야기에 관심을 갖기를 바라는 마음으로 시작하였다. 그리고 이제는 우리 스스로 만들어 낸 상처와 미움의 싹인 편견과 무관심에서 벗어나 서로의 다름을 인정하고 공감하며 이해하는 민주시민으로서의 첫걸음을 내딛는 계기가 되었으면 했다.

🔍 이번 샛길의 팁

| 낭독극 무대 리허설은 학급별로 따로

학급별로 교실에서 낭독극 대본 연습을 많이 하다 보면 어쩔 수 없이 다른 모둠의 낭독극을 같이 감상하게 된다. 그러면서 처음의 긴장감과 호기심은 점점 사라지고 연습이 계속될수록 학생들은 지루함을 느끼게 된다. 때문에 각 학급의 낭독극은 어쩔 수 없더라도 다른 학급에서 진행하는 낭독극은 실제 무대가 올라가기 전까지 다른 학급에 공개하지 않는 것이 좋다. 그래야 자칫 지루할 수 있는 낭독극을 끝까지 흥미와 호기심을 갖고 감상할 수 있다.

스토리북 만들기

슬로리딩 샛길활동 주제

샛길 유형	성취기준	샛길활동 주제	내 용
독서 후 샛길교육 교육과정 연계 샛길교육	[4국05-04] 작품을 듣거나 읽거나 보고 떠오른 느낌과 생각을 다양하게 표현한다. [4미03-03]미술 작품에 대한 자신의 느낌과 생각을 발표하고, 그 이유를 설명할 수 있다.	『투명한 아이』를 읽고 떠오르는 장면이나 느낌을 선정하여 스토리북으로 표현하고 전시하기	• 『투명한 아이』를 다시 읽어보고 인상적인 장면 선정하기 • 스토리북에 표현할 제목과 표지 그림 그리기 • 선정한 인상적인 장면을 스토리북에 표현하기 • 완성한 스토리 북을 친구들에게 소개하고 전시하기

샛길활동 내용 및 과정: 자신의 언어로 표현하기

스토리북 만들기는 학생들이 1년 동안 『투명한 아이』를 읽고 해왔던 다양한 샛길활동을 바탕으로 각자 인상 깊었던 장면을 선정하여 작은 책으로 표현하는 독서 후 샛길활동이다. 『투명한 아이』를 읽은 학생들에게 인상 깊었던 장면은 서로 다를 수 있다. 학생이 책을 읽어 내려가면서 생각하는 것이 다르고, 관련된 샛길활동을 체험하면서 느끼는 것 또한 다르기 때문이다.

스토리북으로는 표지를 포함하여 10장의 두텁고 단단한 하드지로 되어있는 스크랩북을 구입했다. 1년 동안 『투명한 아이』를 통해 경험하고 느낀 것들을 스크랩북에 표현하기 위해서는 책의 전체 내용 중에서 9개의 인상 깊은 장면을 선정해야 한다. 그러려면 학생들 각자 처음부터 끝까지 책을 다시 읽어보면서 자신에게 의미가 있고 이야기 흐름에 있어서 중요한 장면이라고 생각되는 부분을 선정하여 구체적으로 어떤 장면으로 표현할 것인지를 정리할 필요가 있다.

스토리북에 담을 장면을 모두 선정하였으면 이제 구체적으로 그림책과 같은 느낌이 나도록 이야기 장면에 어울리는 그림을 그린다. 이때 자신이 강조하고 싶은 장면을 크고 자유롭게 그리도록 하여 그림에 너무 에너지를 쏟거나 시간을 많이 소모하지 않도록 하는 것이 좋다. 스크랩북을 펼쳤을 때 보이는 양쪽 면을 하나의 장면으로 표현하도록 하여 그림과 글을 조화롭게 배치하게 했다. 글은 너무 길게 쓰지 않도록 하고, 그 장면에서 가장 중요하다고 생각되는 대사나 이야기를 자신의 언어로 표현하는 것이 학생들의 부담을 줄여주는 방법이다.

스토리북 만들기 활동에서 중요하게 생각할 것은 이야기를 읽고 샛길활동을 하면서 어떤 활동이 인상 깊게 남았는지를 생각하고 표현하는 것에 집중하게 하는 것이다. 물론 대충하려는 태도에 대해서는 지도를 할 필요가 있지만, 그림을 잘 그리지 못하는 학생에게 그림에 대한 부담과 스트레스는 주지 않는 것이 좋다. 만약 어떻게 그려야 할지 몰라서 망설이는 학생이 있다면 『투명한 아이』에 나오는 삽

스토리북 만들기

화를 따라서 그리도록 하는 것도 부담을 줄여주는 방법이다.

스토리북 만들기를 단시간에 해결하려고 하면 교사도 학생도 힘들다. 하루에 한 장면 정도만 천천히 생각하면서 표현하도록 하면 학생들이 지치지 않고 서로의 작품을 참조하고 의견을 나누면서 재미있게 진행할 수 있다.

스토리북을 완성한 후에는 서로 돌려보는 감상의 시간을 가졌다. 다른 친구들 작품을 보면서 같은 느낌과 생각을 발견했다고 신기해하는 학생도 있었고, 같은 장면을 표현했지만 그림이나 글이 서로 다르게 표현되어 새로운 흥미와 관심을 보인 학생도 있었다. 같은 책을 읽었어도 각자가 느낀 감정과 생각이 다를 수도 있다는 사실을 또 한번 확인하는 시간이 되었다.

행운의 부적

보람이 할머니는 빨간색 귀주머니를 하나 만들어 주었다. 할머니는 이 귀주머니가 눈에게 닥칠지도 모르는 나쁜 일을 막아 준다고 했다. 보람이 말로는 귀주머니 안에는 빨간색 물감으로 그린 이상한 그림이 들어 있다고 했다.

"부적이야. 행운의 부적."

보람이가 내게 말했다.

-『투명한 아이』152쪽

슬로리딩 샛길활동 주제

샛길 유형	성취기준	샛길활동 주제	내 용
독서 후 샛길교육 교육과정 연계 샛길교육	[4도02-02] 친구의 소중함을 알고 친구와 사이 좋게 지내며, 서로의 입장을 이해하고 인정한다.	친구의 소중함을 알고 친구와 사이 좋게 지내는 법을 생각해 표현하기	• 『투명한 아이』에 등장하는 '행운의 부적'에 대해 이야기 나누기 • 한 해 동안 친구들과 지내면서 고마웠던 경험과 섭섭했던 경험 이야기 하기 • 4학년을 마치면서 친구들에게 하고 싶은 덕담 이야기 나누기 • 마니또 선정하고 마니또가 된 친구를 위한 행운의 부적 만들기 • 마니또에게 행운의 부적 전달하기

샛길활동 내용 및 과정: 항상 좋은 일이 가득하길

엄마를 찾은 눈은 이제 그토록 그리워하던 엄마와 행복한 생활을 할 수 있게 되었다. 하지만 건이와 보람이, 건이 고모는 그 사이 눈과 정이 들어 헤어지는 것이 마냥 좋지만은 않을 것이다. 그래도 눈이 멀리 떠나는 것이 아니라 건이네 집에 세를 들어 살기 때문에 한 지붕 아래에서 언제든지 만나서 같이 놀 수 있다는 것은 다행이다. 그러는 중에 보람이 할머니께서 눈에게 앞으로 복 많이 받고 좋은 일이 가득하라는 의미로 부적을 한 장 써 주는 장면이다.

이번 샛길활동은 도덕교과의 성취기준 [4도02-02] 친구의 소중함을 알고 친구와 사이좋게 지내며, 서로의 입장을 이해하고 인정한다와 연계해 1년 동안 한 교실에서 동고동락한 친구들과의 유종의 미를 나누는 샛길활동으로 재구성했다.

학생들은 부적에 대해 잘 알고 있지 못한 것 같았다. 처음 듣는다는 학생이 많았다. 쉽게 말해서 나쁜 기운을 쫓고 복을 비는 마음을 담아 글이나 그림으로 표현한 종이 같은 것이라고 설명을 해주자, 만화나 영화에서 본 적이 있었다는 학생들이 있었다. 부적의 의미에 대해 살펴본 후 1년 동안 같이 지낸 친구들에게 이 '행운의 부적'을 만들어 전하는 샛길활동을 진행했다.

'행운의 부적'을 만들기 전에 1년 동안 친구들과 지내면서 즐겁고 고마웠던 경험과 섭섭했던 경험을 나눠보았다. 1년을 마무리하는 시기에 많은 시간을 들여 깊은 대화를 나눌 수는 없었지만, 이 자리를 통해 혹시라도 섭섭한 부분이 있었다면 솔직하게 자신의 감정을 표현하고 다른 친구들도 함께 공감할 수 있는 자리가 될 거라는 기대였다. 섭섭함을 이야기한 학생도 있었지만 대부분 친구와 함께 샛길활동을 하면서 즐거웠던 일, 중간놀이 시간이나 점심시간에 운동장에 나가서 놀았던 일, 자신의 고민을 들어줘서 고마웠던 일, 몸이 아팠을 때 위로해주고 걱정해주는 말을 해줘서 고마웠던 일 등 이야기하면 할수록 점점 더 많은 추억이 쏟아져나왔다.

한 해 동안 친구와 같이 지내면서 느낀 고마움과 친구들의 앞날에 기분 좋은 일, 새로운 희망이 가득하기를 바라는 마음을 담아『투명한 아이』에서처럼 행운의 부적이 담긴 귀주머니를 만들기로 했다. 행운의 부적을 만들기에 앞서 부적을 줄 친구를 선정하기로 했다. 물론 학생들 각자 주고 싶은 친구가 있겠지만 그렇게 하면 인기투표 형식이 되어버릴 가능성이 있어 모두가 누군가의 마니또가 되어 활동하고 행운의 부적이 담긴 귀주머니를 전달하기로 했다. 물론 정말로 고마움을 전하고 싶은 친구가 따로 있다면 귀주머니를 한 개 더 만들어 전달하도록 하는 것은 허락했다.

일주일 동안 자신의 마니또를 위해 하루에 하나씩 선행을 실천하고 간단하게 자신이 한 활동을 학급 요록에 정리하게 하여 관리했다. 혹시라도 누군가가 마니또를 위해 선행을 하는 장면을 본 다른 학생

행운의 부적 만들기

이 이야기하고 다니거나 서로 누가 누구의 마니또인지에 대해 이야기하는 것을 방지하기 위해 학교에서는 마니또에 대한 이야기를 하지 않기로 하고, 혹시 다른 친구의 선행을 보더라도 신경 쓰지 않기로 약속했다.

각자 친구에게 전해주고 싶은 덕담이나 감사의 말을 가느다란 종이에 4~5가지 적고 포춘쿠키 모양으로 접은 색종이 안에 각각 넣어 포장했다. 우리 4학년은 학교의 종업식보다는 『투명한 아이』슬로리딩을 마무리하는 의미로 4학년만의 낭독극 및 졸업식을 따로 진행하기로 했다. 그리고 4학년 졸업식의 마지막 순서로 학급별로 자신의 마니또에게 행운의 부적이 담긴 귀주머니를 전달하는 행사를 진행했다. 4학년의 낭독극 및 졸업식이 모두 끝나고 아이들은 친구들에게 자신의 귀주머니를 전달하며 쑥스러워하기도 하고 친구와 반갑게 손을 맞잡고 빙글빙글 돌면서 기뻐하기도 했다. 마치 초등학교 생활을 모두 마친 6학년 졸업식을 하는 것 같은 감동과 보람을 느꼈다.

시는 시답게, 나도 시인이 되어

슬로리딩 샛길활동 주제

샛길 유형	성취기준	샛길활동 주제	내 용
독서 후 샛길교육 교육과정 연계 샛길교육	[4국03-05] 쓰기에 자신감을 갖고 자신의 글을 적극적으로 나누는 태도를 지닌다.	『투명한 아이』에 등장하는 장면을 선택하여 떠오르는 생각과 느낌을 시로 표현하기	• 『투명한 아이』를 읽고 시로 표현하고 싶은 장면 선정하기 • 선정한 장면을 떠올리며 주제 발견하기 • 떠오른 장면과 주제에 맞게 시 쓰기 • 각자 쓴 시를 다른 친구들과 함께 나누기 • 시를 듣고 새롭게 알게 된 점이나 궁금한 점 이야기하기

샛길활동 내용 및 과정: 시어로 표현하기

지금까지 '시는 시답게' 샛길활동으로 매달의 주제와 관련된 시를 찾아 학생들과 함께 읽어보고 시의 내용과 지은이가 전하고 싶은 생각이 무엇이었는지에 대해 서로의 생각을 나누는 활동을 했었다. 이 활동은 이후에도 새롭게 알게 된 내용이나 궁금한 점을 붙임종이에 적어 게시된 시에 붙여 다른 친구들과 서로의 생각을 공유하는 활동으로 이어졌다. 학생들은 이러한 과정을 통해 시를 비판적으로 읽고 다양한 방향으로 해석하면서 자신의 의견을 제시하는 동시에 다른 사람의 생각을 수용하는 태도가 어느 정도 자리 잡게 되었다.

물론 매달 '시는 시답게' 활동을 통해 시를 읽고 자기 생각을 표현하고 다른 학생의 생각을 이해해보는 과정을 경험했다고 해서 시에 대한 공부가 충분했다고 생각하지는 않는다. 그러나 이러한 경험은 분명히 문학의 한 갈래인 시를 알아가는 학생들에게 다른 글과는 또 다른 매력과 가치를 발견하게 한다는 역할을 다했을 것이다.

그동안 '시는 시답게' 샛길활동을 통해 경험한 것을 바탕으로 이제 직접 시를 쓰는 활동을 해보기로 했다. 우선 『투명한 아이』를 다시 읽어보고 가장 인상적인 장면을 선택해보기로 했다. 책을 살펴보면서 재미있고 기억에 남는 장면이 여러 가지라면서 선택하기가 힘들다는 학생들이 많았다. 그렇다면 오히려 어느 것을 선택해도 좋은 것이니까 너무 고민하지 말고 그중에 하나를 먼저 골라보도록 했다.

장면을 선정한 후에는 재미있고 솔직한 시를 조금 쉽게 쓰기 위한 몇 가지 참고할 만한 방법을 이야기해주었다. 먼저 표현하고자 하는 장면을 줄거리 형식으로 쓰는 것은 별로 추천하지 않았다. 시는 영화처럼 흘러가는 이야기를 옮겨적는 것보다는 사진과 같이 하나의 장면에서 느끼고 떠오른 생각을 적는 것이 좋다고 생각했기 때문이다. 더불어 흔히 시가 지니고 있는 형식에 너무 얽매이지 않도록 했다. 운율이나 리듬감, 함축적 의미 등의 형식을 너무 고려하다 보면 떠오르는 감정을 자연스럽게 풀어낼 수가 없기 때문이다.

시를 글로만 쓰는 것이 아쉬워 관련된 그림을 넣어 시화도 꾸며보았다. 보통 그림을 그리라고 하면 힘들다면서 투정하던 학생들도 큰 불만이 없었다. 아마도 학생들은 1년 동안 슬로리딩 수업을 통해 『투

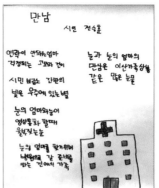

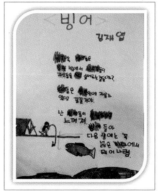

'나도 시인이 되어' 샛길활동 시화 발표

명한 아이』가 마음속에 자리 잡고 있어 귀찮다거나 부담감을 느끼기
보다는 책과 관련된 활동 하나하나에 애정을 보이게 된 것 같았다.

　이렇게 시화로 완성된 작품은 4학년『투명한 아이』낭독극 및 졸
업식 행사를 하는 식장에 전시했고, 학급별로 몇 편씩 선정하여 낭
독극 중간에 시화 낭송을 하는 활동을 넣어 학부모님이나 다른 학
급 학생들과 함께 감상하는 기회를 가졌다.

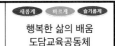

가정통신문

2018학년도 4학년 졸업 공연 낭독극 발표 및
우주 시민증 수여식에 학부모님을 초대합니다

학부모님께

2018년 우리 4학년 친구들은 『투명한 아이』라는 책으로 일 년 동안 한 권의 책을 읽어나가며 다양한 샛길활동으로 공부하는 슬로리딩 교육과정을 경험하였습니다. 단순히 책 한 권을 읽어낸 것이 아닌, 다양한 샛길활동을 통해 한 권의 책이 어떻게 아이들의 삶과 연결되어졌는지, 아이들의 삶의 변화와 감동은 어떠했는지를 표현해내는 장을 만들어주는 것은 슬로리딩 교육과정의 꽃이라 생각합니다. 이를 위해 매달 가장 재미있었던 샛길을 선정해서 느낌을 적고 감정을 나누는 경험을 해보았으며, 1학기를 마치며 7월 주제 '응답하라 흑설공주'라는 주제를 가지고 연극 발표 샛길활동과 같은 매월 주제 샛길활동을 통해 다양한 표현의 장을 만들고자 노력하였습니다.

그리고 이제 한 학년을 마무리 짓는 활동으로 한권의 책을 다 읽고 자기가 이 책을 통해 울림이 있던 장면과 느낌을 책으로 만드는 나만의 투명한 아이 스토리북 만들기를 완성해가고 있습니다.

1년을 마치며 이 책에서 그리고 우리가 목표한 나와 너, 편을 가르기보다 지구촌이라는 커다란 울타리 안에 함께 사는 이웃, 인간으로서의 존엄과 평등권을 가진 이웃으로 투명한 아이 눈을 보듬어 안아주는 아이들로 성장하기를, 또한 어떤 장벽도 넘을 수 있는 놀 권리, 배울 권리가 보장되는 우주 시민증을 수여하는 4학년의 낭독극 졸업식(우주 시민증 수여식)을 통해 일 년을 마무리하려고 합니다.

바쁘시더라고 참석해주셔서 우리 아이들의 작품 스토리북 전시 및 낭독극 그림 시화 전시도 감상하시고, 아이들 스스로 대본, 배경그림, 시화로 만든 낭독극 감상도 하시고, 자랑스러운 우주시민증 수여식도 함께 해주시기를 바랍니다.

> 일 시 : 2019년 1월 3일 목요일
>
> 시 간 : 09:30 ~ 12:00
>
> 장 소 : 2층 강당
>
> 일 정 : 09:20 ~ 11:20 낭독극 공연
>   11:20 ~ 12:00 우주시민증 수여식 및 행운의 부적 전달식
>
> 주차장이 협소하여 주차할 곳이 부족합니다. 부득이 차량을 가지고 오시는 분은 운동장에 주차 부탁드립니다.

2018. 11. 30.

인천도담초등학교 4학년

슬로리딩,
방향과
확장성

무엇이 가장 중요할까

2015개정교육과정에서 들어온 '한 학기 한 권 읽기'의 영향으로 온 작품 읽기 연수가 많이 늘어나고 있다. 단절된 문학작품을 통해 국어 지식을 가르치던 국어과 교육에 대한 반성에서 출발한 온 작품 읽기는 그 자체로도 큰 의미가 있다. 단순히 아이들에게 문학작품을 온전히 읽어준다는 것 자체만으로도 아이들 스스로 지식을 재구성하는 교육을 시행하기에는 충분할 것이다.

하지만 한 가지 아쉬움이 남는다. 슬로리딩 교육과정을 시작하기 전, 온 작품 읽기 연수를 열심히 듣던 내가 발견한 고민의 출발점을 이 장에서 제안하고 싶다. 아울러 이 책을 통해 그 아쉬움을 함께 고민하고, 앞으로 교사로서 어떤 교육을 할 것인가에 대한 방향을 함께 찾아갔으면 한다.

세계적인 문학작품을 읽는다고 하여 누구나 그 작품에서 감동을 느끼는 것은 아니다. 그저 독서록을 쓰기 위해서 책을 읽는다면 시각적으로 들어오는 활자를 쫓아가는 것과 다를 바 없다. 목적을 위해

줄거리를 요약하는 읽기로는 작품 속에서 진정한 감동을 느끼는 데 한계가 있다. 본인이 스스로, 어떤 동기에 의해서 책을 고르고 그 작품 속에 온전히 빠져들어 인물과 함께 호흡하며 작품 속에서 살아 있는 나를 발견하는 경험을 통해서만 진정한 감동을 얻을 수 있다. 아무리 문학적으로 훌륭한 작품을 온전히 읽어준다고 해도 학생들이 그 책을 온전히 감상할 동기가 없다면 학생들의 감동을 교사가 강요하는 데 지나지 않는다는 생각이 든다.

온 작품 읽기 연수에 가서 다양하고 교육적이며 수업시간에 활용할 만한 여러 작품을 소개받고 와서 의욕적으로 아이들에게 책을 한 권 읽어주었는데, 학생들의 반응이 연수 때 소개받고 상상했던, 그 감동에 벅찬 아이들의 모습과는 다르게 나타났던 적이 있다. 당시의 그 당황스러움과 좌절감은 어떻게 설명할 수가 없었던 것 같다. '내가 연수해주신 선생님보다 생동감이 부족한가? 동화 구연을 배워야 하나?' 하는 생각도 들었다. 수업시간에 책을 온전히 읽어주기 위해서는 특별한 동기가 필요했다.

어느 날 갑자기 불쑥 책을 꺼내서 작품을 읽어주는 것이 아니라 우리가 공부하는 교육과정 속에서 그 특별한 동기를 만들고 작품을 읽는 것, 우리가 왜 이 책을 읽고 있는지를 스스로 알면서 온전한 작품을 감상해야 작품 속에 빠져들 수 있다. 한 글자 한 글자에 온 신경이 꽂히고, 그림 하나에 머릿속에서 상상의 나래가 펼쳐지며, 책 속 인물들과의 감정을 함께 느끼는 속에서 진정한 희열의 감동을 맛볼 수 있다. 이러한 감동을 위해서는 특별한 동기를 만들어야한다. 특별한 동기를 만드는 것. 그것이 바로 교육과정의 재구성 요소가 아닐까 생각한다. 교육과정 재구성이 자판기처럼 뚝딱하고 나오는 것이 아닌 이유가 여기에 있을 것이다. 어떻게 하면 학생들에게 이러한 특별한 동기를 끌어낼 수 있을까를 끊임없이 고민한 노력의 결과물인 것이다.

우리가 운영한 슬로리딩 교육과정에는 이러한 특별한 동기를 보다 쉽게 만들어내는 것이 가능하다는 장점이 있다. 샛길교육 자체가 학생들에게 특별한 동기이기 때문이다. 한 권의 책에서 나오는 여러 가지 주제와 그에 맞는 샛길교육을 통해 온 작품 속 샛길로 빠지는 것이다. 우리는 이것을 '책 속의 책' 샛길교육이라고 칭했다. 『투명한 아이』에서 고모와 눈이 목욕을 하고 나오는 장면을 읽다가 샛길교육으로 목욕탕 이야기로 빠져서 옛날의 목욕탕 문화에 대해 들려주고, 자연스럽게 '책 속의 책' 『장수탕 선녀님』을 읽어주는 것이다. 다른 특별한 동기는 필요 없다. 이미 샛길교육으로 빠진 것 자체가 특별한 동기가 되기 때문이다. 샛길교육을 기다리고 있던 아이들에게 『장수탕 선녀님』은 공부가 아닌, 선생님이 들려주는 특별한 선물이 된다.

'온 작품 읽기'는 아이들이 애타게 기다리는 특별한 선물이 되어야 한다. 이 특별한 선물을 주고 싶다는 마음이 슬로리딩 교육과정 재구성을 실천하게 된 동기였다. 주제 중심 교육과정 재구성이든, 온 작품 읽기든, 슬로리딩 교육과정 재구성이든, 이름이야 어떻든 뭣이 중하겠는가. 우리가 만드는 교육과정이 아이들이 애타게 기다리는 특별한 선물과 같은 교육과정이 된다면 그 길이 옳은 길이다. 그리고 옳은 길이라면 혼자서 묵묵히 걸어갈 것이 아니라 동료들과 함께 행복하게 걸어갈 것을 제안한다.

특별한 선물을 받는 아이들도 신나고 기쁘겠지만, 주는 교사들도 신나고 기쁘지 않을까?

슬로리딩 교육과정 Q & A

그동안 슬로리딩 교육과정을 운영하면서 선생님들과 학부모님께 받은 질문에 설명이 더 필요하다고 느낀 내용들을 모아 정리해보았습니다. 슬로리딩 교육과정을 운영해보고 싶으신 선생님들께 도움이 될 수 있기를 기대해봅니다.

1. 한 권의 소설책을 통해 1년 동안 공부한다고 했을 때, 국어교과서에 수록된 다양한 장르의 문학작품에 소홀한 것은 아닌지요?

국어교과서에서 소개하고 있는 다양한 장르의 문학작품은 슬로리딩 교육과정 속에 마련된 '책 속의 책' 샛길활동으로 보완할 수 있습니다. 가령 한 권의 소설책을 함께 읽은 후 샛길활동으로 시를 쓰고, 연극 대본을 만들고, 편지를 쓰고, 광고를 만들며, 자신의 생각을 정리해 주장하는 글까지 성취기준과 충분히 잘 엮어서 수업할 수 있습니다.

이처럼 슬로리딩 교육과정은 한 권의 책을 깊이 있게 함께 읽어가면서 다양한 샛길활동을 국가수준의 성취기준과 연결합니다. 그렇기에 한 권의 소설책으로도 충분히 학생들 흥미와 호기심을 유지하면서 성취기준을 달성할 수 있습니다.

2. 슬로리딩 교육과정 재구성을 처음 시작하는 입장에서 부담이 큽니다. 부담을 조금 줄일 수 있는 방법이 있는지요?

우선 슬로리딩 교육과정의 뼈대인 학년의 철학과 책 선정, 성취기준을 연결한 월별 주제 샛길활동의 구성으로 시작하는 것을 권해 드립니다. 그러다가 천천히 책을 읽으면서 발견되는 샛길활동을 추가로 담아내거나 학생과 학부모님의 의견을 반영하는 것이 좋습니다. 많은 샛길활동은 자칫 부담이 될 수 있습니다. 큰 뼈대에 샛길활동이라는 살을 하나씩 붙여 나가는 방법으로 운영하시면 됩니다.

3. 슬로리딩 교육과정 운영에 대해 학부모님에게 어떻게 이해시켜야 할까요?

학부모님 입장에서는 교과서 대신 소설책 한 권으로 수업을 한다는 것에 의구심과 불안함을 느끼실 수 있습니다. 경험으로 말씀드리면 먼저 학년 초 학부모 총회를 열기 전에 먼저 슬로리딩 교육과정 운영에 대한 가정통신문을 보내 안내해드렸습니다. 그리고 학부모 총회를 학년 단위로 따로 열고 슬로리딩과 슬로리딩 교육과정에 대해 설명드리고 질의를 받았습니다. 이 과정에서 새로운 교육과정에 대한 우려와 의문을 어느 정도 해소하고 학기를 시작할 수 있었습니다.

가끔 학부모님께서 슬로리딩 교육과정으로 수업하면서 아이들이 너무 놀기만 하는 것은 아닌가 걱정하십니다. 학부모님 입장에서 보면 아이들은 학교에서 소설책을 읽고 샛길활동으로 빠져서 놀다가, 또 이야기를 읽고 샛길활동에 빠져 놀다가 집에 가는 것으로 보입니다. 그런데 여기서 한 가지 짚고 넘어가야 할 부분이 있습니다. 아이들이 '논다'라는 것은 '공부를 놀이처럼 한다'라는 말과 다르지 않다는 것입니다. 교과서는 국가수준의 교육성취기준을 달성하기 위해 만든 하나의 교육 자료입니다. 슬로리딩 교육과정은 학년의 교육철학을 세우고 한 권의 소설책 속에서 이미 국가수준의 성취기준을 달성하기 위한 샛길활동으로 재구성되어 있습니다. 학부모님께 한 편의 소설책도 이러한 성취기준을 달성하기 위한 훌륭한 자료가 될 수 있다는 사실을 잘 이해시켜야 합니다.

4. 저학년 아이들을 대상으로 슬로리딩 교육과정을 운영할 때 책 선정에 어려움이 있습니다. 저학년 아이들과 함께 슬로리딩 수업을 위한 방법이 있는지요?

슬로리딩 교육과정에서 우선되어야 하는 것은 학년의 교육철학입니다. 교육철학을 세우고 그에 따른 책 선정이 순서라는 점에서 한 권의 책이라는 것은 자유로울 수 있었습니다. 가령 2학년의 교육철학은 '계절별 이야기와 놀이를 통해 마음을 나눌 줄 아는 아이'로 정하여 슬로리딩 교육과정을 운영해보았습니다. 선정한 책은 우리나라의 옛이야기를 다룬 내용입니다. 하나의 옛이야기가 길지 않아 교사가 직접 아이들에게 읽어주기에 부담이 없으며, 아이들의 반응과 집중도 좋았습니다. 저학년의 통합교과가 봄, 여름, 가을, 겨울교과로 구성되어 있다는 점에서 옛이야기를 계절별로 분류하였고, 통합교과의 성취기준을 적용하기에 큰 무리가 없었습니다. 슬로리딩 교육과정에서 학년 철학은 이렇게 큰 힘이 되었습니다.

5. 슬로리딩 교육과정이 지닌 매력은 무엇인지요?

슬로리딩 교육과정의 가장 큰 매력은 재미입니다. 재미는 뻔한 것에 있지 않습니다. 아이들은 한 권의 소설책을 함께 읽으면서 어디에서 멈춰서 샛길로 들어갈지에 대한 호기심이 가득합니다. 성격이 급한 아이는 책을 읽기도 전에 샛길활동이 무엇인지 물어보기도 합니다. 예전에 교과서로 수업하면서 감히 겪어보지 못한 일입니다. 아이들 스스로 오늘 공부할 내용이 무엇인지 먼저 궁금해하는 것에 더 이상의 동기유발은 필요 없으며 교사로서도 힘이 나고 즐거운 일입니다. 그리고 아이들에게 끝없이 펼쳐지는 문학적 상상력을 키워 줄 수 있다는 것입니다. 이러한 문학적 상상력을 바탕으로 우리 아이들은 책을 읽는 것에서 그치지 않고 책을 통해 세상을 읽어나가는 힘을 키워 줄 수 있다는 것입니다. 이처럼 슬로리딩은 아이들에게 민주시민의 가치를 삶 속에서 새겨줄 수 있는 좋은 방법이라 생각합니다.

6. 학년에서 계획한 슬로리딩 교육과정이 각 학급에서 운영될 때 학급마다 수업활동과 내용이 달라도 되는 건가요?

실제로 다르게 운영될 수밖에 없다는 생각입니다. 그 학급의 선생님의 성향과 가치관, 능력과 수업 기술이 다르고 무엇보다도 그 학급을 구성하고 있는 학생과 수업 분위기가 다르기 때문입니다. 사실 같은 샛길활동이더라도 실제 학급마다 학생들의 반응과 학습 성취도가 다르게 나타납니다. 그래서 결국은 교육과정의 흐름도 학급교육과정의 방향으로 가는 것이 맞습니다.

5장

슬로리딩 교육과정을 마치고

학생의 말

　1년 동안 『투명한 아이』라는 책으로 공부하면서 직접 해볼 수 있는 것이 많아서 좋았다. 교과서는 대부분 따로따로 공부해서 재미없었다. 그런데 『투명한 아이』를 통해 공부하면서 국어뿐 아니라 사회, 과학 등 다른 과목들이 연결되어 내용을 이해하기 훨씬 수월했다. 예를 들어서 알뜰 장터, 두부 만들기 등에는 국어, 사회, 과학 등이 통합되어 있었는데 이론이 아니라 직접 느끼니까 뇌리에 더 오래 남아 좋았다. 1, 2, 3학년 때 배운 것은 다 잊어버렸는데 4학년에서 배운 것들은 다 기억될 것 같다. 인성, 화합, 배려, 협동 등은 도덕 수업과도 연계되어 있어 다른 반, 다른 학교, 다른 나라에까지 추천하고 싶다.

　처음에는 학교 공부는 그냥 복습 수준이고, 공부보다는 친구와 같이 노는 것이 중요하다고 생각했었다. 그런데 4학년 때는 달랐다. 그냥 느끼는 것이 달랐다. 지금까지의 학교 공부보다 재미있기도 했고, 배우는 것도 많았다는 느낌이다. 왜 1~3학년 때는 이렇게 배우지 않았는지 궁금했다. 4학년은 인권이 큰 주제였는데 그것 말고도 다른 것도 많이 배웠고, 내가 갖고 있었던 편견도 많이 사라졌다. 지금 나는 누구보다도 우리 학교를 좋아하고 재미있어한다.

성아정

나는 예전에 속독학원을 다녔다. 그곳에서는 책을 빨리 읽고 감상문 쓰기를 했다. 다른 특별한 활동은 없었다. 그런데 슬로리딩을 하니 한 시간 안에 읽어버릴 수 있는 책을 1년이라는 긴 시간 동안 읽고, 특별한 활동인 샛길활동을 했다. 그 샛길활동이 너무 재미있었다. 내가 나 자신을 기특하게 생각한 적도 있다. 특히 알뜰 시장이 기억에 남는다. 열이 있어 몸 컨디션이 좋지 않았는데 아픈 것도 잊어버릴 정도로 재미있었다. 국어사전으로 단어를 찾는 것도 좋았다. 내가 속독학원 때문에 책에 대한 원망이 있었지만 슬로리딩으로 원망이 가출을 해서 어디로 갔는지 모를 정도로 많은 변화가 있었다. 지금까지 책은 빠르고 정확하게 읽고 정리만 잘하면 되는 줄 알았다. 그러나 슬로리딩으로 '빠르고'라는 편견이 없어졌다. '뭐든지 100%는 없다'라는 말이 있는데 슬로리딩은 100%인 것 같다.

김상헌

책에 관심도 없고 더구나 소설책은 너무 길어서 안 읽었는데 막상 읽어보니 재미있는 내용도 보이고, 책에 나온 대로 직접 해보니 주인공의 마음이 '이러저러 했겠구나' 하는 생각도 하게 되었다. 그런 샛길활동 중에서 짜장면 먹기, 골든벨이 가장 기억에 남는다. 혼자가 아닌 친구들과 같이 책을 읽고 그 내용에 나온 것들을 그대로 해보니까 재미있고, 창의력도 늘어난 것 같다. 책을 자주 읽는 친구들을 보면 저런 재미없는 것을 왜 읽는지 이해하지 못했는데 막상 내가 읽고 그 내용을 활동으로 하다 보니 책이 좋아진 것 같다. 5학년 때도 슬로리딩으로 수업했으면 좋겠다. 앞으로도 책 많이 읽고 똑똑해지고 싶다. 슬로리딩 수업은 내가 좋아하는 놀이, 운동보다 100배는 더 재미있었다. 만약 5학년 때도 슬로리딩 수업을 한다면 지금보다 더 집중하고 노력할 것이다.

강희원

처음에 한 권의 책으로 1년을 공부한다고 해서 답답하게 느꼈는데, 여러 가지 샛길활동을 통해 재미있고 지식을 높일 만한 단어들을 찾아서 머리에 쏙쏙 넣는 게 너무 좋았다. 샛길활동 중에 간지 작업과 흑설공주 연극이 가장 기억에 남는다. 선생님과 연습도 즐거웠고, 다 하고 나면 너무 뿌듯했다. 인권과 관련한 샛길활동도 좋았다. 평소에는 관심 없었던 인권의 중요성을 알게 되었고 인권과 관련된 다양한 말도 알게 되어 뿌듯했다. 슬로리딩으로 책을 읽으면서 모르는 단어를 그때그때 국어사전으로 찾아서 확인하고 그렇게 뜻을 익힌 낱말로 짧은 문장을 만들어 발표했는데 친구들이 만든 문장이 너무 재미있고 웃겼다. 이러한 추억들을 일기로 잘 써서 잊어버리지 않도록 해야겠다. 5학년 때도 이렇게 재미있는 슬로리딩으로 수업하고 싶고 1년이 한 달처럼 너무 빠르게 지나간 것이 아쉽다. 한 권의 책으로 다시는 잊을 수 없는 추억과 여러 가지 샛길활동을 체험하면서 많은 것을 느끼고 배우게 되어 기쁘다. 앞으로 책을 읽을 때도 슬로리딩과 같은 방법으로 읽을 것이다.

박채빈

『투명한 아이』라는 한 권의 책으로 1년 동안 공부한다는 것이 처음에는 생소하고 지루하게 느껴졌다. 그렇지만 1학년부터 3학년까지의 국어 시간보다 더 특별하고 재미있었다. 특히 샛길활동으로 인해 다양한 체험 활동을 할 수 있어서 좋았다. 여러 과목과 연관해 샛길활동을 하니까 마치 공부하는 것 같지가 않았고 책을 읽으면서 주인공들에 대해 알아가는 것도 재미있었다. 책을 읽는다는 것이 이렇게 재미있다는 것을 이제야 알게 되다니. 국어사전으로 모르는 단어의 뜻을 찾아 짧은 글을 짓는 것으로 글을 쓰는 재미를 알게 되었고, 웹툰 작가가 나의 꿈이 되었다. 샛길활동을 한 보람이 있었다. 알뜰 장터 샛길활동을 하고 내가 얻은 수익을 시각장애인분들을 위해 기부한 것도 멋지다고 생각했다. 한 달이 끝나면 다음 달에 어떤 샛길활동이 있을지 기대가 많이 되었다. 이렇게나 많은 샛길활동을 할 수 있는 슬로리딩이 너무 좋다. 책은 지루하고 재미없는 것이 아니라 모든 것을 경험할 수 있는 것이라는 사실을 알게 되었다. 5학년이 되어서도 슬로리딩으로 공부했으면 좋겠다. 슬로리딩은 재미있다. 공부를 하는 건데도 지루하지 않다. 슬로리딩으로 공부할 수 있는 기회가 다시 오면 좋겠다.

안수진

1년 동안 『투명한 아이』라는 책으로 슬로리딩하는 게 좋았던 건 우선 책의 내용이 마음에 들었다는 거다. 왜냐하면 『투명한 아이』에는 장애인에 대한 차별과 편견을 없애자는 내용과 남의 개인 정보를 소중하게 생각하자는 내용이 재미있고 알기 쉽게 나와 있기 때문이다. 소복소복, 팔랑팔랑 등 예쁜 말들이 많이 있는 것도 좋았다. 슬로리딩 샛길활동을 하면서 가장 기억에 남는 것은 '정당하게 일한 대가'이다. 나는 부모님이 다 해주시고 돌봐주셔서 편하게 지내서 몰랐는데 집안일도 고생스럽게 해보고 하니까 부모님이 안쓰럽다는 생각이 들었기 때문이다.

그리고 슬로리딩을 하면서 나에게 긍정적인 변화가 생겼다. 예전에는 장애인을 무슨 전염병이 있는 사람처럼 생각하면서 피하려고 했었는데, 지금은 내 마음에서 그런 차별과 편견이 많이 사라졌고 더이상 피하려고 하지 않게 되었다. 가족의 소중함도 알게 되었고 다른 사람에게 피해가 되는 행동을 하면 안 되고 서로 배려하고 공존하면서 살아야 한다는 생각도 하게 되었다.

장주원

슬로리딩과 샛길활동을 하기 전에는 책을 눈으로만 읽다가 모르는 단어가 나와도 찾아보지 않고 그냥 넘어갔는데 슬로리딩으로 공부하면서 모르는 단어를 바로 국어사전으로 찾으니까 궁금한 점도 생기지 않고 내용이 이해가 잘 되어서 좋았다. 다양한 샛길활동을 하면서 재미있고 흥미로운 것들을 많이 하게 되어 1년 동안 많은 체험을 할 수 있었다.

처음에는 장애인이나 다문화에 대해서 편견을 갖고 있었는데『투명한 아이』로 샛길활동을 하면서 그런 편견이 사라진 것 같았다. 장애인은 모두 우리와 같다는 것을 알게 되었고 스스로 반성도 했다.

평소에 책을 읽을 때는 억지로 읽거나 시켜서 읽는 경우가 많았는데 '한 권의 책을 잘 읽으면 여러 권의 책을 읽는 것과 같다'는 선생님의 말을 듣고 공감이 되었고 점점 그렇게 책을 읽으려고 하는 내가 보였다. 한 권의 책을 1년 동안 읽는다는 말이 처음에는 믿기지 않았다. 그런데 진짜로 1년 동안 책을 읽고 나서 생각이 많이 바뀌었다. 예전처럼 그냥 교과서만 갖고 공부하는 것보다 슬로리딩으로 공부하는 것이 더 좋다고 생각한다. 슬로리딩을 하면서 나의 관점과 성격이 좀 더 긍정적으로 바뀐 것 같다.

조서경

『투명한 아이』로 슬로리딩을 하면서 모르는 낱말을 국어사전으로 찾는 활동이 너무 좋았다. 기억에 남는 샛길활동으로는 장애인에 대해 알아보는 수업과 다문화와 관련된 활동이 있다. 이러한 기회가 4학년 때에만 있다는 것이 너무 아쉽다. 3월부터 지금까지 읽은 이 책은 내 평생 기억에 남는 '인생 책'이 될 것 같다. 이런 소중한 추억을 만들어주신 선생님이 너무 감사하다.

슬로리딩을 하면서 책을 읽는 방법을 알게 되었다. 예전보다 책을 더 많이 읽으려고 노력하고 있다. 중간에 모르는 단어가 나오면 찾아보면서 책을 읽게 되었다. 마지막으로 지금까지 날 지도해주신 선생님께 다시 한번 감사드린다.

안서연

처음에 『투명한 아이』라는 책의 제목과 표지 그림을 보았을 때는 그냥 학교폭력으로 인한 왕따에 관한 책인 줄 알았는데 1년 동안 슬로리딩을 하면서 내 주변에도 많을 눈과 같은 다문화 아이와 장애를 안고 살아가는 사람에 대해 다시 생각하게 되었다. 『투명한 아이』를 배우기 전에는 눈과 고모 같은 사람들에 대해 편견도 있었고 관심도 없었다. 하지만 1년 동안 슬로리딩으로 수업하면서 눈이와 고모의 마음을 이해하게 되었다. 일부러 배려하기보다는 비장애인과 똑같다는 생각을 하게 되었다. 내가 읽은 어떤 책에서 '다른 것은 잘못이 아니야'라는 말이 있었다. 그런데 우리는 우리와 생김새가 조금 다르다고 손가락질을 하고 밀어내는 잘못된 태도를 갖고 있다. 크레파스나 색연필의 색깔 수가 많을수록 그림 그리기가 더 좋은 것처럼 우리와 다른 모습의 친구들이 많으면 많을수록 좋을 것 같다는 생각을 해보았다. 이 책으로 배우기 전에는 무심하게 지나쳤던 눈이와 고모에게 내

일이면 나는 먼저 인사할 것이다. 안녕, 눈이야. 안녕하세요, 고모.

문서윤

학부모의 말

처음 슬로리딩을 접했을 때 단순히 책을 천천히 읽는 거라 생각했습니다. 그런데 책을 읽고 독후 활동에서 끝내는 게 아니라 책 속의 단어의 정확한 뜻도 찾아보고 책에 나오는 내용으로 다양한 창의적인 활동들을 직접 경험해보며 친구들과 의견도 나누는 등 지금까지 해오던 수업과는 다른 특별함이 있었습니다. 덕분에 아이가 수업 중에 자기 생각을 자연스럽게 자주 말할 수 있게 되었고 타인에 대한 배려심도 생긴 거 같아요.

아이가 슬로리딩 수업을 정말 좋아한다는 게 느껴졌습니다. 이런 좋은 수업을 여기서 끝내는 게 너무 아쉽네요. 전 학년이 모두 참여할 수 있었으면 좋겠습니다. 주입식 교육이 아닌 아이 스스로 생각할 수 있는 기회가 주어지는 슬로리딩 수업이 보편화되길 바랍니다.

박재우 학생 부모님

안녕하세요, 김채이 엄마입니다. 2학기에 전학을 오게 되어 새로운 교육과정에 잘 적응할지 걱정스러웠지만, 걱정이 무색할 정도로 학교생활에 잘 적응하는 모습에 기뻤습니다. 선생님의 적극적인 노력에 감사드립니다.

한 학기의 슬로리딩으로 저희 채이는 책으로 대화하는 방법을 배우고 책의 내용과 거기 함축적 의미 등을 잘 표현하게 되었습니다. 친구들과의 학교생활을 잘 이야기하는 생활 방식으로까지 이어져 저로서는 너무 감사드리고 만족합니다. 학년이 올라가도 지금처럼 서로 책으로 대화하며 소통하는 부모와 자녀로 거듭나겠습니다. 한 해 동안 감사했습니다.

김채이 학생 부모님

EBS 다큐를 통해 슬로리딩에 대해서는 대략 알고 있었습니다. 슬로리딩 교육과정을 진행하신다고 하실 때 매우 긍정적으로 생각했습니다. 아이들에게 물어보니 교과서만 갖고 수업했을 때는 지루했는데, 슬로리딩을 하는 지금의 국어 시간이 참 재미있고 다음 내용이 무엇일지 궁금해진다고 하더군요. 지난번에 아이들에게 경제활동을 알려주고자 진행하셨던 '우리 집 아르바이트'는 소득과 지출이라는 경제활동뿐만 아니라 이를 계기로 본인들이 집에서 부모님을 도와 할 수 있는 일이 많다는 것 그리고 일을 했을 때의 힘듦, 일을 하고 났을 때 느낄 수 있는 뿌듯함 등을 알게 해주었습니다. 슬로리딩이 우리 아이들에게 '책 속을 경험하기'라는 기회를 제공해줌으로써 정서적 경험과 함께 사고의 깊이를 더해주었다고 생각합니다. 슬로리딩을 진행하는 동안 무한한 열정을 보여주신 선생님들께 진심으로 감사한 마음을 전합니다. 선생님 고생 많으셨습니다.

김시현 학생 부모님

지난 1년 동안 아이들과 슬로리딩 수업을 함께 준비하고 고민해 오신 선생님들께 진심으로 감사드립니다. 무조건 읽기만 했던, 읽고 알아서 시험을 보는 능력만 키우고 그 내용을 자기 것으로 만들어가는 과정을 배우지 못하는 교육 현실에 안타까움이 많았는데 슬로리딩이 그런 고민을 씻어주었습니다. 한 권을 읽는 데 오랜 시간이 걸리지만 그 과정 안에서 생각의 힘이 길러지는 것 같습니다. 아이들 스스로가 생각을 키워내고 움직여야 가능한 수업이기에 궁금증에 의해 스스로 하는 공부가 되었다고 생각합니다.

조윤솔 학생 부모님

아이가 평소에 독서를 많이 하지 않고, 책을 읽어도 내용에 대해 잘 알지 못한다는 생각을 갖고 있었습니다. 초반에 슬로리딩을 한다고 해서 아이보다 제가 더 관심을 갖고 아이와 여러 이야기를 나누게 되었습니다. 모르던 단어를 배우고 집에 와서 저에게 설명을 해주는 모습을 보면서 신기해했습니다. 천천히, 자세히, 오래 읽고 배우면서 책 속의 인물들을 자세히 알게 되는 것 같아 좋았습니다. 앞으로도 슬로리딩 교육과정을 하면 아이들에게 도움이 많이 될 것 같습니다.

김상원 학생 부모님

처음에 교과서가 아닌 『투명한 아이』 책으로 수업을 한다고 했을 때, 조금 걱정되기도 했습니다. 과연 제대로 된 교육과정이 될까 하는 걱정이었습니다. 하지만 아이와 이야기를 나누며 대화 속에서 '엄마 그건 편견이야', '그건 다를 뿐이야'라는 말을 듣게 되었습니다. 그때 이것이 『투명한 아이』를 가지고 공부하는 우리 아이에게 다른 무엇인가를 깨닫게 해주었다고 느꼈습니다. 평등이 무엇이며, 편견이 어떤 것인지를 알고 몸으로, 행동으로 변화를 가져다주고 있다고 느꼈습니다. 성적과 점수도 중요하지만 먼저 아이에게 사람이 되라고 가르치는 것이 어려운데, 학교에서 사람이 되라고 방향을 제시해주고 이끌어준다는 것에 감사함을 느끼고 있습니다. 생명존중, 편견, 평등, 인권 이 모든 것을 천천히 알아가는 슬로리딩. 정말 멋진 것 같습니다. 한 해 동안 수고해주신 선생님들께 감사드립니다.

박지원 학생 부모님

4학년에 슬로리딩을 시작하면서 우리 아이들의 눈높이에 너무나도 잘 맞는 교육이라 생각했습니다. 책 한 권에 나오는 이야기를 통해 여러 가지 직업과 주변 시설에 대해 이해하고 또한 앞으로 살아가야 할 사람들의 다른 모습 등 머릿속 지식이 아닌 하나하나 깨달을 수 있는 교육과정에 큰 응원과 박수를 보내고 싶습니다. 아이들과 선생님 부모가 하나가 되어 같이 배우고 실천하면서 같은 생각과 배움이 하나가 돼가는 것이 얼마나 아이들에게 큰 교육이었는지 알게 되었습니다. 도담초등학교에서 이 슬로리딩 교육과정을 계속 이어가주시길 바랍니다.

고동영 학생 부모님

4학년을 마무리하면서 올 한 해 선생님의 열정과 성의에 학생의 부모로서 머리 숙여 진심으로 감사드립니다. 생각의 힘을 키우는 슬로리딩을 통해 학교가 단순히 지식만을 배우는 장소가 아닌 지성, 인성 등을 배우는 장소가 되어 저희 자녀에게 여러모로 큰 도움이 된 것 같아 기쁩니다. 학습의 과정이 좀 느리더라도 학생 본인이 직접 체험하며 책을 단순히 아는 것이 아닌 본인의 감성으로, 체험으로 느끼는 계기가 된 슬로리딩이 아이의 배움에 큰 도움이 되었습니다. 이런 교육과정이 더 많이 퍼져 학교가 자라나는 학생들의 인성에 도움이 되는 장이 되었으면 좋겠습니다. 1년 동안 안서연 학생을 가르쳐주셔서 다시 한번 감사드립니다. 선생님과 헤어져서 너무 서운하다고 하네요. 새해 복 많이 받으시고 원하시는 모든 일이 이루어지시길 기원합니다.

안서연 학생 부모님

아이가 책을 천천히 읽으며 단어들도 스스로 찾아보고 의문을 갖는 모습을 보게 되었습니다. 뭐든지 빨리빨리, 스치듯 지나가는 생활 속에서 천천히 가는 것에 재미를 느끼고 주변을 볼 수 있다는 것을 아는 사람으로 자라고 있다는 것이 만족스럽습니다. 장애가 있다고 비판하고 이상한 눈으로 보는 것이 아니라 우리와 좀 다르지만 인권이라는 것이 누구에게나 공평하게 있다는 것을 배우며 커가는 아이를 볼 수 있어 기쁩니다. 슬로리딩이라는 교육과정이 4학년에만 있는 것이 아니라 학년이 올라갈수록 다른 형태의 슬로 학습이 되면 더 좋을 것 같습니다.

김은우 학생 부모님

TV에서 『은수저』라는 책 한 권으로 6년간 수업을 하신 하시모토 다케시 선생님의 이야기를 접했을 때, 우리 아이들에게도 깊이 있는 책 읽기를 할 기회가 온다면 참 의미 있겠다는 생각을 했었습니다. 그런데 정말 그 기회가 찾아왔습니다. 정말로 복 받았다 싶을 정도로 엄마로서 참 좋았습니다. 천천히 음식 맛을 음미하며 깊이 있는 식사를 하는 느낌이었고, 그 모든 활동이 어느 하나 버릴 것 없이 소중히 느껴졌습니다. 훌륭한 수업이었으며 할 수만 있다면 전교생이 모두 이 좋은 수업을 경험했으면 합니다. 책 속에 있는 단어 하나, 문장 한마디 그리고 그에 따른 모든 활동들 말이죠.

이 수업을 이끄신 4학년 모든 선생님께 깊이 감사드립니다. 아이들에게 『투명한 아이』라는 책은 1년 동안 마음을 나눈 친구였을 거라는 생각이 듭니다. 1년 동안 좋은 친구가 되었을 고마운 책 그리고 고마우신 선생님. 감사드립니다.

최예슬 학생 부모님

성재가 4학년이 되면서 처음으로 슬로리딩이라는 단어를 접하게 되었습니다. 생소하여 인터넷을 이용하여 검색해보니 한 권의 책을 천천히 시간을 들여서 읽고, 관련된 다양한 활동을 통하여 스스로 깊이 생각해보고 이해하는 수업으로 일본에서 30여 년 전에 진행하여 큰 효과를 보았다고 소개되어 있었습니다. 1년에 걸쳐 한 권의 책을 읽는다니 막연하게 재밌어 보인다는 생각이 들면서 어떤 수업이 될지 기대가 되었습니다. 이 고급스러운 수업은 1년에 걸쳐 전 과목에 연계하여 진행되었습니다. 고구마도 직접 심어서 길러 수확하여 먹어보고(자연), 두부도 직접 만들고(과학), 대본을 써서 역할을 정하여 연극도 하고 시도 쓰고(국어), 알뜰장터로 수익을 낸 후 기부도 하고(도덕), 줄넘기 대회(체육)에 외계인 그리기(미술) 등 다양한 내용의 수업을 했지요. 집에서 시시콜콜 얘기하지 않는 아들인지라 샛길교육 제목으로 예상하는 수준이었지만 수업은 충분히 흥미로워 보였고 실제로 물어보면 오늘도 즐거웠다고 했습니다. 샛길교육의 하나였던 '우정의 무대-나의 어머니가 확실합니다'가 무산된 일은 좀 아쉬웠습니다. 여러 사정이 있었겠지만 개인적으로 참 좋은 아이디어였다고 생각했습니다. 여러 샛길활동 중 집에서 아르바이트를 하고 확인받아서 학교에서 발행한 돈을 받아 사용한 활동이 기억에 남습니다. 성재뿐 아니라 다른 친구들도 집에서 기를 쓰고 아르바이트를 하려고 한다고 들어서 많이 웃었습니다. 그 활동으로 성재는 처음으로 설거지를 해보았습니다. 아들이 돈을 많이 벌지 못해서 각 반 선생님이 새겨져 있다는 다양한 지폐, 특히 감쪽같다는 오만 원권 지폐를 많이 궁금해했던 일도 떠오릅니다. 한 해 슬로리딩 수업을 통하여 성재에게 어떤 변화가 있었는지는 무던하고 무던 우리 모자가 알아차리기 쉽지 않습니다. 정규 교육과정과 비교하기도 어려웠습니다. 다만, 매일 빨리 빨리를 외치며 아이들이 스스로 할 시간을 기다려주지 않는 요즘 시대에 천천히, 스스로라는 체험하기 힘든 귀중한 기회를 가졌다고 생각합니다. 이번 겨울엔 저도 『투명한 아이』책을 천천히 읽어볼까 합니다. 정해진 교과과정이 아니어서 더 힘들었을 이 수업을 계획하고 준비해서 1년이란 긴 호흡으로 이끌어주신 선생님들께 감사의 마음을 전합니다. 감사합니다.

윤성재 학생 부모님

동료교사의 말

"여기가 가장 시원한 피서지여!"하시면서 여름 방학 내내 학교에 틀어박혀 교육과정 연구를 하시던 부장님 모습을 떠올리면 아직도 마음이 찡합니다. 『투명한 아이』를 뿌리에 두고 교과 교육과정과 창의적 체험활동, 현장 체험학습을 연결해가는 과정이 어찌 쉬운 길이었을까요. 같은 학년을 맡은 다섯 명의 선생님이 슬로리딩을 통해 우리 아이들의 마음을 울리는 교육을 하기 위해 한마음 한뜻으로 똘똘 뭉치는 모습 또한 감동이었습니다. 진정으로 큰 사람을 만들기 위한 슬로리딩 교육과정이 더 발전되고 이어지길 기원합니다.

4학년 전담교사 박정애

『투명한 아이』라는 한 권의 책으로 슬로리딩 교육과정과 함께 한 짧고도 긴 1년이 마무리되었습니다. 슬로리딩을 했던 지난 한 해는 특히 기억에 오래 남을 것 같습니다. 학년이 끝날 때면 항상 '올해는 무엇을 했지? 무엇을 가르치고 배웠지?' 라는 생각을 하다가 허무함을 느끼기 일쑤였는데, 지난해에는 가슴을 가득 채운 많은 교육활동이 스쳐가기 때문입니다. 고구마 심기, 두부 만들기, 알뜰 장터, 정당하게 일한 대가 등 모두 소중하고 의미 있는 시간이었습니다.

『투명한 아이』로 1년을 공부하며 참 즐거웠습니다. 제가 즐거울 수 있었던 까닭은 아이들이 행복했고 학부모님이 믿어주셨기 때문입니다. 그리고 동료 선생님들께 많이 배우고 함께 성장하는 기쁨이 있었습니다.

슬로리딩 교육과정을 하며 저 자신도 많은 것을 배우고 새로움에 도전했다는 생각이 듭니다. 슬로리딩은 형식에 많은 시간을 소비하지 않으며 다양한 생각을 존중하는 교육과정입니다. 아이들에게 생각의 힘을 알게 하고 삶과 앎이 일치되는 교육입니다. 이런 교육을 하며 교사도 아이들과 함께 성장하고 발전할 수 있었습니다.

아이들이 책에 담긴 의미를 내면화하고 다독이 아닌 깊이 있는 독서의 중요성을 깨우치게 하는 것도 가치 있는 일이었습니다. 독서의 양이 아닌 질을 중요하게 생각하게 되니 아이들은 더 이상 책 읽는 일을 힘들어하지 않게 되었습니다. 빨리, 먼저 하는 것이 중요하지 않음을 깨닫게 된 것입니다.

마지막으로 '슬로리딩 교육과정'을 함께 준비하고 진행했던 선생님들과 한 해 동안 잘 따라준 아이들에게 고마움을 이야기하고 싶습니다. 저 자신을 단단하고 성숙하게 만든 해였습니다. 감사합니다.

4학년 담임교사 조찬미

2년간의 육아휴직을 마치고, 두려움과 약간의 설렘을 가지고 시작한 2018년. 원했던 4학년을 맡은 기쁨도 잠시, 4학년 선생님들과의 첫 만남에서 부장님의 한마디. "우리 4학년은 슬로리딩 교육과정을 운영할 거예요. 우리가 다 도와줄 테니 걱정하지 말아요." "아, 네." 고개를 끄덕였지만, '슬로리딩'은 정말 생소한 단어였던지라 고민이 많아졌다. 4학년 다섯 반 중 세 분 선생님이 이미 전년도에 슬로리딩을 운영하셨던 분들이라 내가 도움이 되지 못하면 어쩌나 하는 걱정부터 물밀듯 밀려왔다. 그날 퇴근하는 길에 학년 연구실에 있던 슬로리딩 관련 책들을 빌려오고, 인터넷서점을 뒤져 책을 사서 읽기 시작했다. 일본의 하시모토 다케시 선생님의 이야기를 읽어보며, 또 EBS 영상을 보며 어렴풋이 슬로리딩이 무엇인지를 이해하게 되었고, 그 작은 이해를 바탕으로 난 슬로리딩 세계에 발을 들여놓게 되었다.

역시 만만한 게 아니었다. 국어 교과서를 뒤로하고, 오로지 우리가 선택한 『투명한 아이』책으로만 국어 수업을 진행한다니, 내 역량 부족으로 우리 반 아이들만 제대로 된 수업을 받지 못하면 어쩌지 하는 부분이 가장 큰 걱정이었다. 교과서를 같이 병행해서 수업을 해볼까 하니 그렇게 되면 교과서도 『투명한 아이』도 제대로 할 수 없을 것 같았다. 결국 교과서와 슬로리딩 책을 짜임새 있게 잘 연결해서 두 마리 토끼를 잡아야겠다는 결론을 내렸다. 매달 중순이 되면 4학년 선생님들끼리 둘러앉아 다음 달 교육과정 성취기준과 관련된 샛길활동을 계획하고 협의했다. 혼자 하면 힘들었을 텐데, 학년이 똘똘 뭉쳐 교육과정을 분석하고, 고민을 나누고, 이를 해결하는 과정을 반복하니 날이 지날수록 내용도 알차지고, 수업의 질도 높아졌다. 경력이 12년이 넘었지만, 정말 갓 발령받은 신규교사의 자세로 옆 반 선생님께, 후배교사에게도 모르는 건 계속 물어봤고, 학년 장학을 계기로 옆 반 수업을 참관한 것도 굉장한 도움이 되었다.

학기 초 국어가 지루하고 재미없다고 했던 아이들이 국어 시간이 아닌 모든 수업시간에까지 모르는 단어가 나올 때마다 사전을 찾아 들게 되었고, 사용하는 어휘 폭이 점점 확장되어가는 모습을 보였다. 그뿐만 아니라 책 속의 책 활동을 통해, 읽고 있는 내용과 관련된 책을 더 찾아 읽게 되고, 관심 있는 작가의 책을 모아 읽어본다든지, 두껍고 글이 많은 책이라도 과감하게 집어들고 읽는 모습이 나타났다.

아이들은 알뜰 장터 샛길활동을 통해 내가 번 돈을 좋은 곳에 기부하는 기쁨도 누려보았고, 맞춤법 골든벨을 통해 국어에 대한 관심과 자부심을 느끼고 그 가치를 알게 되었고, 가족사랑 편지 쓰기 대회 시상식을 통해 잘하는 몇 사람만이 아닌 개개인의 노력에 대한 상을 받는 경험을 해보았으며, 정당하게 일한 대가 활동을 통해 집안일의 어려움을 느끼고 가족의 소중함 과 집안일은 함께 해야 한다는 것을 깨달았다. 자신들이 번 돈으로 소비를 해봄으로써 노동의 가치도 느끼게 되었다.

책은 우리에게 감동을 주기 위해서, 지식을 얻기 위해서 읽는 것이라고 생각했던 아이들이 1년 동안 한 권의 책을 천천히 깊이 있게 읽는 슬로리딩을 통해, 책 속 내용을 직접 느끼고 체험하면서 공부가 우리 삶에 직접적인 관련이 있다는 걸 깨닫고 수업에 더 적극적으로 참여하는 모습을 보였고 다들 수업을 기다렸다.

슬로리딩, 한번 시작해볼까? 나도 할 수 있을까? 고민하는 선생님들이 있다면 선경험자로서 이야기하고 싶다.

동료 선생님들과 뜻을 모아 일단 시작해보세요. 결코 쉽지는 않습니다. 그러나 아이들이 즐거워하고 그 모습 속에서 성장해가는 모습을 볼 때 가슴 벅찬 감동을 느끼실 수 있을 겁니다.

다시 한번, 늘 연구하는 모습을 보여주고 아낌없는 지원을 해주셨던 우리 학년 선생님들께 감사드리며, 늘 즐거운 마음으로 활동에 임했던 4학년 학생들, 늘 아낌없는 응원을 보내주셨던 학부모님들께 감사드립니다.

2018년 4학년의 모든 활동이 아이들에게 성장의 밑거름이 되었기를 바라며.

4학년 담임교사 유명화

샛길활동 작품 찾아보기

30시간 2학점 원격연수

독서교육은 교사가 지치지 않아야 합니다.

교사가 지치지 않는 독서교육

본 과정은 독서교육을 실천하고 있는 교사들의 수업 방법과 사례는 물론, 바로 활용할 수 있는 친절한 책 목록과
활동 자료도 빠짐없이 제시합니다. 더불어 자녀 독서교육, 교사 공부모임에서의 독서, 생활지도에서의 독서까지
독서교육에 대한 전반적인 내용을 실제적 맥락에서 다루었습니다.
이 연수를 활용해 학생들과 함께 독서교육을 해보시고 교사로서의 보람을 얻어가시면 좋겠습니다.

<독서교육의 기본>

1. 독서교육, 이렇게 하면 될 줄 알았는데!
2. 내가 고른책, 왜 인기가 없었지?
3. 같은 책을 읽었는데, 왜 다르지!
4. 독서감상문, 진짜 너희들의 감상이 궁금해.
5. 무엇이 문제인가! 누구의 문제인가!

<독서교육의 여러 방법>

6. [재미]시집으로 하는 독서교육
7. [쉬움]네 시간 독서토론
8. [기본]지적 단련을 위한 서평쓰기
9. [소통]책 대화하기
10. [만남]책 읽고 인터뷰 하기
11. [탐구]주제 보고서 쓰기

<교과 독서교육 시작하기>

12. 교과 독서교육, 함께 읽는 힘이 세다! 1탄
13. 교과 독서교육, 함께 읽는 힘이 세다! 2탄
14. 국어교사 김진영, 책읽기 수업

15. 체육교사 김재광, 책읽기 수업
16. 윤리교사 김현주, 책읽기 수업
17. 역사교사 정태윤, 책읽기 수업
18. 역사교사 우현주, 책읽기 수업
19. 특성화고 사회교사 허진만, 책읽기 수업
20. 특목고 국어교사 남승림, 책읽기 수업
21. 국어교사 구본희, 자유학기제를 활용한 책읽기 수업
22. 제자들이 기억하는 그 시절, 송승훈 선생님의 책읽기 수업

<독서교육의 확장>

23. 지치지 않는 교과 독서교육을 함께 만들다! 1탄
24. 지치지 않는 교과 독서교육을 함께 만들다! 2탄
25. 동아리와 공부모임에서 책읽기
26. 담임교사가 하는 독서교육
27. 독서로 하는 학교폭력 예방수업
28. 자녀 독서교육에 대한 궁금증 해소
29. 실적이 필요할 때 쓰는 방법과 학교 예산 활용법
30. 학교에서 독서교육을 하는 의미

강의 송승훈 선생님(광동고, 국어)
함께한 선생님 | 구본희 선생님(관악중, 국어), 김진영 선생님(호매실고, 국어), 김재광 선생님(남양중, 체육)
김현주 선생님(생연중, 윤리), 남승림 선생님(한빛고, 국어), 우현주 선생님(경기북과학고, 역사)
정태윤 선생님(수원북중, 역사), 허진만 선생님(삼일상고, 사회)

30시간 2학점 원격연수

삶은 토론입니다

초등참사랑의 교실 속 토론이야기

토론은 다른 생각을 인정하는 것을 바탕으로 하고 있어 교실 안 다양한 문제들을 아이들과 함께 풀어나가는 데 많은 도움이 됩니다. 토론을 통해 교사는 결정하고 아이들은 따르는 현재의 교실을 벗어나 아이들과 함께하는 교실을 만들어 갈 수 있게 됩니다. 본 과정은 토론 수업을 위한 토론기초 지식습득을 통해 자신만의 교실 환경과 여건에 맞는 수업을 설계할 수 있도록 하고, 교실 내에서 토론 문화를 어떻게 형성하는지에 대한 이야기를 다루고 있습니다.

<토론의 이해>

1. 토론과 토의
2. 토론, 이래서 좋아요 Ⅰ
3. 토론, 이래서 좋아요 Ⅱ
4. 토론의 원칙과 윤리
5. 토론 논제란?
6. 토론 논제 만들기
7. 논제 분석과 논증법
8. 토론의 요소 Ⅰ - 입론과 반론
9. 토론의 요소 Ⅱ - 질문과 평가
10. 토론의 형식 Ⅰ - LD, 의회식, CEDA 토론
11. 토론의 형식 Ⅱ - 칼 포퍼 토론
12. 토론의 형식 Ⅲ - 퍼블릭 포럼 디베이트
13. 토론의 형식 Ⅳ - 퍼블릭 포럼 디베이트의 실습

<교실토론의 실제>

14. 교실에서 토론하기
15. 다양한 교실토론 Ⅰ - 1:1 토론, 2:2 토론

16. 다양한 교실토론 Ⅱ - 4:4 토론
17. 다양한 교실토론 Ⅲ - 학급전체 토론
18. 다양한교실토론 Ⅳ - 교실환경에 맞는 토론
19. 교실토론, 나도 할 수 있어 Ⅰ
20. 교실토론, 나도 할 수 있어 Ⅱ
21. 독서토론 알아보기
22. 독서토론의 논제 만들기
23. 독서토론의 실제 Ⅰ - 토론
24. 독서토론의 실제 Ⅱ - 토의

<토론학급문화>

25. 토론학급문화 만들기 Ⅰ - 글쓰기, 놀이
26. 토론학급문화 만들기 Ⅱ - 학급회의
27. 토론학급문화 만들기 Ⅲ - 학급규칙
28. 토론으로 학급의 크고 작은 일들 정하기
29. 토론으로 따돌림과 다툼 풀어가기
30. 토론으로 생각의 다름 풀어가기

강의 이영근
둔대초등학교 교사
초등참사랑 운영자
토론교육연구회 회장
2012년 경기도 교육청 '참사랑 스승상' 수상

30시간 2학점 원격연수

그림책을 보며 나는 아이들 속으로
아이들은 내 속으로 걸어 들어온다

학급에서 활용하는
그림책 이야기(기본과정)

그림책은 유아용 혹은 아동용이라는 편견을 갖기 쉽습니다. 하지만 그림책에도 이야기가 있고, 이 이야기를
이해하고 풀어나가는 능력이 필요합니다. 우리가 흔히 접하기 쉬운 교과서도 어떤 면에서는 그림책이라고 할 수 있습니다.
이 과정에서는 교과서를 비롯한 그림책을 재미있게 읽는 방법, 좋은 그림책을 선별하는 방법, 그리고 이것을 활용해
아이들과 소통하는 방법 등에 대해 알고, 실제 교과지도 및 학급운영에서 활용해 볼 수 있도록 이론과 사례를 제공합니다.

1. 듣기의 특성
2. 읽기의 특성
3. 그림책을 읽어주어야 하는 까닭
4. 그림책 읽어주는 방법
5. 그림책의 가치 I
6. 그림책의 가치 II
7. 그림책의 개념 I
8. 그림책의 개념 II
9. 그림책의 역사와 내용적 특성
10. 그림책의 구조적 특성
11. 그림책의 작가와 독자 I
12. 그림책의 작가와 독자 II
13. 글없는 그림책
14. 그림의 비중이 큰 그림책
15. 글의 비중이 큰 그림책

16. 글과 그림의 관계 I (협응과 보완의 관계)
17. 글과 그림의 관계 II (구체화와 확장의 관계)
18. 글과 그림의 관계 III(대위법적인 관계)
19. 글과 그림을 한 작가가 창작한 그림책
20. 글작가와 그림작가가 공동창작한 그림책
21. 기존 동화를 재구성한 그림책
22. 옛이야기를 재구성한 그림책
23. 그림책의 갈래-옛이야기 그림책
24. 그림책의 갈래-판타지 그림책
25. 그림책의 갈래-리얼리즘 그림책
26. 그림책의 갈래-정보 그림책
27. 그림책의 갈래-시(운문) 그림책
28. 그림책 활용-그림책과 매체 변환
29. 그림책 활용-그림책을 활용한 교과 지도
30. 그림책 활용-인성 지도 및 독후활동

강의 최은희

1990년 오월문학상 수상, 시인으로 등단 | 문예계간지『노둣돌』『삶의문학』작품 활동
공주교육대학교 <아동문학의 이해> 출강(2005~2008년)
교사, 학부모, 도서관 및 각종 직무연수 강의 (150회 이상)
우리교육교사아카데미 그림책 기초.심화과정 강의 (2002년~2010년)
2007 개정교육과정 국어과 5학년 1~2학기 읽기 교과서 집필
서울시교육청 교사직무연수 '에듀니티'의『최은희의 그림책 교실』운영 (2011년~)

30시간 2학점 원격연수

단 한 명도 포기하지 않는 교육을 위해!

읽고 쓰지 못하는 아이들
– 문맹과 문해맹을 위한 한글 지도

한글은 배우지 않아도 알 수 있을 정도로 쉬운 글자이지만 생각보다 많은 사람들이 읽고 쓰는 데 어려움을 겪습니다.
한글 지도방법을 제대로 배우지 못한 교사가 읽고 쓰는데 조금 더 특별한 어려움을 겪는 아이에게 한글을 가르치는 일은
분명 까다롭고 어려운 일입니다. 최소한의 읽고 쓰는 문제를 넘어, 우리 아이들이 제대로 말하고, 읽고, 쓸 줄 아는 어른으로
성장하여 사회 안의 구성원으로 함께 살아갈 수 있도록 희망의 실마리를 함께 찾아보시길 바랍니다.

1. 읽고 쓰지 못하는 아이들

2. 단 한 명도 포기하지 않는 교육

3. 아이의 읽기 발달 단계 이해

4. 한글 단어 읽기 발달의 특징

5. 학습이 더딘 아이의 언어 발달 특징

6. 발달 단계에 맞는 국어 수업1(읽기, 쓰기 지도)

7. 발달 단계에 맞는 국어 수업2(1~3학년)

8. 발달 단계에 맞는 국어 수업3(4~6학년)

9. 초기 문자 지도, 어떻게 할까?

10. 그림책을 활용한 읽기 지도(1)

11. 그림책을 활용한 읽기 지도(2)

12. 아이의 마음을 열어요

13. 학생 일대일 지도 사례

14. 아이랑 선생님이랑 놀자

15. 우리는 궁금합니다

강의 홍인재 교감선생님, 읽기 연구회 선생님들
사례발표/이해영 선생님, 오현옥 교감선생님, 정미영 선생님, 김민숙 선생님